監修　朝尾直弘
編集　住友史料館

住友史料叢書

年々記　一

思文閣出版

題字　小葉田淳筆

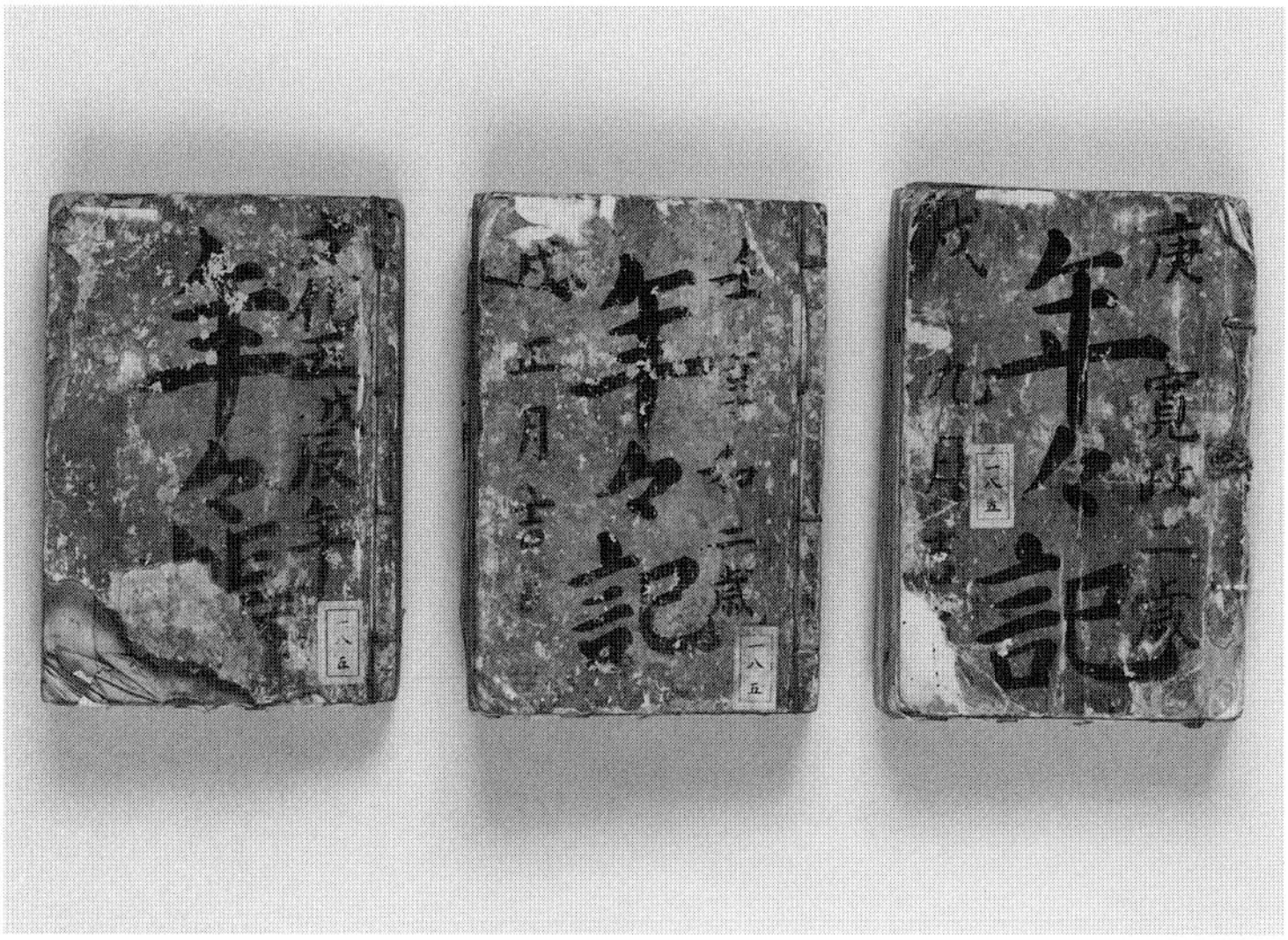

収載史料の表紙

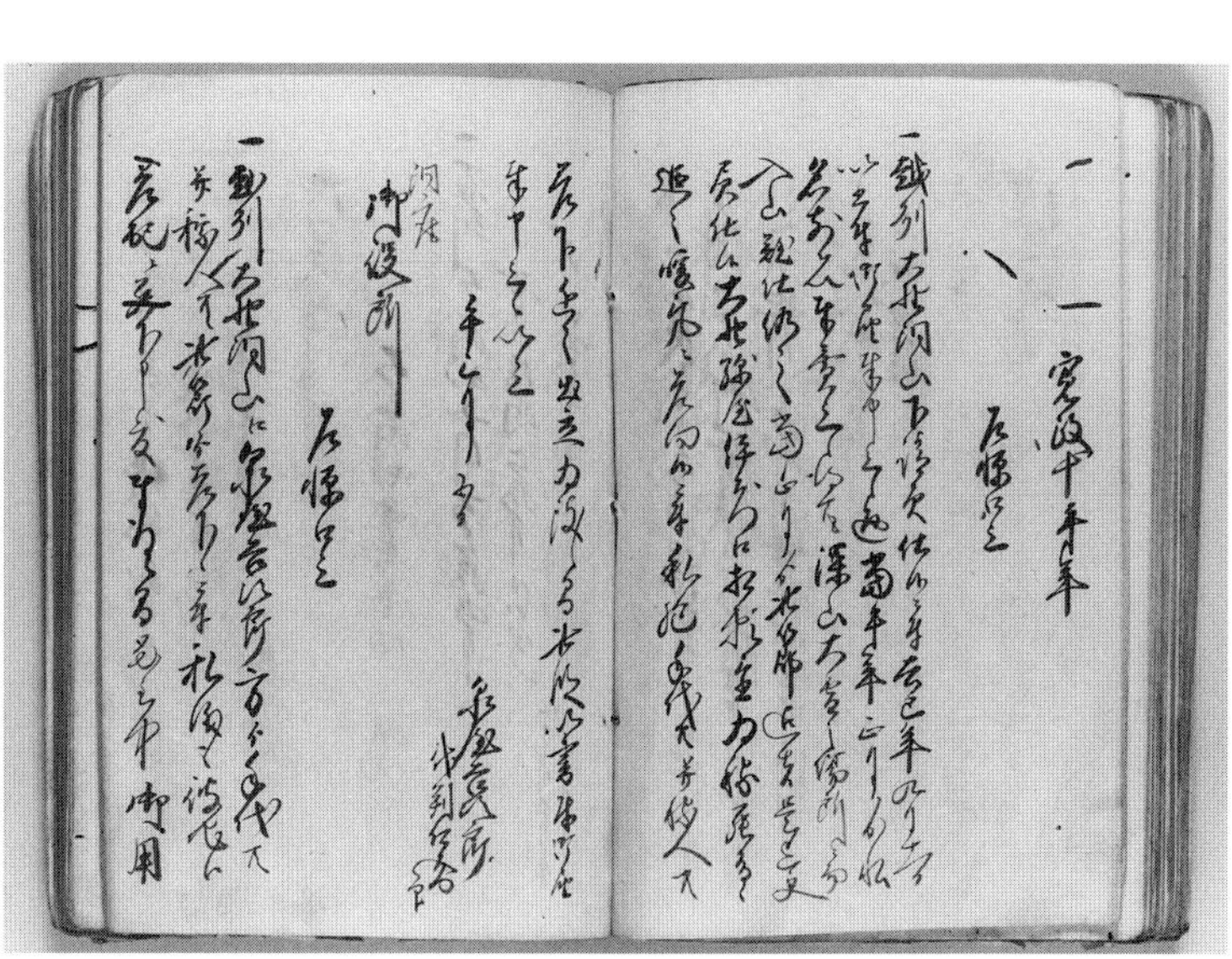

（本文81頁参照）

年々記（寛政二年）

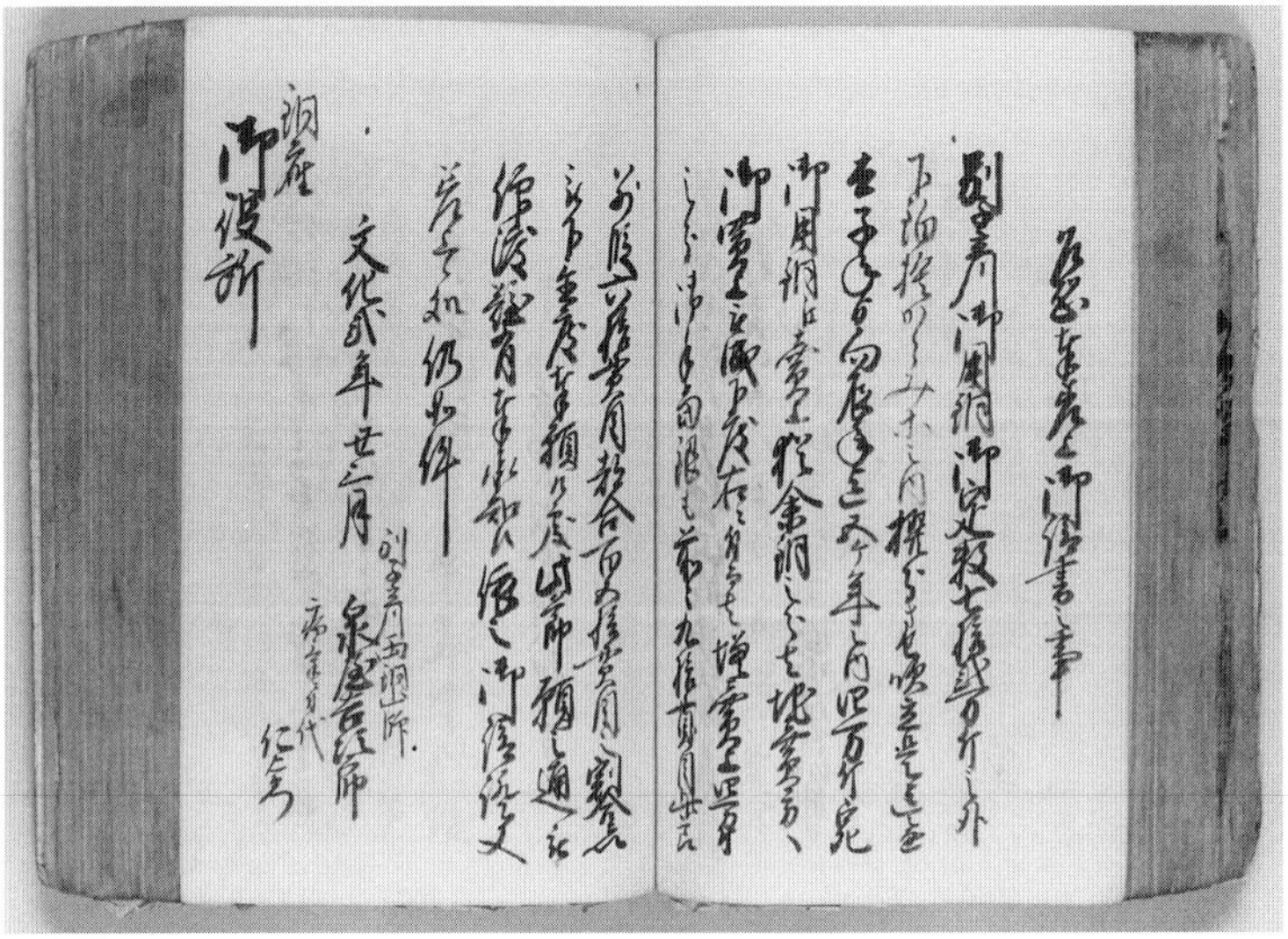

（本文227頁参照）

年々記（享和二年）

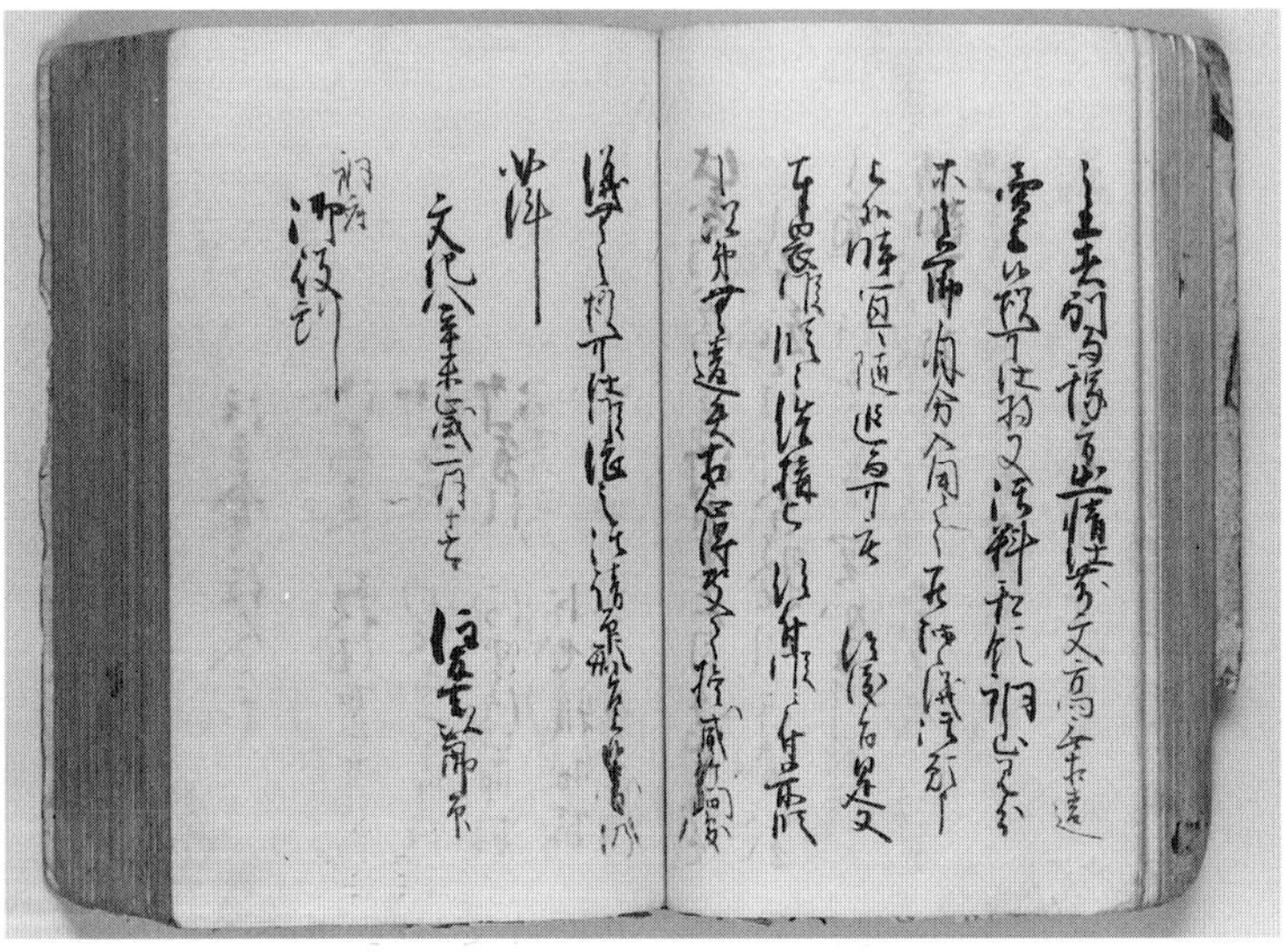

（本文328頁参照）

年々帳（文化五年）

凡　例

一、『住友史料叢書』は、住友家文書のなかから重要なものを選んで、編纂・刊行するものである。

一、本書は第三〇回配本にあたり、「年々記　一」として寛政〜文化期に記された住友銅吹所の記録「年々記」「年々帳」計三冊を収載した。

一、漢字はおおむね常用漢字のあるものはこれを用いた。ただし江戸時代に慣用されている若干の異体字は残した。

一、仮名は現行の仮名を用いた。ただし者（は）、而（て）、江・得（え）は残した。

一、読みやすいように、読点（、）と並列点（・）を加えた。

一、平出・闕字はともに一字あきにした。

一、判読不能の文字は□をもって示した。

一、原文が抹消されている場合はその左傍に〻を、文字の上に紙が貼られている場合はその左側に傍線を付した。ただし書き改められた文字を本文として採用した場合もある。

一、編者の注記は本文右傍（　）内に記し、または頭に○を付して本文と区別した。

一、本文の上欄に記事の見出しを置き、また適宜、標出・注記を施した。

一、本書は監修者朝尾直弘の指導のもとに、海原亮が編集を担当した。

目次

年々記（寛政二年）

（表紙）

庚寛政二歳
年々記
戌九月吉日

（縦 24cm, 横 16.5cm）

（表紙裏）
「取調済」

寛政二年
長崎奉行永井直廉
仰渡の書付五通

寛政弐戌年十月長崎　御奉行永井筑前（直廉）守様御通行之節被仰渡候御書附五通之写

銅惣吹屋共

御用銅極印の改を
徹底すること

壱通

御用銅極印之儀、去秋唐紅毛渡銅之内、悪銅有之候得共、極印無之、名前不相分候ニ付、猶又已来極印打之儀申渡候処、今以無之も相見へ候、向後吹屋毎に相改、等閑之儀於有之者急度可申付条、其旨を存入念候様可致候

戌十月

銅惣吹屋共

御用銅欠斤を取締

長崎表へ相廻り候御用銅多分欠斤相立候ニ付、取締方之儀者於彼地精々申付候事ニ候、既

炭高値につき手当銀
銭屋四郎兵衛吹職取放

手当銀願は今後申し立てないこと

銀一〇貫目を遣す

壱通

ニ当秋渡銅ニ而も多分之欠斤有之儀、大坂表懸改等閑ニ而欠斤相立候事ニ者無之哉、以来者長崎表着水揚之節懸改、猶又欠減も相様シ可申間、不束之懸改方無之様可致候、若彼地着之上、格別之欠斤相立候ハヽ、急度申付条、其旨を存入念候様可致候

戌十月

壱通

銅吹方ニ相用候炭近来高直ニ付、損銀相立、御手当之儀相願候ニ付、別紙之通被仰渡候、然処銭屋四郎兵衛儀吹職御取放ニ相成候得共、当春迄吹方いたし候事ニ付、右御手当銀之内相応ニ割合いたし可相渡事ニ候、此段御沙汰ニ付、申達候

銅吹屋共

壱通

其方共銅吹方ニ相用候炭近来高直ニ而別而去年中高直ニ付、銀五拾貫目余損銀相立、難儀之由ニ而手当相願候得共、是迄年来定吹賃銀受取候上者、炭直段高下有之候共、右融通を以如何様ニもいたし、手当等之願申立間鋪事ニ候、併近来銅吹方無数難渋候付、格別之訳を以銀拾貫目遣之間、以来手当等之願申立間敷候

戌十月

銅座人

銅座人江

泉屋万十郎　平野屋忠五郎
熊野屋彦太夫　大坂屋助蔵
富屋彦兵衛　大坂屋三右衛門
川崎屋百蔵　平野屋藤蔵

大坂屋久左衛門　　平野屋三右衛門
塩屋佐次郎

当年は吹方出精

右之者共儀、御用銅吹方出精可致儀者当前之事ニ候得共、当年之儀者別而夏秋ニ相成斤数
壱通多吹立申付候処、無遅滞相納、長崎表手操も宜一段之事ニ候、且又月々出灰吹銀之儀、近
年品合能、旁出精之事ニ候、此後弥可相励旨御沙汰ニ付、申渡候

十月

乍憚口上

別子立川銅廻着不足の理由

一別子立川棹銅四万斤昨廿四日廻着仕候ニ付、御届申上候、尤当戌年分御定高幷操越銅六万斤共
都合七拾八万斤、内七拾四万五千斤此節迄ニ廻着、引残三万五千斤登り不足ニ相成候、何卒当
年中不残為差登候積、精々手配等も仕候得共、嶮岨之山坂雪中之砌ニ而一身之往来も自由難相
成時節罷成、無拠登り不足仕候、明春ハ早々都合仕候様可仕候間、宜敷御断奉申上候様、銅山
方ゟ為申登候ニ付、此段書付を以奉申上候、猶此末之処無油断早々為差登候様可申遣候間、御
聞済被成下候様奉願上候、已上

戌十二月廿五日　　泉屋万十郎印

銅座
御役所

寛政三年

乍憚口上

御用銅払底

一別子立川棹銅去戌年分御定高七拾弐万斤之外操越銅六万斤、此節迄ニ奉売上候ニ付、於　御役
所被為　仰付候ハ、当亥年分御定高之内六万斤相減候而者御用銅払底之砌ニ付、御差支ニ相成

亥年分七二万斤売上の存意

可申哉之段被成御尋、奉承知候、操越銅六万斤ニ不抱、今亥年分も七拾弐万斤奉売上候存意御座候、此段御尋ニ付書付を以奉申上候、以上

寛政三辛亥年二月　泉屋万十郎印

銅座
御役所

銅山涌水手当銀の返納方につき願書

覚

一御銅山涌水ニ付、御手当銀弐百貫目拝借返納之儀者、去戌年ゟ向弐拾ケ年賦被　仰付置候、亦候去戌八月御手当銀百貫目拝借返納之儀者、年賦上納被　仰渡候ニ付、右弐百貫目年賦上納済切候上、百貫目上納被仰付被下度、願書当時銅座御役所江差出候、尤願書文言者本家年々帳ニ記有之故、文略ス

本家年々帳

寛政三辛亥年二月

右願書御勘定様御取請、江戸表へも可被差遣との義也

長崎下地欠銅

一長崎表下地欠銅六千三百斤

右欠銅六ケ年賦、去戌十二月奉願候所、御聞済有之、尤願書銅会所ニ記有之故、文略ス

唐紅毛渡欠銅

一去戌年中唐紅毛渡欠銅千七百弐拾四斤
但（脱アルカ）

一合銀弐百九拾貫目之高、当亥年ゟ向亥年迄弐拾五ケ年之間、一ケ年ニ銀拾壱貫六百目宛相納候様被　仰渡、承知奉畏候、然ル上者右年限中毎年十二月ニ至、銅代銀を以、前書之銀高急度返上納可仕候、依之御請證文奉差上候処、如件

寛政三亥年十二月

右請書、岡本八左衛門様へ差出候処、御請取置被遊候段、被仰聞候

寛政三亥年十二月

手伝　市郎兵衛
　　　治 兵 衛

休足の手伝に合力

一右市郎兵衛・治兵衛両人共、数年来裏方相拵働キ候処、及老年働キ難成、依之休足申付候、尤及老すい不便ニ付、毎月白米壱斗宛合力いたし遣し候筈、但、両人共自分一代為育遣し候事

同年十二月　　　間吹大工　藤兵衛

一右藤兵衛義、就老年ニ悴左助江床前相譲相勤申候処、右左助病死仕、相続仕候もの無之、当時差当り難渋之旨申遣、合力願出候ニ付、憐愍を以鳥目拾〆文助成いたし遣し候、尤床前之義ニ付、一言之申分無之段、一札取置之申候事

御定値段より高値で売買の者は吹職を取り放つ

一戌年五月廿二日、残仲間六軒銅座江被召被仰渡候者、其方共仲買江買請候吹銅口銀被下候上者、御定直段弐百弐拾三匁を以売捌可申処、近頃甚猥ニ相成、御定直段ゟ高直ニ売買致候趣相聞江、不埒之事ニ候、向後右躰之義有之時者吹職取放候上、如何様御咎被仰付候而も一言之違背仕間敷旨、請書差出ス、尤控書者銅会所ニ有之候

乍憚口上

白目の件で御尋

多分に銅気あれば買い上げる

一今日私共御呼出被仰渡候者、当四月十五日於東御番所為御見被成候山白目之類、此節御尋之御趣意御座候ニ付、私共心得之程御尋被成、奉畏候、右山白目之類多分銅気共相見江候得ハ、御買上被遊候品と乍憚奉存候、尤吹方之儀者御紕吹亦者見積を以成共、御差図次第請入可申候、

此段御尋ニ付、書付を以奉申上候、以上
寛政三年亥六月
仲間連印
銅座
御役所

熊野屋万平へ丁銅三〇〇斤貸渡の件で御尋

一今日私被為　御召成、天満南木幡町米屋宇助支配借家熊野屋万平江銅三百斤、私方より借遣候儀御座候哉と御尋被為成、奉畏候

回答

此儀、右熊野屋万平儀者仲間之内新難波東之町熊野屋彦太夫方ニ相勤罷在、当時別家仕、下地ゟ能存知罷在候処、当正月十二日丁銅三百斤急入用之義ニ付借呉候様、万平申参、則返済之義者吹銅を以返済可仕相対仕、銅座御役所ゟ年々買入持越所持銅之内丁銅三百斤借遣候、尤替吹銅者未請取不申候、右奉申上候通、相違無御座候ニ付、此段乍恐書付を以御断奉申上候、以上

吹銅にて返済の見込も未だ請け取らず

茂左衛門町
泉屋万十郎
病気ニ付
手代　半右衛門

寛政三年亥六月十二日

泉屋万十郎
病気ニ付
手代　半右衛門
年寄
泉屋良右衛門

御奉行様

乍憚口上

秋田鉛に含銀あるか御尋

一今日被為成御召被仰渡候者、秋田鉛ニ含銀も御座候旨、被為及御聞候ニ付、含銀有無之御答奉

申上候様被仰付、奉畏候、則左ニ御答申上候

秋田平山鉛一〇〇斤につき含銀七八匁位

一秋田平山鉛、灰吹床ニ而吹立相試候所、鉛百斤ニ付含銀凡七八匁位御座候、乍然荒物之義ニ御座候故、性合不同も御座候ニ付、治定之義ハ難申上奉存候、尤荒銅御糺吹被仰付候節、右鉛焊鉛ニ相用候得者鉛含銀之分別段差引仕候儀者無御座、荒銅滴銀ニ相籠り候義御座候

右御尋ニ付、此段書付を以奉申上候、以上

寛政三亥年八月八日　泉屋万十郎
代半右衛門印

銅座
御役所

吹銅など一三点を預る

乍憚口上

昨廿日塩原佐次郎所持之吹銅古銅出鉛荒鉛等都合十三点、吉田勝右衛門様・小泉忠兵衛様・衣笠才右衛門様御立会、御改之上、私居宅之内有之候土蔵江　御奉所(行脱)ゟ御預ケ被仰付、則引取奉預候ニ付、此段書付を以御届奉申上候、以上

寛政三亥年十月廿一日　泉屋万十郎

銅座
御役所

大坂堀江・島之内大火で塩屋方の棹銅等類焼

南部銅吹方は塩屋のみ

乍憚口上

一先達而被為仰聞候者、此度塩屋平右衛門方及類焼候ニ付、同人方ニ御預ケ被置候棹銅幷ニ荒銅以来東海廻り着銅共都合弐拾万斤程之分類焼ニ付、吹方等も急ニ難出来、於此方ニも令当惑候、尤南部銅之儀者塩屋ニ限り吹来り、仲間手本之事ニ者無之候得共、前段申入候通り之訳ニ而御用も差支可申哉と不安心ニ存候間、是迄平右衛門吹来り候通り之趣を以、私共仲間中ニ而来春

二八年前に吹方を断る

吹方は年々手薄

糺吹のうえ仰付を望む

ゟ右銅吹方者難相成哉、右吹方も相勤候ハヽ、永続之基ニ相成可申ニ付、一同得と勘弁仕、御答申上候様被仰付、奉承知候、依之仲間一同打寄色々勘弁仕候得共、廿八ヶ年以前申年吹方之儀者私共家職手切ニ相成候仕合御座候得共、無拠御断奉申上、夫ゟ段々諸色も高直ニ而、其上吹方も年々手薄罷成、私共困窮仕、只今之吹方諸仕入等も仕兼、漸々取続罷在候得者、何分是迄之御定法ニ而者吹方難出来、相談相決不申候、併御糺吹之上、右御定法を以被仰付候ハヽ、亦々一同談シ方も可仕候得共、前文申上候通、困窮之上、南部銅吹方之儀年久敷中絶仕候儀故、吹床家等も間吹床・小吹床等新ニ取拵不申而者間ニ合不申、場所等も無御座候儀、当惑仕罷在候、右書付を以此段奉申上候、以上

寛政三年亥十一月　　銅吹屋五軒印

銅座
御役所

寛政四年

十月大火で炭類焼し高値となる

身薄の細工人へ手当銀

銀五貫目手当は後例とせず

二月十一日仲間一同銅座江御呼出被　仰渡之趣　　吹屋五人

一去冬当地出火ニ付、炭問屋ニ囲置候炭多分致類焼候ニ付、格別直段高直ニ相成、内損多相立難渋之趣幷ニ抱置候細工人多類焼いたし候故、身薄者共之儀故、相応之手当等も致不遣而者難渋仕候得とも、困窮之身分故、手便も無御座候故、手当願出候処、炭之義者兼而見込置有之儀故、申立者不仕筈、然レ共類焼之者共難儀之趣幷ニ吹方も致出情候義故、格別之思召を以、此度限ニ銀五貫目御手当被成下候条、後例ニ者致間敷、勿論此上共随分吹方出情可仕段被仰渡候事

御礼の対象

御勘定
久保寺喜久蔵様
長崎吟味役
河野伴左衛門殿
御与力
小泉忠兵衛様
岡本八左衛門殿
御普請
宮田左右吉様

就右銅座御玄関御勘定御旅宿佐藤官蔵様・宮田左右吉様・御与力吉田勝右衛門様・小泉忠兵衛様・御同心衣笠才右衛門様・近藤文六様江手札を以御礼ニ罷出候

泉屋吉次郎
代半右衛門
富屋彦兵衛 代弥助
大坂屋三右衛門 代喜八
大坂屋助蔵
大坂屋久左衛門

乍憚以書付奉願上候

足尾銅鉸紅吹も出灰吹銀なし

一当月十六日御紅吹被仰付候足尾鉸荒銅四百斤之内弐百斤者鉸紅吹被仰付候所、出灰吹銀無数、鉸吹御定法不相建、間吹物ニ被仰付候共、右弐百斤分者何卒鉸吹之御定法を以、吹賃銀・燃鉛代とも被下置度奉願上候、其訳左ニ奉申上候

間吹物とするさいの損銀

足尾鉸荒銅弐百斤鉸吹御定法不相立、間吹物ニ被仰付候時者

一四拾弐匁五分八厘　損銀

此訳

弐拾壱匁弐分八厘　但、鉸吹迄之賃銀三拾三匁四分八厘八毛之内、拾弐匁弐分八毛

間吹賃、引残如高

弐拾壱匁三分　　但、燃鉛拾四斤弐歩代、百斤ニ付百五拾目替

〆如高

細工人へ増賃銀

右之通損銀ニ相成、殊ニ御見分吹之儀ニ御座候得者、合吹・南蛮吹・灰吹迄細工人江増賃銀等も遣候義ニ而内損多難渋仕候、何卒被為聞召分ケ、此度より以来之処、鉸紦被仰付御定法不相建、間吹物ニ相成候共、御紦吹之分ニ限り鉸吹雑用燃鉛代とも被下置候様奉願上候、以上

寛政四
子年二月十八日　　泉屋吉次郎

銅座
御役所

御請書之事

塩屋佐次郎御吟味筋あり、塩屋平右衛門へ吹方を命じる

十月大火類焼のため仲間へ吹方を命じる

御定例にて引請

南部銅先吹職銭屋

鉛高値につき鉸吹はしない

南部御用銅吹所塩屋佐次郎御吟味筋有之、御預被仰付候ニ付、当分塩屋平右衛門江吹方被仰渡、佐次郎吹所ニ而吹立罷有候処、去十月出火之節右吹所吹道具共不残類焼仕、吹方御差支罷成候、依之私共へ吹方可仕旨、先達而被仰付候ニ付、当時廻銅之分弐拾万斤程、御定例之通百斤ニ付吹減三斤八歩、吹賃箱釘縄代共拾壱匁弐分五りニ而吹方可仕旨、当正月御請申上候処、此節拾三万八千斤程南部御役人中ゟ御渡可被成候間、早々吹立候様、残六万弐千斤程之分者追而御渡可被成旨被仰渡、奉畏候、尤南部銅先吹職銭屋四郎兵衛申立、床銅之内鉸吹仕灰吹銀奉売上候処、間吹物吹賃を以鉸吹方仕候義、殊更近来鉛高直御座候ニ付、格別内償相立候間、右鉸吹之儀者御免被成下度旨申上置候所、当節被仰付候廿万斤程之分者差掛り候義ニ付、申立候通鉸吹不仕、間吹之吹方ニ御聞済被為成候段被仰渡、奉承知候、依之御請印形差上申所如件

寛政四年子閏二月廿七日

大坂や久左衛門印
大坂や三右衛門印
富屋彦兵衛印
大坂や助蔵印
泉屋吉次郎
代市右衛門印

銅座
御役所

南部銅吹減など再吟味を願い聞済

一南部銅床平七歩三歩割合之外過床之分、百斤ニ付吹減過弐斤、吹増銀三匁弐分、以前之通り被下度、御懸渡之節、掛方被為御念入被下度、尤為念私共ゟ斤量持参、御門前ニ而再吟味仕、自然軽目有之節者御懸直シ被成下度段相願候所、再吟味之節人足等召連被参候義ニ有之候ハヽ、随分と相改可然由、右願通聞済有之候、乍併悪銅引方清悪ニ不抱壱箇ニ付五拾目ツヽ之引方ニ而請入呉候様と再応被仰聞候故、仲間打寄相談仕候得共、清銅之箇ニも悪銅引方不相当候得者悪銅甲乙ニ向引方見積被仰付候哉、又者御紅吹之上、顕然仕候減方を以引方御定可被下候共、何分此段御聞済被下度段、亦々今日書付を以南部屋敷へ罷出候事

子三月二日

悪銅引方

悪銅引方として箇毎に五〇匁を下命されるも再吟味

一南部銅之内悪銅引、清悪共壱箇五拾目宛平均ニ而渡シ来り候間、得其意候様、従屋敷被仰付候得共、平均ニ而箇毎ニ五拾目宛引方不相当候ニ付、清銅之分引方御除、悪銅甲乙ニ相随候而引方被下度達て御願申上候ニ付、屋敷ニ有之候廻銅之分、悪銅見調呉候様被仰渡候、依之仲間一同今日屋敷江罷出、悪銅見調之上、御屋敷御立会御役人中様被仰聞候者、見分之通之銅ニ有之候得共（者）、是迄之仕来り五拾目宛之引方ヲ以請取給候様仕度、少々之損徳者荒物之義ニ有之候得

立会役人の見解

者有内之事ニ候間、猶又得と相談之上、否申出候様被仰付、罷帰ル

子三月五日

悪銅引方の件で再提出の願書趣意

一南部御屋敷被仰渡之悪銅引壱箇五拾目宛引方之儀者相談相片付不申候ニ付、亦々今六日願書持参、本文者銅会所ニ有之故略之、趣意左ニ

諸色高値

南部銅吹賃吹減甚厳密之御定法ニ御座候所、吹方ニ相用候諸色近年高直ニ御座候上、去冬十月大変御座候ニ付、棹銅入箱壱箱ニ付当時四分宛高直ニ相成、釘縄等も同様之義ニ而、炭抔今以高直ニ御座候而、内損多難渋仕候義ニ御座候、追年困窮之私共ニ御座候得者、損徳之見込等之義者何分ニも御免被下度、精銅之分者五拾目宛引方無之、悪銅之分者御除置被下、追而見積りを以引方被仰付候共、又者御立会之上、御紅吹を以被仰付候共、御賢慮可奉任候間、精銅之分斗御渡可被成下候、尤片キ床之義者以前之通床銅ニ而御渡方可被下候段申上候、右之通御聞済有之、悪銅者御除置、譬小銅共同様ニ御除之積り、片キ床之儀も此方ゟ願立之通、床之内江御入可被下候積り也

悪銅を除け置き精銅ばかり渡されたい

片キ床

右ニ付、銅座御役所江も書付を以今日南部御屋敷江願通引合相済申候ニ付、此段書付を以御届奉申上候、尤請取方之義者御屋敷ゟ御掛渡有之次第、早々吹立候様可仕、連印を以今日書付差出し申候

子三月六日

乍憚口上

印形使用につき御尋

先達而奉差上候私諸用印、唯今も相用候哉と書付を以申上候様被仰付、奉畏候、前廉之通、銅方

代判の者印形は使用を限る

一切ニ相用申度奉存候、代判之者印形者銅代銀幷格別之御願書等ニ限り相用申儀ニ御座候、此段御尋ニ付奉申上候、以上

寛政四子年二月十二日　　泉屋吉次郎

銅座
御役所

二月十一日仲間一同御呼出被仰渡、左ニ

出火類焼身薄者へ手当銀、本書一〇頁参照

一去冬当地出火ニ付、炭問屋ニ囲置候炭多分類焼ニ付、格別高直ニ相成、内損多相立難渋之趣幷ニ抱置候細工人多類焼いたし候ゆへ身薄者共之儀故、相応之手当等もいたし不遣而者難渋仕候得共、困窮之身分故手便も無御座候故、手当願出候処、炭之儀者兼而見込置有之義故、申立者不仕筈、然レとも類焼之者共難儀之趣幷吹方も出情いたし候儀故、格別之思召を以此度限ニ銀五貫目御手当被成下候条、後例ニ者致間敷、勿論此上とも吹方出情可仕段被仰渡候事

当方　代半右衛門印
大坂屋助蔵殿印
富屋彦兵衛殿　他行ニ付　代弥助印
大坂屋三右衛門殿　病気ニ付　代喜八印
大坂屋久左衛門殿印

久保寺幾久蔵様　河野伴左衛門殿
小泉忠兵衛様　岡本八左衛門殿
宮田左右吉様

〆

就右銅座御玄関御礼手札差出し御勘定御普請役吉田・小泉・近藤・衣笠不残文面手札ニ相認、御礼ニ相廻申候

乍憚以書付奉願上候

足尾銅鍰紦吹も出灰吹銀なし、本書一一頁参照

一当月十六日御紦吹被仰付候足尾鍰荒銅四百斤之内弐百斤鍰紦吹被仰付候処、出灰吹銀無数、鍰吹御定法不相建、間吹物ニ被仰付候共、右弐百斤之分者何卒鍰吹之御定法ヲ以、吹賃銀・燃鉛代共被下置度奉願上候、其訳左ニ奉申上候

間吹物とするさいの損銀

足尾鍰荒銅弐百斤鍰吹御定法不相立、間吹物ニ被仰付候時者

一四拾弐匁五分八厘　　損銀

此内訳

廿壱匁弐分八厘　　但、鍰吹迄之又賃銀三拾三匁四分八厘八毛之内、拾弐匁弐分八毛

間吹賃引残高

弐拾壱匁三分　　但、燃鉛拾四斤弐歩代、百斤ニ付百五拾匁替

〆如高

右之通損銀ニ相成、殊御見分吹之義御座候得者、合吹・南蛮吹・灰吹迄細工人へ増賃銭等も遣候儀ニ而内損多ク難渋仕候、何卒被為聞召分、此度ゟ以来之処も鍰紦被仰付、御定法不相建、間吹物ニ相成候共、御紦吹之分ニ限り鍰吹雑用燃鉛代共被下置候様奉願上候、以上

子二月十八日　　泉屋吉次郎

銅座
御役所

但、野村御氏取請ニ而預り置候由可申渡候事、半右衛門出勤

南部銅吹減など再吟味を願い聞済、本書一三頁参照

一南部銅床平七歩三歩割合之外過床之分、百斤ニ付吹減過弐斤、吹増銀三匁弐分、已前之通り被

下度御掛渡之節、掛方被為御念入被下度、尤為念私共ゟ斤量持参、御門前ニ而再吟味仕、自然軽目有之節者御懸直シ被成下度段相願候処、再吟味之節人足等召連被参候義ニ有之候ハ、随分と相改可然由、右願通聞済有之候、乍併悪銅引方清悪ニ不抱壱箇ニ付五拾目ツ、之引方ニ而請入呉候様と再応被仰聞候故、仲間打寄相談仕候得共、清銅之箇ニも悪銅引方不相当候得者、悪銅甲乙ニ而引方見積被仰付候哉、又者御糺吹之上、顕然仕候減方ヲ以引方御定可被下候共、何分此段御聞済被下度段、亦々今日書付を以南部屋敷へ罷出候事

悪銅引方

子三月二日

悪銅引方として箇毎に五〇匁

一南部銅之内悪銅引、清悪共壱箇五拾目宛平均ニ而渡シ来り候間、得其意候様、従屋敷被仰付候得共、平均ニ而箇毎ニ五拾目宛引方不相当候ニ付、清銅之分引方御除、悪銅甲乙ニ相随候而引方被下度達て御願申上候ニ付、屋敷ニ有之候廻銅之分、悪銅見調呉候様被仰渡候、依之仲間一同今日屋敷へ罷出、悪銅見調之上、御屋敷御立会御役人中様被仰聞候者、見分之通之銅ニ有之候得者是迄之仕来り五拾目宛之引方を以請取給候様仕度、少々之損徳者荒物之義ニ有之候得者有内之事ニ候間、猶又得と相談之上、否申出候様被仰付、罷帰ル

子三月五日

悪銅引方の件で再提出の願書趣意、本書一四頁参照

一南部御屋敷被仰渡之悪銅引壱箇五拾目宛引方之儀者相談相形付不申候ニ付、亦々今六日願書持参、本文者銅会所ニ有之故略之、趣意左ニ

諸色高値

南部銅吹賃吹減甚厳密之御定法ニ御座候処、吹方ニ相用候諸色近年高直ニ御座候上、去冬十月大変御座候ニ付、棹銅入箱壱箱ニ付当時四分宛高直ニ相成、縄等も同様之義ニ而、炭抔今

以高直ニ御座候而、内損多難渋仕候義ニ御座候、追年困窮之私共御座候得者、損徳之見込等之義者何分ニも御免被下度、精銅之分者五拾目宛無之、悪銅之分者御除置被下、追而見積りを以引方被仰付候共、又者御立会之上、御紀吹を以被仰付候共、御賢慮可奉任候間、精銅之分斗御渡可被成下候、尤片キ床之義者以前之通床銅ニ而御渡方可被下候段申上候、右之通御聞済有之、悪銅者御除置、譬小銅共同様ニ御除之積り、片キ床之儀も此方ゟ願立之通、床銅之内江御入可被下候積り也

右ニ付、銅座御役所江も書付を以今日南部御屋敷江願通引合相済申候ニ付、此段書付ヲ以御届奉申上候、尤請取方之義者御屋敷ゟ御掛渡有之次第、早々吹立候様可仕、連印を以今日書付差出申候

子三月六日

秋田銅吹賃銀の皆済御渡を催促

一秋田御屋敷下地吹賃銀、銅座ゟ前渡銀有之次第皆済御渡可被下、兼而会対ニ候所、先達而銅座ゟも御前渡相済候ニ付、再三渡り方催足(促)等もいたし、追年諸色高直ニ而内損多、殊去冬当地大変有之、困窮之上諸色格別高直ニ罷成候ニ付、銅座御役所江も御手当奉願上候所、格別之思召ヲ以御手当も被成下候御義、追而御廻銅も御座候時節ニ相成可申、左候時者吹方請仕会之砌ニ御座候、吹賃残銀此節御渡被成下并当年吹賃銀之内江銀拾五貫目前渡被成下度、御聞済無御座候而者諸仕入も難出来、手支候時者吹方も出来不仕、甚奉恐入候間、何分急々御下知も被成下度、則銅座御役所へも銅代銀御渡方之砌、吹賃銀者御引分ケ被成候而御渡被成下度段奉願上置候御儀ニ御座候趣、本文者銅会所ニ有之、略之

取次大坂屋久左衛門

右之通今日連印を以取次大坂屋久左衛門殿江差出申候

子三月七日

乍憚口上

足尾鍰荒銅を間吹物とするさいの損銀、本書一一・一六頁参照

足尾鍰荒銅弐百斤鍰吹御定法不相建、間吹物ニ被仰付候時

一四拾弐匁五分八厘　　損銀

此内訳

廿壱匁弐分八厘　　但、鍰吹迄之吹賃銀三十三匁四分八厘八毛之内、拾弐匁弐分八毛間

吹賃引残高

弐拾壱匁三分　　但、燃鉛拾四斤弐歩代、百斤ニ付百五拾匁替

〆如高

右之通先達而奉願上置候通、御聞済被成下度、此段以書付奉願上候、已上

子三月　　泉屋吉次郎印

銅座
御役所

右の願書は前例ないので江戸へ問い合わせる

右願書差上候所、岡本八左衛門様被仰聞候者、願通尤之事ニ付候得共、是迄例も無之義故、当役所限ニ御取請も難被成候ニ付、江戸表へも窺ニ可遣候間、追而御沙汰も可有之段御申、右書付者請取帰ル

覚

南部荒銅の損高

一当月九日御掛渡幷昨十一日御掛渡被成候南部荒銅都合九百箇之内、床銅之御印被成候外、平銅

之内ゟ出候床銅家々引高、銅会所控有之
百斤ニ付弐斤減過銅吹屋償ニ相成候床銅
〆四千七百斤余

銅吹屋償の斤数

此減過銅七拾八斤余　　吹屋償ニ相成申候

吹賃の内損

此増吹賃百三拾九匁余　　吹屋内損ニ相成申候

床銅・平銅の懸分御渡を願う

算用書

右之通、内損相立候ニ付、以来御掛渡之砌、床平御懸分御渡被下候哉、左様無御座候而者厳密之正積を以請入可申義故、私共内損ニ罷成難渋仕候、得請入難仕候段南部御屋敷へ願書并算用書仲間一同今日持参いたし差出置候、尤本文銅会所ニ有之、文略ス

但、銅座御役所江も南部屋敷へ差出申候願書・算用書共写、右御屋敷ゟ否御返答有之次第早々当御役所へ御届奉申上候様可仕段、仲間惣代富屋彦兵衛・大坂屋久左衛門両名ニ而差出申候

子三月十二日

覚

平銅と床銅の割合

一当月十一日書付ヲ以南部屋敷江申上候、尤御印御付被成候外、平銅之内ゟ床銅多分入交り有之故、床平引分候所、四部八之床銅ニ相成り申候、尤御印被下候平床銅割合四歩壱六之当り也、以来之所平銅五歩床銅五歩ニ御定被下、右五歩之床銅之内、御定法を以三歩通平銅之内へ御差交セ、残り弐歩通り程之分、過床ニ御定被成下度、左候時者懸庭隙取不申哉ニ奉存候、何卒右之段御聞済被下度、尤悪銅者御除置被下度、勿論右ニ付而者五拾匁も引方者申請間敷段申上候

悪銅引方は申し請けず

所、御役人中御申之趣者以来右五拾匁も相渡可申間、右五十匁ヲ以内外融通ニいたし吹方仕呉候様、右躰ニ而者古例ニ而事済も出来可仕義、五歩〳〵と相立可申儀者新規之義ニ而、銘々共限り取扱もいたしかたく候間、以来格別之悪銅者別段対談もいたし可遣候儀と連々被仰聞、依之相談候所兎角相請相決不申、亦々今日仲間一同其旨可申出候筈也

子ノ三月十六日

諸山銅の紕吹で生じる損銀の補塡を出願

明和三年仕法

間吹物の定法でも紕吹のさい鉸吹の賃銀支給とする

当子二月銅座御役所江奉願上候諸山銅御紕吹銅滴銀之有無ニ不抱、鉸吹被仰付候所、自然鉸吹之御定法不相立候時者、御紕吹同日相用候合吹賃・南蛮吹賃・灰吹賃幷ニ合吹炭代・灰吹炭代・燃鉛代損銀ニ相成候ニ付、其段銅座御役所江両度奉願上候得共、明和三戌年已来紕吹師被仰渡後、是迄其儘相済来り、今更申出候而も右銀子出方無之而御取上ケ無之候、然ル処亦々当年押而奉願上候所、江戸表幷ニ長崎江も御窺之上、寛政四子年八月御下知之上、右願通御聞済被成、已来之所鉸吹不相立、間吹物之御定法相立候共、紕吹之分者鉸吹之賃銀燃鉛代銀も御渡被成候段、取次福地半蔵殿を以御申渡有之事

寛政四子年八月

御用銅水揚時の過欠あり

棹銅極印のさい掛方を入念にする

差上申御請證文之事

追々御積下ニ相成候御用銅於長崎表水揚之節、時々御掛改御座候処、口々欠過有之候由ニ而御書付御下ケ被下、右者全於当表箱詰之節、掛方等閑故之事ニ而不束ニ被思召候間、以来之儀急度入念候様厳敷被仰渡、承知奉畏候、随而掛ケ方且棹銅極印等之儀者毎々御沙汰も有之候儀ニ付、於私共方も精々入念候儀ニ御座候得共、自然斤数等多分有之候砌、手ニ抜ケ仕候儀ニも有之哉、右

躰不束之儀有之、誠以可申上様無御座奉恐入候、勿論以来之儀者被仰渡之通、聊麁末無之様急度入念取斗ひ可申候、依之御請證文差上申所如件

寛政四年子十月

塩屋平右衛門
病気ニ付代伊助印
大坂屋久左衛門印
大坂屋三右衛門印
富屋彦兵衛印
大坂屋助蔵印
泉屋吉次郎印

銅座
御役所

薩摩藩より琉球渡細棹銅の買請依頼あり

乍憚口上

去亥十一月薩州御屋鋪ゟ琉球渡細棹銅三千四百三拾斤買請之義御頼被成候ニ付、其段御役所へ奉申上候処、其砌銅払底、右高御売渡難相成候故、先細竿銅弐千斤御売渡可有之段被仰渡、奉畏、則御屋鋪へ申達候処、如高不相調而者国本差支ニ相成候間、何分調達致呉候様強而被仰聞候ニ付、再応御願申上候得共、御売渡不被仰付、依之私方所持銅幷定例買請銅ヲ以相足、都合三千斤相渡候処、此節右不足四百斤猶又買請之義御屋鋪ゟ申来候ニ付、此段御願奉申上候、何卒細棹銅四百

細棹銅不足分地銅売渡を願う

斤分鍰ニ而四百拾弐斤四歩御売渡被成下候様奉願上候、以上

寛政三子十月十二日

泉屋吉次郎

銅座
御役所

前書琉球渡細棹銅ニ相成候地銅買請之義願呉候様、薩州御役人中ゟ私迄申来候ニ付、奉願上候処、

銅座より直買請は不可

都而直御買請之義者御堂上様方幷諸家共其御筋々江御申立被為成、江戸表御勘定所ゟ当御役所江被為仰越候之上、廻銅ニ随ひ御売渡被為成候御儀之段被仰渡、奉畏候、勿論右細棹銅地銅之義、私買請之内ゟ御届申上、御売渡仕候義者是迄之振合も御座候故、勝手ニ可仕旨被仰渡、右願書被為成御下奉請取候、依之継添印形奉指上候所、仍如件

寛政四年子十月　泉屋吉次郎

銅座
　御役所

薩摩藩掛役人中へ依頼

乍憚口上

琉球国江御渡用細竿銅調達之義、古来私へ被仰付、則所持銅ヲ以御用弁仕罷在候、去ル明和年中初而銅座被為建候後も銅座へ相届、私所持銅之内ゟ調達仕候処、追年私所持銅無数ニ付、銅座へ申立、於銅座買請之上、御屋鋪様へ売上候例御座候処、近年諸国銅山減少、出銅相劣候ニ付、隔年三千斤余之分銅座へ申出候而も皆済御売出無之、既ニ去亥年不足之分細棹銅四百斤、此節銅座へ買請之儀申出候処、銅座ゟ被仰聞候者、近来銅払底ニ付、江戸表御勘定所ゟ御免無之分者御売渡不相成候趣被申付候、此節四百斤之儀者器物方買請之分ニ而漸調達仕、奉差上候得共、此後者何卒御屋鋪様ゟ江戸御勘定所へ御申立之上、当地銅座御役所へ被為仰越候様被成下度奉願上候、是迄之通、私調達之儀者自力ニ相叶不申候故、御用之節差掛り御断申上候而者御差支ニも可相成哉と乍憚奉存候ニ付、右之段前広ゟ御届奉申上候、則銅座へ差出候書面別紙奉入御覧候間、宜御評義被成下候様奉願上候、以上

江戸勘定所の御免なき銅は売渡不可

今後は事前に江戸勘定所へ申し立てられたい

寛政四子十一月　泉屋吉二（ママ）郎

薩州様
御掛り御役人中様

乍恐以書付奉申上候

翌年にも同内容の依頼

去子十一月琉球用細棹銅之儀、私方ニ而調達難仕趣意御断奉申上候処、此節従　御国被為　仰越候書面等御見セ被成下、委細奉承知、則銅座御役所江願立仕候処、銅座ゟ被申聞候者、去年も申渡候通、従　御勘定所御免無之分者縦令堂上重キ諸侯方ニ而も当役所ゟ銅売渡候儀不相成、就中右細棹銅従江戸表御免有之候而も無之候得者、是又当役所了簡を以売渡候事不相成候、且又元文年中銅座元〆役ゟ差出候書面等有之由ニ候得とも、何分当時者御勘定所ゟ御下知無之而者於当役所可致様無之段被仰渡候得者、私調達之手段無之奉存候、乍恐先書ニも奉申上候通、何卒於東武御願立被為遊候様奉希候、是迄毎年私調達仕来、今更如斯御断申上候儀歎敷奉存候得共、右之仕合不得止事儀ニ御座候、宜御察恕（ママ）之上、御評儀可被為成下候、以上

細棹銅は大坂銅座の了簡で売り渡せず

寛政五年丑七月八日　　泉屋吉次郎

薩州様
御掛り
御役人中様

寛政五年

銅座より差紙

御用之儀有之候間、只今早々可罷出候、以上

丑正月十九日　　銅座
御役所

泉屋吉次郎
代半右衛門

塩屋方召上焼吹銅を糺吹し吹減を取り決める

去子年御召上ニ相成候塩屋佐治郎方焼吹銅千三百六十七斤弐歩之内、六百四拾斤ハ生ケ物、

相残七百弐拾七斤弐歩吹直し銅之分、吹減是迄壱斤減之取扱いたし候得共、御役所ニ右例も不相見候、此度之分も外取扱之分も外取扱来り候通、壱斤減之通ヲ以請入候儀ニも候ハヽ、已来之定法ニ相成候事ゆへ糺吹之上、御取極可被成候積り、此度之吹直し銅之分ハ先達而御糺有之候棹銅吹直し減七歩□（虫損）之積りヲ以、此度ニ限吹方者難出来哉と御尋被成候ニ付、仲間相談之上、此度ニ限候而右七歩減之積り請入可申、御答書一両日中可差出候事

此度に限り七歩減にて請入

佐渡荒銅を糺吹

平均にて仰せ付けられるよう願う

天明七年の先例

乍憚口上

当月九日・十日両日御糺吹被仰付候佐州荒銅吹減格別之不同有之候、且彦太夫方灰吹床吹上り候節ニ至り外床江移替、吹方仕候儀、私共一同存寄如何哉と御尋被成奉承知候、依之一同打寄申合見候所、右佐州銅之儀ハ前々ゟ不同有之銅ニ御座候得ハ、於双方御糺吹之上、平均ヲ以御定法被仰付候儀ニ御座候得共、前書之通り灰吹床水気御座候故哉、灰吹上り兼候ゆへ外床江移替、吹上ケ候儀ニ御座候得共、全灰吹銀ニ甲乙者御座有間敷奉存候間、何卒此度之儀も平均ヲ以被仰付被下度奉願上候、乍併右之次第ニ御座候得ハ、御定法難相立御座候ハヽ、又々於両家再糺被仰付、四ケ度平均ヲ以御定法被仰付被下度候、既ニ天明七未年格別之不同御座候ゆへ五ケ度御糺吹平均ヲ以被仰付候例も御座候間、右様ニも被成下度奉願上候、以上

丑五月十二日　　吹屋連印

銅座
　御役所

鹿瀬銅の糺吹を願う

覚

一鹿瀬銅近来銅性合不宜、吹減多分ニ相成候付、追而廻着之砌御糺吹被成下度、子十月銅座表江

試吹の結果により後廻着の分で紕吹を申し入れる

願置候付、此度七拾壱箇廻着故、御紕吹之儀願出候所、先此節之銅尚又紕吹見合可申利解ニ付、一同相談之上、下地定法ヲ以此節之分請入、試吹いたし候、愈不足ニ相成候ハヽ、右減過之分償方無御座候而、跡廻着之節御紕吹奉願上候積り書付差出し置候事、則此度之鹿瀬銅一躰ニ割渡被下候様申入置候事

丑五月十六日

口上

佐渡銅紕吹は四度おこない二度平均とする

熊野屋灰吹床に故障あり

吹減平均のとり方につき歎願

一昨二日私共惣代両人御呼出被仰渡候者、佐州荒銅先達而より御紕吹四ケ度之内、最初両家之分ハ御差止、後両家平均ヲ以御定法御立被遊候様被仰渡、承知奉畏候、依之一同申談候処、先達而も御願申上置候通、何卒四ケ度平均ニ而奉願度候得共、熊野屋彦太夫灰吹床吹方ニ至故障御座候ゆへ是を除、三ケ度灰吹銀幷燃鉛共平均被成下、鍰銅之儀ハ四ケ度減方平均ヲ以御定法被仰付度、此段一同奉願上候、以上

丑六月十三日　　仲間連印

銅座
御役所

乍憚口上

鹿瀬銅性合劣につき紕吹を願う

一当月二日御掛渡被遊候鹿瀬銅百四拾四箇、私方一手ニ御渡被遊候儀ニ御座候、右鹿瀬銅之儀ハ去秋も奉申上置候通り、以前とハ格別銅性合相劣候ニ付、御紕吹之儀当五月廻着仕候砌御願奉申上候所、其節ハ段々御利解被仰付候ゆへ仲間中割渡奉願、下地之御定法ヲ以奉請入候儀ニ御座候、然ル所此度之銅ハ私方一手ニ御渡し候ニ付、今日右銅之内試吹仕候処、格別減方余計ニ

御定法より減過

相成、百四拾四箇之高ニ而御定法之外凡五百七拾斤程之減過ニ罷成、難渋至極仕候間、此度之銅ニ而御糺吹被成下度、万一当節御糺吹も難出来儀ニ御座候ハヽ、御割渡ニも被成下度、左様無御座候而者私方一己之内損ニ相成候、近来困窮之私義ニ御座候得ハ、乍恐御賢考之上、私一己之内損ニ相成不申様、此段書付ヲ以奉願上候、以上

寛政五丑年七月五日　泉屋吉次郎印

銅座
御役所

乍憚口上

荷暮銅は斤高少なく定法にて請入

追って回着の分は糺吹を願う

一当月十九日御掛渡被遊候荷暮銅之儀、御糺吹被成下度段、去秋奉願上候、然ル所其後中絶仕、漸此度罷登候銅ニ御座候得ハ銅性合相直り候哉難斗、殊斤高も無数御座候故、此度之銅者以前之御定法ヲ以可奉請入候、其上私於手元試吹等も仕、去秋奉願上候同様之銅ニも御座候ハヽ、追而廻着之砌御糺吹奉願上候様仕度、此段御聞置被成下度、書付を以奉申上候、以上

寛政五丑年八月廿一日　泉屋吉次郎

銅座
御役所

乍憚口上

京屋源七方切屑銅に古銅が交じる訳につき回答

一当月廿八日御届奉申上候京屋源七ゟ売上之儀頼来候切屑銅之内、古銅交り有之候者如何之訳相糺候処、別紙書付之通相違無御座候、此段以書付奉申上候、以上

寛政五丑年八月晦日　泉屋吉次郎

銅座
　御役所

右之書面ニ差添出候京屋源七ゟ書付左ニ

京屋の説明

口上

一当月廿八日私方ゟ切屑銅六貫八百目吹替ニ為持遣候処、右之内五貫六百目ハ切屑銅、相残壱貫弐百目ハ中古銅ニ相准候品、切屑銅之内江入交り有之候者如何と御尋被下、承知仕候、全右之品別段取拵候品ニ而者無之、直シ物ゟ出候古たち屑ニ而除置候所取紛、正切屑銅江入交り有之候者私方無念ニ御座候間、銅座御役所江宜被仰上可被下候、以来ハ急度相慎候様可仕候、以上

丑八月晦日　京屋源七印

泉屋吉次郎殿

銅座へ事情説明

乍憚口上

銅古道具直し物より出た裁屑が入り交じる

一当月廿八日御届奉申上候天満薬罐屋町京屋源七方ゟ売上頼来候切屑銅六貫八百目持参仕候ニ付、見分仕候処、性合不同、依之撰分ケ仕、右之内五貫六百目正切屑、残壱貫弐百目右(古カ)もの裁切屑ニ相見江、殊ニ中古銅ニ相准候品故、右源七私方江呼寄、右切屑銅性合不同、入交り有之候訳相糺候所、同人申候者、銅古道具直シ物ゟ出候裁屑ニ而、此品別段除置候品取紛入交り、全無念ニ相違も無御座候様奉存候ニ付、以来右躰不行届無之様為申聞、則右源七より差出候書付写別紙備御覧候、何卒此度之無調法御宥恕奉願上候、以上

寛政五丑年八月晦日　泉屋吉次郎

銅座
　御役所

別子立川銅昨十五
日分の棹銅で御定
高七二万斤決算

乍憚口上

一当月十二日迄廻着御届奉申上候予州別子立川荒銅、追々吹方出来仕、則昨十五日御極印被成下候棹銅弐万七千斤ニ而当丑年御定高七拾弐万斤決算ニ相成、引残廻着棹銅ニ而五万五千斤、是者先達書付ヲ以奉願上候通、多人数を以相稼候故、銅出来方相嵩候分出来次第為積登奉売上、

代銀内渡を願う

其時々代銀銅山方江差遣不申而者跡仕入ニ差支候儀ニ御座候、未先達願通り御下知無御座候得共、当時吹残棹銅五万五千斤幷ニ此後追々廻着銅吹方出来次第、時々御極印被成下候上、御下知御座候迄之内、何卒代銀御内渡被成下候様奉願上候、左様無御座候而者銅山方諸仕入ニ差支、今更多人数離散為致候ゟ外可仕様無御座候間、乍憚御賢考之上、願通御聞済被成下度、此段書付ヲ以奉願上候、以上

丑十一月十六日　　泉屋吉次郎

銅座
御役所

代銀内渡を再願

乍憚口上

一別子立川棹銅当丑年御定高之外為積登候銅之内、棹銅弐万四千斤昨廿一日御極印相済、猶追々棹吹銅吹立仕候儀ニ御座候、則当月十六日以書付御願奉申上候通、先達而之願通り御下知御座候迄之内、棹銅代銀御内渡被成下度、明日ニも銅船廻着仕候時者、右船江銀子積下シ不申而者銅山諸仕入代銀大差支ニ罷成、嶮岨之高山向雪中往来迚も自由難成時節ニ至り、自然諸仕入及遅滞候而者稼方手後レニ罷成、出銅相劣奉恐入候儀ニ御座候得共、御公儀様江も奉懸御苦労漸々相凌候程之私ニ御座候得ハ、銀子調達致方自力難相叶御座候間、何方ニも御憐愍之上、御

内渡被成下候様、再三奉願上候、以上

丑十一月廿三日　泉屋吉次郎印

銅座
御役所

十一月廿九日、西御番所より御召ニ付罷出候所、天満南木幡町田中屋宗兵衛かしや京屋源七方より切屑銅之内、直物裁屑持参候哉之段御尋ニ付、先達而銅座御役所江御届申上候通御答申上候所、左候ハヽ、右之趣ヲ以申上候様被仰付候、則左ニ

京屋源七方切屑銅の件で町奉行所へ事情説明

乍恐以書付奉申上候

○冒頭下部に「天満南木幡町　田中屋宗兵衛かしや　京屋源七」とあるが、紙を貼り抹消されている。

長堀茂左衛門町
泉屋吉次郎
幼少ニ付
代判仁右衛門
病気ニ付
代半右衛門

一天満南木幡町田中屋宗兵衛かしや京屋源七方ゟ切屑銅掛目六貫八百目当八月廿八日持参仕、銅座江売上呉候様相頼候ニ付、切屑銅見調仕候所、性合不同御座候付、於私方撰分ケ仕候所、右之内五貫六百目ハ正切屑銅、残壱貫弐百目古物裁切屑銅ニ相見江、殊ニ中古銅ニ相准候品ゆへ右源七呼寄、切屑銅性合不同入交有之訳ケ相尋候処、右源七申候者、銅古道具直し物ゟ出候裁屑ニ而、此品別段除置候品取紛入交り候儀、無念之段申之候ニ付、其節銅座江も其段御届申上候儀ニ御座候、此段御尋被為　成候ニ付、書付ヲ以奉申上候、以上

寛政五丑年十二月朔日　　代半右衛門

御奉行様

但、御掛り吉田勝右衛門様追御沙汰御座候由被仰聞候事

京屋へ御呵

十二月廿一日、京屋源七幷ニ当方仁右衛門御召出、源七儀御呵被成置相済候、当方申分無之段被仰渡候事

寛政六年

寛政六甲寅年二月別子立川銅御定高之外余銅売上方之儀、丑年中精々相願候処、別段直増之義者難被仰付候ニ付、御定直段百拾九匁弐分八りニ而買入、当寅年定高之内へ繰越之積被仰渡候事

薩摩細棹銅隔年買請を命じられる

一　薩州細棹銅当寅年ゟ隔年ニ買請ニ付、口銀ハ此方江被遣候事

覚

別子立川銅余銅売上は定高へ繰り越す

別子立川銅去丑年御定高之外、余銅売上方之儀、去年中申立之趣相伺候所、別段直増等儀者難被仰付候ニ付、右余銅之分是迄御定直段百三拾九匁四分八りニ而買入、当寅年定高之内江繰越之積り被仰付候間、其旨可相心得候

『別子銅山公用帳八番・九番』一五八頁参照

銅座より直買の分に口銀を差し遣すよう仰せ渡されたい

一　先達而申渡候薩州買請細棹銅之義、当年ゟ隔年買請有之儀者先達而申渡候通可相心得候、且口銀渡方之儀相伺候所、右者是迄定式其方買請売渡来り候処、此度於銅座直買之積り被仰付候ニ付而者口銀差遣候ニも不及候得共、左候而者乍纔ニも株式同様ニも相成候儀ニも可有之候間、右口銀差遣候様被仰渡候、尤以来者薩州其外品々ニ而直買請之儀申立有之候共、口銀差遣候義者不相成候段、可申渡置旨被仰渡候間、是亦其旨可相心得候

右之趣被仰渡、逐一承知奉畏候、仍而御請書差上申所依(衍カ)而如件

寅二月

銅座

御役所

寅年四月八日東御番所ゟ御差紙到来、翌九日罷出候、左之通被仰渡ニ付、請書差上候ニ付、銅座御役所相届候写左ニ

古銅取締につき銅座へ提出の届書（『大阪市史』触三七〇三参照）

乍憚口上

今九日東御番所江私共仲間一同御召被為成、則左之通被仰渡候

古銅・古金を分け切屑銅は銅座へ売り上げること

一諸国ゟ当表商人共方江差越候古銅・切屑・はげ銅之内ニ唐金真鍮鉄類其外惣而古銅入交候儘ニ而差登候処、右品々撰分古銅・切屑之分者銅座江可売上義ニ付、古銅古金ヲ以入交り候儘ニ而取引いたし候而者紛敷候間、以来諸国荷主共ゟ引請候古金之分委ク撰分、銅之分者銅座江可売上旨、今般三郷町中御触被成候間、私共義右之趣相心得、弥々入念相糺、銅座江可売上候、自然右御触渡不相守、古金入交り候儘ニ而私共方江差送候ハヽ、不埒ニ付、其者之居所名前等相認メ、其段御役所江可申出旨

古金入り交じりのまま送付の者居所名前提出

生ケ物

一都而古銅之内ニ而生ケ物と唱、古キ儘相用候器物道具類、又者少々宛之損所を繕ひ其形ニ而致売買候品々之義、是迄銅座江売上候儀者無之、然レ共商売人ニ寄断出御改請候者も有之候得共、多分者不相断売買仕来候処、右生物と唱候内、船金具・瓦板・風呂釜・銅壺・鏑、此五品之分所持人手前ニ而損所を為繕、其形ニ而相用候義者格別之事候得共、形ヲ替相用候歟又者売買致ニおゐてハ以来其旨銅座江相断可申候、右五品之分形ヲ替用度者者勿論、売買致候ハヽ、其品引

五品

形を替えたものや売買は銅座へ断りを入れる

吹潰は古銅

請候者ゟ無相違銅座江相届御改可請候、尤引請候者ゟ右品々売出し候節も売人買人申合、斤高品合等いたし、猶又其趣銅座江可断出候、且又生物之内ニ而も繕ひ等難相成、吹潰ニ可相成分ハ全ク古銅之儀付、此分者正路ニ銅座江売上、代り吹銅望之者者買請可申候、右御触渡之趣等閑ニ取斗候ハヽ、御吟味之上、急度可被仰付候間、無違失可相心得候、勿論前書被仰渡候通、銅座江断出候上ニ而御役人江差遣、御改させ候間、其品々銅座江差出ニ不及、銘々勝手之場所ニ差置、其段可断旨、今般御触被成候間、右之次第私共一同相心得可被置旨

銅以外の吹方・取扱を禁じる

一先達而古銅売買之儀ニ付、御吟味之上御仕置被仰付置候、銅吹屋共之内ニ唐金真鍮屑を吹合セ売出候義等有之、全躰吹屋共ニ而者銅之外品々吹方者勿論、取扱候儀ハ紛敷候間、唐金真鍮鉄屑等弥取扱間敷旨

はげ銅やすり粉の吹方は三人に限る

砂原屋敷

一はげ銅やすり粉之儀、間吹ニ被仰付候ニ付、以来釜屋町萩屋市右衛門・天満南木幡町津国屋六右衛門・同所砂原屋敷銅屋嘉助三人ニ限、右吹方被仰付候間、其旨相心得、吹屋共義自今はげ銅やすり粉等吹方致間敷候、尤右品々之分者三人之内江可売渡旨

古銅売渡の規定

極印　売渡値段

一是迄古銅売上候者、買戻し候節者其儘御売渡被成候得共、銅座ゟ御売渡有之候古銅之印無之ニ付、以来古銅御売渡之義者御差留メ、尤是迄唐金真鍮等之地金其外古銅を用来候商人共江者売上候古銅之代りニ中下之古銅を間吹ニ被仰付、極印為御打、直段者百斤ニ付弐百拾匁積ヲ以御売渡させ候間、此段承知可仕旨

切屑銅は銅座直売とし中買の取扱を禁じる

一古銅切屑銅之分銅座江直ニ可売上義ニ候得共、諸商人共不勝手之筋有之節者私共ヲ頼売上来り候所、以来右品々之内切屑銅之分ハ縦令斤数纔ニ候共、銅座江売上方之儀、自然不勝手之筋も

有之節者吹屋共ニ限り取次相頼売上、中買共相頼候儀者御差留メ被成候、尤古銅売上方ハ是迄之通可相心得候様、御触渡被成候間、此旨相心得、切屑銅ハ中買共取次致間敷旨

長堀茂左衛門町
銅吹屋　泉屋吉次郎
幼少ニ付代判　仁右衛門
釜屋町
同　大坂屋助蔵

中下古銅の吹方を仰せ付けられる

一古銅売上候者買戻し候節、前々被仰渡候通、御売渡者御差留メ、代りとして中下古銅之間吹銅を御売渡ニ付、右中下古銅吹方私共両人へ限り被仰付候間、入念紛敷取斗無之様可仕旨

上古銅・切屑銅の小吹は泉屋・大坂屋以外が取り扱う

一上古銅切屑銅者間吹ニ不致、直ニ小吹ニ致候付、私共江ハ右吹方者不被仰付、外吹屋共江被仰付候間、此旨可相心得候

右弐人之外
銅吹屋共

一右仁右衛門・助蔵江被仰渡候通、此度古銅御渡之儀、御差留メニ付、以来中下古銅之吹方、右両人ニ限り被　仰付候故、上古銅切屑銅之小吹ハ不被仰付候間、右被　仰渡候趣承知仕、私共義ハ右両弐品小吹之儀、弥々入念吹方可仕旨

長堀茂左衛門町
銅吹屋　泉屋吉治郎
幼少ニ付代判　仁右衛門
釜屋町
同　大坂屋久左衛門

一諸国ゟ当表差越候古銅之内、古銅・切屑銅・はげ銅等入交有之候処、撰分候儀者勿論、銅座不

古銅類糺方を仰せ付けられる

骨折料

売上、内分ニ而売買致候儀有之紛敷候ニ付、以来右品々幷やすり粉等私共江別段見改被仰付候間、其旨相心得、夫々無怠心ヲ付相糺、吹屋仲買商人共内分ニ而古銅類取扱候儀有之候ハヽ、其段早速銅座江可申出候、且又古銅之内ニ而生ケ物と唱候品取扱候儀ニ付、別ニ被仰渡候通り今般御触渡被　仰渡候間、私共義者右之次第別而相心得罷在、不正之取扱致候者有之者且又早速銅座江可申出候、尤右糺方被　仰付候付而ハ骨折料被下置候間、難有奉存無油断出情可仕候、自然不正之取斗之儀見聞出候ハヽ、当人御吟味之上、御取上ケ被成候銅之内御褒美として歩通り之代銀を可被下置候間、別而入念糺方可仕旨被　仰渡承知仕、難有奉存候、仍而御請證文如件

右之趣被　仰渡候ニ付、此段書付ヲ以御届奉申上候、以上

寛政六年
寅四月九日

川崎屋千治郎
熊野屋彦太夫
代判彦九郎
平野屋三右衛門
大坂屋久左衛門
大坂屋三右衛門
富屋彦兵衛
大坂屋助蔵
泉屋吉治郎

銅座
御役所

銅座へ提出の請書

四月十一日、於銅座御役所被仰渡請書左ニ

差上申一札之事

古銅類別段見改を仰せ付けられる

一諸国ゟ当地江差越候古金之内、古銅・切屑銅・はげ銅等入交有之候分、撰分之儀者勿論、当御役所江不売上、内分ニ而売買仕候儀も有之紛敷候ニ付、以来別段見改被　仰付候間、吹屋仲買幷商人共内分ニ而古銅取扱候儀有之候ハヽ、可申上候、且古銅之内生ケ物と唱候品取扱等之儀、今般御触渡有之候様奉承知、無怠心ヲ付、紛敷義者早速可申上候、右ニ付於町御奉行所被　仰渡候通、為骨折料壱ケ年銀三枚宛被下置、自然不正之取斗之儀及見聞申上候者当人御吟味之上、

骨折料銀三枚

御取上銅之内御褒美として歩通之代銀可被下置候間、別而入念相勤可申旨被　仰渡、逐一承知奉畏候、右被　仰渡之趣相守、出情相勤可申候、依之御請印形差上申処、如件

寛政六年
　寅四月

銅仲買
金屋六兵衛
同
銭屋五郎兵衛
銅吹屋
大坂屋久左衛門
紅吹師
泉屋吉次郎
幼少ニ付
代判仁右衛門
病気ニ付
代真兵衛

銅座
　御役所

銅座へ提出の請書

差上申一札之事

小吹に至るまで中下古銅取扱を仰せ付けられる

今般古銅売上候者買戻之節、以来中下古銅之間吹銅を以御売渡御座候付、右間吹銅吹方幷其余中下古銅之分者小吹ニ吹立候迄、私共両人ニ限り被仰付候間、右吹方厳蜜ニ取斗、且又右間吹銅御

所持の極印

売出之節、所持之極印打相渡可申旨、尤右之外被　仰渡候簾(廉)々者別紙御請書奉差上候間、無違失相守可申候、依之御請書奉差上候処、如件

寛政六年寅四月

銅紅吹師　大坂屋助蔵
同　泉屋吉次郎
幼少ニ付　代判仁右衛門
病気　代真兵衛

銅座
御役所

古銅取締につき銅座へ提出の請書

差上申一札之事

諸国ゟ当表江商人共方江差越候古銅・切屑銅・はげ銅之内、唐金真鍮鉄類入交り候儘ニ而取引仕候而者紛敷候間、此節御触之趣不相守、古金入交り候儘ニ而差送り候ハヽ、不埒ニ付、其者之居所名前相認、町御奉行所江可申上候事

古銅代り間吹銅売出値段

一古銅買戻之儀、以来御差留メ、古銅百斤之代り極印有之候間吹銅百斤ニ付弐百拾匁替を以御売出御座候間、尤代り吹銅之儀者是迄之通相心得可申事

切屑銅は吹屋に限り取り次ぐ

一切屑銅直ニ売上方不勝手之者ハ此節ゟ中買取次ハ御差止被　仰付候間、吹屋ニ限取次相頼候様可仕、尤古銅之分者是迄之通相心得可申事

一新銅切屑之儀者銅細工中間之者依願御直増被仰付候義付、右切屑銅所々ニ而買集メ、其者ゟ売

上候節者古銅ニ准シ買上御座候事

生ケ物

一都而古銅之内、生ケ物と唱、古キ儘相用候器物銅之るい、又ハ少々宛之損所を繕ひ其形ニ而売買仕候品之内、船金具・瓦板・風呂釜・銅壺・鑓、此五品之分所持人手前ニ而損所を為繕、其形ニ而相用候儀ハ格別、形ヲ替相用候歟、又者売買仕候ハ、引請候者ゟ相届、御改請可申候、若又売出候ハヽ、売人買人双方ゟ御断可申上候、繕等不相成品者古銅ニ売上可申事

はげ銅やすり粉の吹方は三人に限る

一はげ銅やすり粉之吹方、萩屋市右衛門・銅屋嘉助・津国屋六右衛門江被　仰付候間、右之品々者三人之者江差遣、吹屋共義者吹方仕間鋪候

銅以外の吹方・取扱を禁ずる

一吹屋共方ニ而者銅之外品々吹方者勿論、唐金真鍮鉄るい等取扱申間鋪候

古銅吹方の別、間吹銅中下古銅は泉屋・大坂屋、上古銅切屑銅は他吹屋に限る

一古銅売上候者買出し買戻之節、以来中下古銅之間吹銅を以御売渡御座候ニ付、間吹銅吹方幷中下古銅之分者小吹仕候迄も泉屋吉次郎・大坂屋助蔵両人ニ限り吹方被仰付候旨、尤上古銅切屑銅者右両人者除キ、残り吹屋共吹方可仕事

右之趣被為　仰渡、猶又於　町御奉行所被仰渡候趣幷三郷町中御触渡之趣、逐一奉承知、少も違失仕間敷旨被仰渡、奉畏候、依之御請印形差上申処、如件

寛政六年
寅四月

川崎屋千次郎
熊野屋彦太夫
代判彦九郎
病気ニ付
代平兵衛
平野屋三右衛門
病気ニ付
代与兵衛

大坂屋久左衛門
大坂屋三右衛門
病気ニ付
代喜八郎
富屋彦兵衛
病気ニ付
代吉兵衛
大坂屋助蔵
泉屋吉次郎
幼少ニ付
代判仁右衛門
病気ニ付
代真兵衛

銅座
御役所

銅座へ見改役勤方存知書を提出

見改役被仰付候付勤方伺出候処、一同存知書認差出し候様被仰聞候付、左之通書付差出ス

乍憚勤方御窺

不正売買の取締

此分五月七日下候、書直不用
一此度古銅・切屑銅・はけ銅やすり粉売買方之儀ニ付御触渡被成、依之私共吹屋仲買商人共都而銅携候もの江売買方別段見改被仰付候、依之兼而私共申合セ、平生無油断心ヲ付、不正之義及見聞次第、早速可奉申上候儀奉存候

掛改のさい吹屋・仲買が立ち会う

一吹屋ニおゐて古銅切屑御掛渡之節、立会之儀者是迄之通吹屋仲買ゟ相勤候様被成下度候、尤私共義も折々立会見改可仕候哉と奉存候

右之通相心得罷在候ニ付、乍憚御伺奉申上候、以上

寅四月十三日

泉屋吉次郎
代真兵衛

大坂屋久左衛門
銭屋五郎兵衛
金屋六兵衛

銅座
　御役所

乍憚書付ヲ以奉願上候

鹿瀬銅引替につき願書
鹿瀬荒銅は追年性悪になる
銅山方の意向を汲み再糺を延期
当年は性合直る
別子銅と比べ性悪
鹿瀬銅引替用撰賃に増分を願う

一奥州会津鹿瀬荒銅、天明八申年十月御糺吹有之、吹減御定法四斤八歩宛ニ御極メ御座候、然ル所、追年右荒銅性合悪敷相成、昨年抔吹減八斤壱歩余ニ相成、御定法よりハ当り四斤三歩余私手元ニ而内損仕、依之再糺之儀度々銅座御役所江願出候処、当地鹿瀬銅問屋江右之趣御申付御座候而同人ゟ銅山方江掛合候処、彼地より返答ニ者、是迄之御買上直段ニ而も銅山方仕当引合不申、此上御糺有之、吹減等相増候而者御買上も下直可被仰付、左候而者弥銅山方困窮ニ相成相続難仕候間、此後者銅山ニ而悪銅無之様入念吹方いたし差登セ候間、御糺之儀者御許容被成下度旨、連々為申登候付、問屋ゟ右之趣銅座御役所江申上、私共江銅座ゟ被仰渡候者右之次第ニ付、当年之為登銅性合見改之上、相直候ハヽ、是迄之通ニ而請入候様入訳ヲ以被仰聞不得止事、当年者請入候仕合ニ而御糺願も延引仕候、最早当年分之内、壱万七千斤余も相登り、早速私手元ニおゐて試吹仕候処、少々者性合相直り候得者、別子銅引合候時、壱斤余も減過ニ相成困り入申候、定而当年も御屋鋪ゟ別子銅と御引替可被仰付と奉存候、左候時者右之次第ニ付、年々私方内損ニ相成、誠難渋至極仕候間、何卒御評議之上、昨年分御引替壱万六千九百四拾四斤壱歩幷当年も鹿瀬銅御引替用御座候ハヽ、撰賃七匁九分之外ニ減過壱斤代壱匁九分三り、都合百斤当り九匁八分三り被成下候ハヽ、難有仕合奉存候、此段書付ヲ以奉願上候、以上

寅六月七日
泉屋吉次郎印

対州御屋鋪
御役人中様

乍憚口上

銘銅の取扱につき願書

一 銘銅上中下三段、従先年古銅ニ相准取扱来り候義、吹屋共甚難渋之品ニ御座候得共、多斤数出候品ニも無御座故、其儘差置、吹屋仲間順々相廻し呉候様、荷主方江も兼而及掛合、公役同様ニ存請入来り候処、先達而御触流以後、中下銘銅之儀、古銅並ニ御座候得ハ泉屋吉次郎・大坂屋助蔵右両家限り吹方被仰付、中下はけ銅江御差向、間吹銅御売出被遊候旨、中銘銅間吹銅ニ吹方仕上候而も古銅間吹同様ニ諸向買請人承知仕間敷訳者性合悪敷品故、間吹と者格別品合相劣り候義ニ御座候、尚亦下はけ銅之儀者一向間吹銅ニ者不相成候得共、稀ニ請入、吹屋失墜仕、合吹ゟ南蛮吹仕、其上地売方江右両品共少々宛差加、吹方仕候義ニ相違無御座、全内損仕候得とも、前段申上候通、多斤数出候品ニも無之、売上人江も及懸合、吹屋不残江順々請入候義故、難渋相忍吹方仕候義ニ御座候処、小吹ニ者不被仰付候ニ付、御売出間吹銅手支相成、殊ニ先達而被仰付候後、私共両家ニ限り内損難渋仕候得者、右両品御紕吹之上、地売吹方ニ被為 仰付候様、当人者勿論、一同奉願上候、殊ニ切屑銅幷ニ上古銅地売吹方御差止被仰付候義故、御渡荒銅平均壱ケ月三四千斤ツヽ、此日数十日斗ニ小吹出来仕候故、於両家四人之地売細工人手隙ニ罷成り、今更可致渡世も無之、及渇命候段申出、困窮之私共合力等も難行届甚難渋仕候義ニ御座候、是亦乍憚御憐愍之上、細工人立行候様、重畳奉願上候、以上

性悪のため古銅の間吹より品合が劣る

斤数が少ないため内損を忍び吹屋中で取り扱ってきた

御渡荒銅高

泉屋・大坂屋の地売細工人は手隙で渡世困窮

寛政六寅年
六月十二日

泉屋吉次郎印
吹屋惣代
大坂屋助蔵印
同
富屋彦兵衛印
大坂屋三右衛門印

銅座
御役所

差上申御請書之事

右書付差出候処、今日者預り置候、追而沙汰も可有之、御申渡有之候事

中下古銅値増

一中古銅百斤ニ付代銀百七拾六匁、下古銅百六拾六匁替ニて是迄売上来り候所、以来中古銅百斤ニ付壱匁、下古銅百斤ニ付弐匁ツヽ御直増被仰付、仲間一同申合、猶又売上方出情仕候様被仰渡、難有承知奉畏候、仍之印形差上申所依如件

寛政六寅年九月十八日

塩屋平九郎
代判伊助
熊野屋彦太夫
代判彦九郎
大坂屋三右衛門
病気ニ付代喜八郎
紅吹師
大坂屋助蔵
泉屋吉治郎
代判仁右衛門
病気ニ付
代真兵衛

銅座
御役所

本書二一四頁参照

一御用之儀有之候間、只今早々可罷出候、以上

丑正月十九日

銅座
御役所

塩屋方焼吹銅を紀吹し吹減を取り決める

一去子歳御召上ニ相成候塩屋佐次良方焼吹銅千三百六拾七斤弐歩之内、六百四拾斤者生ケ物、相残七百弐拾七斤弐歩吹直し銅之分吹減是迄壱斤減之取扱致候得共、御役所ニ右例も不相見候、此度之儀外取扱来り候通、壱斤減之通ヲ以請入候儀も候者已来之定法ニ相成候事ゆへ、紀吹之上、御取極可被成候積り、此度之吹直し銅之儀者先達而御紀有之候棹銅吹直シ減七歩ツ、之積りを以、此度ニ限吹形(方)ハ難出来候哉と御尋被成候ニ付、仲間相談之上、此度ニ限候而右七歩減之積り請入可申、御答書一両日中差可遣候事

本書二六頁参照

乍憚口上

当月二日御掛渡被遊候鹿瀬銅百四拾四箇、私方一手ニ御渡被遊候儀□(虫損)御座候、右鹿瀬銅之義者去秋も奉申上置候通り、以前とハ格別銅性合相劣候ニ付、御紀吹之儀当五月廻着仕候砌御願奉申上候所、其節段々御理解被仰附候得者仲間中割渡シ奉願、下地之御定法を以奉請入候儀ニ御座候、然ル所此度之銅者私方一手ニ御渡し候ニ付、今日右銅之内試吹仕候処、格別減方余計ニ相成、百四拾四箇之高ニ而御定法之外凡五百七拾斤程之減過ニ罷成、難渋至極仕候間、此度之銅ニ而御紀吹被成下度、万一当節御紀吹も難出来義ニ御座候者御割渡ニも被成下度、左様無御座候而者私方一己之内損ニ相成候、近来困窮之私義ニ御座候得者、乍恐御賢考之上、私一己之内損ニ相成り不申様、此段書付ヲ以奉願上候、以上

寛政五牛(丑)年七月五日　　泉屋吉次郎印

銅座
御役所

但、右書付銅座半右衛門持参候所、当番野村御氏御請取、評儀之上追而御沙汰可有之と被申聞候事

泉屋代
半右衛門

一右明六日四ツ時可罷出事

乍憚口上

一当月廿八日御届奉申上候京屋源七ゟ売上之儀頼来ル(ママ)候切屑銅之内、右銅交り有之候者如何之訳相糺候之処、別紙書附之通り相違無御座候、此段以書附奉申上候、以上

寛政五丑年八月晦日　泉屋吉次郎

銅座
御役所

右之書面ニ差添出し候京屋源七ゟ書付左ニ

口上

一当月廿八日私方ゟ切屑銅六〆八百目吹替ニ為持遣候所、右之内五貫六百目者切屑銅、相残壱貫弐百目者中古銅ニ相准候品、切屑銅之内江入交り有之候者如何と御尋被下、承知仕候、全右之品別段取拵候品ニ而者無之、直し物ゟ出候古たち屑ニ而除置候所取紛、正切屑銅へ入交り有之候者私方無念ニ御座候間、銅座御役所江宜被仰上可被下候、以来者急度相慎候様可仕候、以上

丑八月晦日　京屋源七印

泉屋吉次郎殿

銅座より差紙か

本書二七頁参照

本書二八頁参照

本書二八頁参照

乍憚口上

一当月廿八日御届ヶ奉申上候天満薬鑵屋町京屋源七方ゟ売上頼来候切屑銅六貫八百目持参仕候ニ付、見分仕候処、性合不同、依之撰分ケ仕、右之内五貫六百目正切屑銅、残り壱貫弐百目古物裁切屑ニ相見へ、殊ニ中古銅相准候品故、右源七私方江呼寄、右切屑銅性合不同、入交り有之候訳相糺候処、同人申候者、銅古道具直し物ゟ出候裁屑ニ而、此品別段除置候品取紛入交り、全無念ニ相違も無御座候様奉存候ニ付、以来右躰不行届無之様為申聞、則右源七ゟ差出候書付写別紙備御覧候、何卒此度之無調法御宥恕奉願上候、以上

寛政五丑八月晦日　　泉屋吉次郎印

銅座
御役所

京屋源七一件は追って沙汰あり

乍憚口上

一去月廿九日　西御番所江御呼出シ被仰渡候者、天満南木幡町京屋源七方ゟ(脱アルカ)私方江持参仕候切屑銅之儀、委細以書附奉申上候様被仰付候ニ付、則当八月当御番所江書附ヲ以御届奉申上候通り趣相認差上候処、追而御沙汰可有御座段被仰付候ニ付、此段書附を以御届奉申上候、以上

(丑)
牛十二月四日　　泉屋吉次郎

銅座
御役所

中下古銅のみ紅吹

乍憚口上

一中下古銅御紅吹被仰附、依而之(ママ)先達而上中下焼生両品共三段ツヽ、御紅吹奉願上候処、上下銅者

御紅吹難被成候ニ付、此度者中下両品共百斤当り生古銅六歩通り、焼古銅四歩之積を以、御紅吹被成候ニ付、私共存寄無之哉と御尋被成承知仕、双方申合候所、御下知ニ而被仰附候義ニ候得者、前書之御積ヲ以奉畏候、右御請書付ヲ以奉申上候、以上

大坂屋助蔵
寅四月十六日　泉屋吉次郎

銅座
御役所

御紅吹中古銅五百斤
下古銅五百斤ツヽ、御紅吹ニ候、以上

乍憚口上

中下古銅は塵屑を差し除き紅吹する

一中下銅之分、此度御紅吹御撰分ニ付、右之内塵屑交り之分も是迄仕来候儀ニ付、取交吹方被仰付度奉申上候処、左候而者右塵屑銅之内、多分塵相交り有之候程目方吹減強有之候道理ニ御座候分御沙汰ニ付、一同評儀仕候処、右塵屑之分差交り吹方仕候儀不相当之段、御察（察カ）当之趣御尤至極奉存候、依之右塵屑者差除紅吹仕度旨申上候処、御聞済被成下、右御差当之趣奉畏候、依之以書附御請奉申上候、以上

塩屋平九郎
寅四月廿三日　吹屋不残
銅座　紅吹師弐人
御役所

乍憚口上

古銅など売買不正なきよう取締、本書三九頁参照

一此度古銅・切屑銅・はけ銅やすり粉売買方之儀ニ付、御触渡被為成、依之私共へ吹屋仲買商人共都而銅携候物共売買形(方)別段見改被為　仰付候、依之私共兼而申合せ平生無油断心を附、不正之儀及見聞次第、早速可奉申上候儀と奉存候

掛渡のさい吹屋・仲買が立ち会う

一於吹屋古銅・切屑御掛渡之節立会之儀者、是迄之通吹屋中買ゟ相勤候儀ニ御座候、私共儀も折々立会、尚又見改可仕奉存候、右之通り相得心罷在候、猶被　仰付候次第も御座候者御差図被成下度奉存候、乍憚右之段書付ヲ以御伺奉申上候、以上

寅五月七日

泉屋吉次郎
幼少ニ付代判
仁右衛門印
大坂屋久左衛門印
金屋六兵衛印
ぜに屋五郎兵衛印

銅座
御役所

乍憚口上

江戸より唐金到着見分

一当地銭屋源兵衛方江唐金五箇、江戸表ゟ積廻り候ニ付、私共へ見分被仰附、奉畏候、則同人方江罷出、見分仕候処、唐金ニ相違無御座候ニ付、此段書付を以奉申上候、以上

寅七月廿五日

吹屋惣代
大坂屋久左衛門印
紅吹所
泉屋吉治郎印

銅座
御役所

乍憚口上

江戸吹の品を見分

足尾丁銅と比べ性合よい、吹直か

吹減・吹賃銀の結論出ず、判断を仰ぐ

一当地銭屋卯兵衛方江相廻り候江戸吹と申候七挺物弐箇、掛目三拾三貫百目、此品当月三日於泉屋吉次郎吹所一同見分仕候処、足尾山吹丁銅と者少々品合宜敷、一旦吹直し候品と相見江候得共、生物古銅共難申上、譬生物銅と唱候而も何レ細工不仕而ハ不通用品ニ有之、則細工仕候時者古銅ゟ出候切屑銅者上古銅ニ相准シ可申義、生物ゟ出候切屑幷正切屑銅品合甚紛敷混雑仕、私共難渋ニ御座候得者、割銅之格合を以好之目形ニ吹直し、百斤ニ付吹減壱斤、引残正吹銅九拾九斤八歩御定例吹賃銀被為仰付候哉、一同申合候得共、決心不仕、乍憚宜敷御堅(賢)考奉願上候、以上

寅十月　　惣吹屋中

銅座
御役所

乍憚口上

中下銅の間吹につき錫鉛気の有無御尋あり、回答

一中下銅間吹銅ニ吹立候上ハ鉛気錫気等者無之哉と御尋被成奉承知候、間吹吹方不仕以前者錫鉛気多分御座候得共、都而間吹仕候節者弐挺吹子を以吹立候ニ附、銅ゟ外交り物燃捨候吹形(方)御座候、然ル上ハ間吹銅ニ仕上候而者錫鉛気決而無御座候ニ付、此段以書附ケ奉申上候、以上

寛政六寅十一月廿二日　　糺吹師 大坂屋助蔵
　　同 泉屋吉次郎

銅座
御役所

乍憚口上

別子立川棹銅代銀支給を督促

一別子立川棹銅御定数累年奉売上来候処、近年銅山方不繰合之上、打続度々火災等御座候而、類

焼屋敷夥敷有之内、御引当屋鋪等も御座候得者、其儘難打捨　御公儀様以御威光追々普請等仕候得共、大造之儀難行届御座候ニ付、銅山稼方色々手ヲ盡出銅相嵩候様手段仕、成丈差登、右御銅代銀ヲ以種々為繰合之、去丑年御定数之外拾三万斤当寅歳之内繰越奉売上候、御上納も無滞相納メ来り、今歳迄も繰越銅拾三万斤幷ニ閏月も御座候得者、其余ニも奉売上、右代銀御渡シ被下候者、例年御米代上納之義二月三月限り相納来り候処、昨廿七日与州ゟ仕立飛脚を以申来候ハヽ、来卯歳御米代上納之儀二三月之処、正二月ニ皆納可仕旨、御預り所松山御掛り役人衆中ゟ急度被仰附候段申来ル、当惑至極、其訳者二三之納之儀者正月迄手当仕候処、正二月納被仰附候時者当十二月中ニ上納銀等手当仕候義ニ御座候得者、御銅代銀之外ハ困窮之私義御座候得者、外ニ調達可仕様も無御座候、今更途方ニ暮、難渋至極仕候間、憚多候得共、時日も奉願上候通り何卒追々登り銅早々吹立可申間、出来次第御極印被成下、代銀御渡方奉願上候、左様無御座候而者、銅山方仕入銀差支第一差当正二月上納銀手支罷成、恐入奉存候間、此段追願書を以奉願上候、以上

別子立川棹銅繰越高

買請米代上納の期月変更の指示あり途方に暮れる

棹銅代銀の速やかな支払を願う

寅十一月廿八日　　　　泉屋吉次郎

銅座

御役所

乍憚口上

一去丑年中秋共奉売上候切屑銅五万千八百斤余、古銅七万九千七百斤余、都合拾三万千五百斤余地売吹方仕候処、当寅年四月ゟ古銅上中下切屑銅共四品之内、中下之古銅私共両家ニ限り間吹銅吹方仕候様被為仰付、難有仕合奉存候、依之吹方仕候之処、当寅年中中下古銅之分差積り去

寛政五年と比べ二万斤の吹方減

小吹大工手隙にて難渋

切屑銅吹方御免を願う

（丑）牛年御渡方と引比候時ハ凡弐万斤程も吹方相減候上、間吹方ニ候得者地売方荒銅丈之吹方ニ而抱置候小吹大工手隙勝ニ相成、今更可致様も無之、難渋至極仕候、殊ニ諸山出銅無数御時節ニ候得者、御渡銅之内一向ニ而地売細工向ニ不相成候品も多分御座候得共、左様之節ハ切屑銅抔差交吹方仕、細工地銅ニ相成候様操合ニも罷成候処、切屑銅請入御差止ニ而ハ甚地売銅吹方差支難渋仕候、何卒切屑銅丈ケ如以前吹方御免被成下候者地銅操合も宜敷幷ニ抱置候地売大工も吹方相増難有奉存候、依之以書付ケ奉願上候、以上

閏十一月廿一日　大坂屋助蔵　印
泉屋吉次郎

銅座
御役所

当年冬は多用

但、此書付閏十一月廿二日差出候処、当年冬ハ御多用御座候ニ附、御請用も難被遊、来春ニ至候ハヽ、折も可有之旨御理解ニ付、書附下ル

○半丁分空白。

寛政七年

一今廿五日東御番所ゟ御召ニ付、仁右衛門病気ニ付代真兵衛罷出候処、左之通被仰渡候

古銅取締仕法を伏見・堺へも申し渡す（『年々諸用留十番』六頁参照）

一古銅切屑生物之類、去年四月御仕法被仰出、京都ハ当地同様之御仕法被仰出候、然ル所伏見・堺者是迄御仕法被仰渡無之処、此度銅座御役所御調之上、当　御奉行ゟ御勘定所御釣合之上、御勘定　御奉行様ゟ御伺之上、伏見・堺も当所同様御仕法ニ相成、依之当所御奉行より右両所御掛合之上、伏見表ハ御承知之旨御返事有之、堺者未御返事ハ無之候得共、是以同様御仕法ニ相成趣、此段於役所吹屋仲買見改致幷職方惣代者申渡候様、　御奉行より被仰付候間、向々不洩様申渡候様被仰付候事

右之趣、口達ニ而小泉仁之助様被仰渡候事

卯三月廿五日

古銅見改役四名より銅座へ届書

銅座へ見改四人より届書左ニ

乍憚口上

一昨廿五日従東御番所様御召之上、被仰渡候者、古銅切屑幷生物御取締御仕法、去四月当地・京都被仰渡御座候処、伏見・堺ハ御取締御仕法是迄被仰渡無御座候処、此度伏見・堺も当所同様ニ被仰渡御座候旨、私共へ被仰渡御座候ニ付、此段書付ヲ以御届奉申上候、以上

大　久

泉　吉

銭五郎

金　六

〆四人印

銅座

御役所

四月廿一日銅座御役所へ御呼出し、左之通御手頭被仰渡、依之御答書差出ス

吹銅形へ流候節幷合吹・間吹・灰吹とも水ニ醒し候節、当地ニ而ハ川水を用ひ候儀ニ可有之候、井戸水ニ而も差支無之候哉、川水汐気有之候而ハ銅色合性合ニ抱り候義無之候哉

前段御尋被為成奉承知候、惣而私共へ吹方ニ相用候水ハ川水ニ而井戸相用ひ候義ハ無御座候得共、井水吹方ニ相用候而も吹銅性合ニ相障り可申儀者御座有間敷奉存候、尤汐気有之候水ハ吹立候銅ニ請出シ不宜候ニ付、汐気有之水ハ決而相用ひ不申候、御尋ニ付此段書付ヲ以奉申上候、以上

吹銅形流のさい用いる水につき御尋

回答

汐気の水は使わず

卯四月廿一日　泉屋吉次郎印

銅座
御役所

堺表へも古銅見改に出かける

乍憚口上

一古銅一件堺表も同様御取締ニ相成候ニ付、同所市中見廻り之義私共ゟ相勤可申段御尋被成、奉畏候、御差図之上私とも四人申合、月々見廻りニ罷越可申候、此段書付ヲ以御請申上候、以上

卯七月五日　古銅見改役
四人之者より

銅座
御役所

古銅見改役より口上書

古銅代り銅売下の仕法立につき存寄

乍憚口上

一此度真鍮屋共ゟ古銅代り間吹銅御売下ケ延引ニ相成、難渋之趣ニ付、是迄相滞有之候分、一決算候、当時皆済御売渡被成下、猶此後之所古銅売上ケ即刻代り御売下ケ被下様御仕法御立被下度旨奉願上候段、私共江も同様書付ヲ以申出候、依之私共存寄左ニ奉申上候

古銅代り不足滞分として鍰銅一〇〇斤の売渡を願う

一是迄相滞有之候代り銅之分、可成丈ケハ間吹銅ニ而御売渡被遣、不足滞之分ハ古銅百斤之代り鍰銅ニ而百斤御売渡、一先皆済被成遣候ハ丶、諸向々無差滞一同難有可奉存候

一已来之所売上ケ古銅代り差急候者江ハ中下古銅代りハ六斤減、間吹銅ニ而九拾四斤宛、上古銅代りハ無減鋏銅ニ而百斤宛、即刻代り御売渡被遣候ハ丶、世間商売筋之者とも一統融通宜、差滞義有之間敷哉と奉存候、尤代り銅不差急、上中下古銅代り御定法通り間吹銅ニ而百斤当りニ買請願候ものハ是迄之通被成置子細有之間敷奉存候

右之通、私とも存寄乍憚奉申上候、以上

卯七月廿九日

古銅見改役
四人印

銅座
御役所

古銅見改役より願書

市中見廻の雑費が増す

雑費融通のため白目一手買請を仰せ付けられたい

乍憚口上

一去寅四月於　御奉行所古銅一件御取締被為　仰出候砌、私共四人之義ハ吹屋仲買商人共へ御定法被為　仰出候外ニ不正之売買取斗等不仕様見改役被為　仰付、尚亦当御役所ニ而も同様被仰渡奉畏候、尤骨折料被下置難有仕合奉存候、依之当地市中紛敷品売買又ハ吹方等不仕候哉、私共申合日々心懸罷有、時々市中見廻りニ罷越、幷ニ古銅之内生ケ物銅御見分有之節者其時々被召連候ニ付、相応之雑費等相懸り、尚又当地之外泉州堺表市中も見廻り可申段、此度被仰渡、奉畏候、遠方之場所雑費等も弥増候段奉申上候儀恐入奉存候得共、乍憚雑費為融通何卒年々入札ヲ以諸向へ御払ニ相成候取白目去ル戌年より去寅年迄五ケ年之間、御払直段平均之処御定値段ニ被成下、当卯年より向ケ未年迄五ケ年限私共へ一手ニ御買請之儀請負被為仰付被下度、右願通り御聞済被成下候ハヽ、其余情を以雑費助ニも仕度奉存候、尤右請負年限中直段何程下落仕候とも、其節御直下ケ願等仕間敷候、且亦右年限相立候ハヽ、其時宜ニ随、相願候様仕度、偏ニ御憐愍を以御聞済被成下候ハヽ、難有奉存候、乍憚此段書付ヲ以奉願上候、以上

卯八月三日

古銅見改役
四人印

銅座
御役所

但、右願書之筋御差支有之故、御勘定方江も御聞ニ達候得共、御取用難被成候故、九月朔日見改方之内、両人御召ニ付、大久・

当方罷出、右願書為川より請取帰候、前段不用被成候事

対馬向け別子銅引替鹿瀬銅買請につき願書

乍憚書付ヲ以奉願上候

鹿瀬銅・蝉ケ平銅撰賃

鹿瀬銅吹減の仕法替に困惑

御定法以上の吹減分は古銅で調えてきたが昨年来取締が厳しい

銅山方は紅吹を望まず

一　奥州会津鹿瀬銅七百五拾斤、同州(越後)蝉ケ平銅五百五拾斤、此度御買請被遊、別子荒銅ニ御引替可申上候様被仰付奉畏候、是迄撰賃鹿瀬銅ハ百斤ニ付七匁九分、蝉ケ平銅ハ拾四匁七分ツヽニ而御渡被成下候事ニ御座候、然ル所此度被為成御引替候内、鹿瀬銅吹減四斤八歩之御定法ニ候得ハ別子銅よりハ壱斤弐部も過ニ相成候ゆへ、以来ハ右過銅之分御戻シ可申上候様、尚又余分吹減之分ハ私方御渡被成下候様被仰付奉畏候、此義先年より相定り御座候得ハ如何致候事哉難相分り奉存候、往古相定候時ハ減銅百八拾匁替ニて代銀請取候事故、私方於手元吹減銅外方ニ而古銅抔相調、融通仕来候得共、昨年より古銅之義厳敷御取締被遊候故、別段調候事難相成、別子荒銅ハ廻着高時々銅座御役所へ御届申上、吹立候後御極印奉請候事ニ御座候得ハ、減銅丈融通之致方無御座、困り入奉存候、以来之処ハ過不足差引之上、減之分ハ荒銅ニ而も古銅ニ而も御渡被成下候様奉願上候、左様無御座候而ハ前段奉申上候通、(虫損)□方融通致方無御座、右様ニ被成下候而も鹿瀬銅ハ至而吹減過分相立困り入、毎度再紅之義銅座御役所へ奉願候処、山元より申候ハ御紅吹被成下候時ハ御買上直段も下直ニ可被仰付、左之時ハ弥銅山方困窮ニ相成、休山仕ゟ外ハ無御座、此度ハ於山元悪銅無御座候様入念差登候間、御紅吹之義ハ御許容被成下度趣、銅座御役所へ申来候段、御同所より御利解被仰聞不得止事、請入候義御座候哉、右躰之銅別子銅御引替用ニ相成候時ハ私一己之内損、困窮之私御賢慮被成下、願通御聞済被成下度書付ヲ以奉願上候、以上

寛政七卯年
八月六日　泉屋吉次郎印

対州
御役人中様

乍憚口上

別子立川銅代等拝借銀差引分下渡願

来辰年分繰越銅一万五〇〇〇斤銅山手当銀の拝借高

一別子立川棹銅今卯年御定高七拾弐万斤之内、弐拾壱斤(万脱カ)ハ当卯年御定高之内へ操越銅ニ去ル寅年奉売上、引残り五拾壱万斤ニ而今年御定高決算ニ相成候内へ当卯正月より七月廿九日迄廻着高五拾弐万五千斤登着仕、当節迄吹方皆出来仕、差引残壱万五千斤之分ハ先達而も奉願上候通り来辰年御定高之内へ操越銅ニ御買上被成下度奉願上候、随而年々被下置候御銅山御手当銀九拾貫宛之分、三百貫匁去ル子年御拝借被成下難有、右銀高之内同年十二月銀四拾五貫匁并丑・寅両年百八拾〆匁都合弐百弐拾五〆匁上納仕、今卯年被下置候御手当銀九拾貫匁之内七拾五〆匁御引除上納仕候得ハ、右三百貫匁御拝借高皆上納ニ罷成、引残拾五〆匁何卒御渡方被成下度、此段書付ヲ以奉願上候、以上

寛政七卯年
八月十七日　泉屋吉次郎印

銅座
御役所

乍憚口上

古銅売上高少ない理由につき御尋

一一昨廿八日、私共御召之上、去年より当年ハ古銅御売上高無数候ニ付、如何訳ニ候哉御尋ニ御座候

回答

去冬以来代り間吹銅売下が滞る

古銅は京都などの真鍮仏具方へ回っているか
古銅売買渡世できるようにすれば売上も進む

古銅出方少なく吹方も手隙がちに

此義、以前ハ古銅売上即刻古銅儘御売下ヶ等も被下候ニ付、向々渡世自由能候而、他国より当地へ集り方も宜候と相見へ、然ル所古銅儘御売下ヶ之義去寅四月御差止メ、代り間吹銅ニ而御売渡、其外御取締之義とも被仰渡、右代り間吹銅ニ相成候段、差支之義無之、其外御取締も宜、古銅百斤ニ付代り間吹銅百斤御売渡被下候ニ付、銘々出情買集メ追々売上も相進ミ候所、去冬已来段々右代り間吹銅御売下ヶ方相滞、当時ニ而ハ古銅取扱候もの共一統難渋仕候趣ニ而、則先達而真鍮仲買幷古銅取扱候もの共より申立候義共ニ御座候、仍之見改方四人之者ゟも愚案存寄書付等も差上申候、右等之儀ニ而当地古銅取扱候もの共一統売買手操悪敷相成候間、自然と他国より当地へ廻り方無数、京都又ハ他所之真鍮仏具方有之土地へ相廻り候哉とも乍恐奉存候、何卒御憐愍ヲ以世間一統古銅売買融通能手広ニ渡世相成候様御賢慮被成遣候ハヽ、集り方も相進ニ《(ミ)》可申と奉存候、於当地不取締之義無御座候、尚追々出方相進候様、勘弁可仕候

右之段御尋ニ付、書付ヲ以奉申上候、以上

卯八月晦日

仲買
年行司

銅座
御役所

乍憚口上

一去ル寅年四月私共へ被為　仰渡候者、古銅上中下三品幷切屑銅共四品之内、中下弐品古銅斗私共ニ限り間吹銅吹方可仕候、尤切屑銅幷上古銅右弐品之銅吹方御差止被為仰渡之趣、奉畏相勤罷有候処、追日古銅出方無少罷成候ニ付、去寅四月被仰渡候以後当卯三月迄十二ヶ月壱ヶ年分私共へ御渡高拾万五百八拾弐斤壱歩ニ相成、格別吹方も手隙勝ニ御座候ニ付、一昨丑年壱ヶ年

分私共へ御渡銅寄立候処、切屑銅五万千八百斤余、古銅者七万九千八百斤余、右弐品都合拾三万千五百斤余之地売吹方仕候時ハ被下置候御定法御増銀割合百斤ニ付弐匁四厘八毛宛之分、銀弐〆六百九拾匁余頂戴仕、難有奉存候、殊ニ抱置候地売銅細工人迄も多分之吹方仕候処、去ル寅年中下古銅斗之吹方被為仰付候後ハ右細工人手隙勝ニ罷成、且被下置候間吹銅御増銀割合百斤ニ付壱匁八分宛之分、前段古銅拾万五百八拾弐斤壱部、差当候銀高壱〆八百拾匁四分七厘七毛丑年御増銀差引残八百七拾九匁余受納相減、別而古銅斗ニ而ハ撰分ケ人歩費多く、其上間吹方ニ候得者地売方荒銅丈ケ之吹方ニ而者抱置候小吹大工壱ケ月之内凡日数十一二日斗之吹方ニ而、今更細工人可致様も無御座、旁以難渋仕、殊ニ近年諸山出銅無数候砌、御渡銅性合寄一向ニ而細工地銅ニ難相成銅者切屑銅取交吹方仕候得ハ、破銅吹直し之損銀も相減シ、吹方之操合も宜敷罷成候所、切屑銅吹方御差止ニ而ハ前書奉申上候損銀融通も無御座、吹方も手薄、甚難渋仕候間、乍憚此段御賢考之上、何卒切屑銅如以前吹方御免被仰付被下度、重畳奉願上候、以上

寛政五年分地売吹方

小吹大工は月一一〜二日の勤め

切屑銅吹方御免を願う

寛政七卯年
九月十六日

大坂屋助蔵印
泉屋吉次郎印

銅座
御役所

乍憚口上

一御国表御用引替別子銅撰賃内、荒銅吹減銅欠過差引之訳合、度々被仰聞候ニ付、其時々委細書付ヲ以御歎奉申上候次第ニ而、未御会対相済候と申ニ而も無御座候、然ル所当九月節季委曲預り紙面拝誦仕候、当来算用高と引比候時ハ凡銀百六七拾匁程之不足ニ罷成、其上先達而も御頼

対馬藩役人中へ別子銅引替につき願書

申上候通、銅払底之節、減過銅償方之手段無御座、難渋仕候ニ付、又々左ニ御願申上候条々

南部銅吹方停止の理由

一往昔より仕来り候南部銅ニ相離候訳者、去ル明和年中南部棹銅百斤ニ付減方三斤八歩幷百斤ニ付銅百匁宛別段入匁被下候得ハ、右之融通を以吹方も可仕段、入訳も御座候得共、兎角難引合候ニ付、数十年仕来候吹方相止候義ニ御座候、且其以後于今至迄、御国御用南部銅御買請御座

別子銅引替の撰賃減額のため内損

候節ハ則別子銅御引替へ撰賃七匁九分ツヽ被下候外減違差引被遊候例も無之故、三拾年来其儘御用向相弁候所、此度三斤八部減方を以算当御改被下候而ハ前段申上候趣意も不相当、殊ニ困窮之時節内損仕候御用向御請可仕手段無御座候、此義乍憚御勘考被下、是迄之通之御式法ヲ以

撰賃旧に復したい

減違頓着無之、撰賃七匁九分ツヽ被下候ハヽ、不相替御用承り申度、此段奉願上候

減銅過不足を銅で差引したい理由

一御買請諸山銅之内、減銅過不足代銀ヲ以御渡被成下候義、御高免御願申上候、何卒已来ハ銅ヲ以差引奉願候わけハ、是以先達而も奉申上候通り、別子立川御用銅御定高之義ハ銅山豊凶ニ不抱御定数奉請負候義ニ而、中々不容易候義、殊ニ元禄年中より百余年相稼候銅山ニ御座候間、

別子銅は遠町深敷のため御定数も不都合がち

遠町深敷ニ相成、御定数も不都合勝ニ御座候得共、恐ながら　御公儀様へ色々奉掛御苦労御余光ヲ以可成ニ御定数都合仕候砌、近年諸国出銅追々相劣り候故哉、古銅ニ至ル迄厳敷御取締被

買請方に支障あるので銅で欠過差引を願う

仰出候時節、自然御引替銅減過銅代銀御渡被下候而も代り銅買請方可仕様無御座、当惑仕候ニ付、以来者銅ヲ以欠過御差引奉願上候

右奉申上候通り何卒御聞済被成下候ハヽ、不相替御用向も承り忝仕合奉存候、依之書付ヲ以奉願上候、以上

卯九月十六日　　泉屋吉治郎　印

切屑銅吹方御免を再願

対州
御役人中様

乍憚口上

一当月十六日以書付奉願上候切屑銅吹方之義、何卒願通り御免被成下度、廻着御渡荒銅迚も平均ヲ以御渡被成下候砌、今年ハ古銅出方至而無数罷成候得ハ、被下置候渡世料受納も薄、難渋仕、勿論召抱置候小吹大工等も吹方手隙勝ニ而、経営も難成相歎候段、無拠義と奉存候ニ付奉願上候、何分ニも是迄之通吹方仕候時ハ細工人共も多少奉申上候筋者無御座候哉ニ奉存候得ハ、乍憚此段被聞召分、御憐愍之上願通御聞済奉願上候、以上

卯九月晦日　泉屋吉治郎　印

銅座
御役所

切屑銅上古銅吹方停止につき請書

乍憚口上

一切屑銅吹方御免被成下度段、泉屋吉次郎・大坂屋助蔵方より先達而奉願上候得共、切屑銅幷上古銅吹方御差止、御触流シ有之事ニ付、御聞届難被為成候、尤中下古銅間吹ハ右両人ニ限り吹方被仰付置候ニ付、右等も差引ニ差加へ、切屑上古銅小吹方割合之分ハ惣吹屋へ対談仕、申出候ハヽ、荒銅ニ而御渡方御差略可被成下候間、仲間一統不自（由脱カ）無之様被仰渡奉畏候、仍之右御請奉申上候、以上

切屑上古銅小吹の割合は惣吹屋で相談する

卯十二月十六日　吹屋惣代　富屋彦兵衛
紀吹師　大坂屋助蔵

同
泉屋吉次郎
銅座
御役所

長崎へ積み下す間吹銅懸方・荷作の請書

覚
一此度間吹銅壱箇ニ付正味百斤入五箇、長崎表江御積下シ被成候ニ付、右間吹銅懸方幷荷作り私方勝手ニ仕置候様、追而船積可被仰付、万一右間吹銅欠等も有之候ハヽ、彼地欠過請負所も有之候得者、同所名代之者掛調仕、若不足有之候ハヽ、弁納可仕旨被仰渡、承知奉畏候、仍之御請奉申上候、以上
卯十二月九日　泉屋吉次郎印
銅座
御役所

寛政八年

中下古銅売上高

覚
一中古銅五拾七斤
一下古銅百四斤
荷主
紀伊国屋幸之助

代り間吹銅の急ぎ売下を願う
荷主より頼み来る

右之分、三月十七日私方ゟ奉売上候、此代り間吹銅御売出し之義、先達而鍮石屋ゟ御売下ケ奉願上、御聞済有之分ニ御座候得共、急々御売渡し被成下候様、私方ゟ奉願呉候様、幸之助方ゟ頼来候ニ付、此段書付ヲ以奉願上候、以上
辰四月八日　泉屋吉次良
銅座
御役所

乍憚口上

一当辰年別子立川棹銅御定高七拾弐万斤之内廿九万斤者、則去卯年中操越銅ニ奉売上、引残四拾三万斤積登り候得ハ御定高都合相成候ニ付、其余之分当年中何程為差登積りニ有之哉、御尋為被成、承知仕候、凡当年中為登高七拾弐万斤奉売上候心得ニ御座候、左候時ハ廿九斤（万斤脱カ）程者来巳年分操越銅ニ奉売上候積りニ御座候、乍併巌石之内之稼方ニ有之候得者、見越之儀ニ御座候得共、御尋ニ付、此段書付ヲ以奉申上候、以上

別子立川棹銅差登高の御尋あり

辰ノ四月十一日　　　　　　　　　　　　泉屋吉次良

銅座
御役処

対州屋敷ゟ銅座へ届書之写

一朝鮮渡別子銅之義、追々御売渡被下候分、彼国江差渡候処、如何之義ニ哉性合違候銅交居不相請取、右性合違候分弐千八百斤余差登候ニ付、直ニ泉屋吉次良方へ相渡申候、右代り銅近日相請取候様致度御座候、此段御届申上候、以上

朝鮮渡別子銅のうち性合違う銅の引替を求める

四月廿二日

乍憚口上

銅座へ回答

一対州屋敷へ是迄追々御売出シ間吹物銅別子銅と多斤数引替御渡し申上候内、性合相劣候銅入交り有之哉、此度彼地より弐千八百斤余積登り性合宜敷別子銅ト引替呉候様、屋敷より申参り候儀無調法仕候、依之引替方奉願上候、乍併此節者別子銅廻着も無之、追而廻着仕候砌、引替相渡し申度、此段書付ヲ以奉申上候、以上

別子銅廻着次第引き替える

辰四月廿四日　泉屋吉次良

銅座
御役処

覚

中下古銅売上高

一中古銅百五拾斤

一下古銅百廿壱斤

荷主
紀伊国屋幸之助

代り間吹銅の急ぎ売下を願う

右之分、昨廿六日私方ゟ奉売上候、此代り間吹銅御売出し之儀、先達而鍮石屋ゟ御売下奉願上、御聞済有之分ニ御座候得者、急々御売渡し被成下候様、私方ゟ奉願呉候様、幸之助方ゟ頼来り候付、此段書付ヲ以奉願上候、以上

辰四月廿七日　泉屋吉次郎

銅座
御役所

乍憚口上

朝鮮渡別子銅積戻分の調査結果

一対州屋敷ゟ積戻り候別子荒銅掛調子仕候処、弐千八百六拾壱斤三部七五別子銅ニ御座候得共、片キ床又者銅湯不出来ニ而片キ方厚相成候品入交り候分ニ御座候ニ付、以来之処ハ右様之品相除、片キ方薄品斗御渡し可申様可仕候、依之書付ヲ以奉申上候、以上

四月廿七日　泉屋吉次郎

銅座
御役処

銅座より差紙

泉屋吉次良
代判　仁右衛門

同　弁右衛門
同　半右衛門

右三人、明七日五ツ時可罷出候、尤印形持参可有之事

銅座
　御役所

乍憚口上

別子立川棹銅売上の見込

一別子立川棹銅御定高七拾弐万斤之内、廿九万斤去卯年奉売上、廿八万五千斤者当正月ゟ当節迄追々奉売上、引残拾四万五千斤奉売上候得者、辰年分御定高決算ニ罷成候、右之外当年中為登銅凡廿八九万斤程者罷登り可申積ニ御座候間、来巳年分御定高之内御売上被成下、則代銀其時々御渡し被成下度、此段前以奉願上候、以上

その都度代銀渡を願う

辰五月　泉屋吉次良

銅座
　御役処

乍憚口上

松屋多兵衛はけ銅買集の風聞

一北勘四良町松屋多兵衛銅はけ買集メ申候由風聞承り候ニ付、早速今日東御番所様へ御届ケ奉申上候趣、左ニ

乍憚口上

東町奉行所と銅座へ届書

一此度北勘四良町松屋多兵衛義、銅鉳買集メ申候由ニ御座候、私共一切見当不申候得共、右之風聞承り候ニ付、此段御願奉申上候、以上

泉屋吉次郎
幼少ニ付
代判仁右衛門
病気ニ付
代真兵衛

御奉行様

右之通、今日東御番所へ御断申上候ニ付、此段御届奉申上候、以上

泉屋吉次良

銅座
御役所

乍憚口上

別子立川銅手当銀の下渡を願う

一当辰年別子立川棹銅御定高七拾弐万斤之内廿九万斤、去卯年操越銅ニ奉売上、則辰正月ゟ八月廿六日御極印相済候分四拾三万斤、都合七拾弐万斤決算ニ罷成候間、御手当銀半通り先達而奉請取、相残ル半通り四拾五貫目、此節御渡し方被成下度、此段書付ヲ以奉願上候、以上

辰八月廿八日　泉屋吉次良

銅座
御役所

乍憚口上

古銅出方劣り小吹大工手隙となる

一去ル寅年四月中下古銅之分者私共ニ限り吹形可仕候、尤上古銅幷ニ切屑銅者吹方御差止被為仰付候、以来古銅出方劣、抱置候小吹大工手ひまに相成候ニ付、卯九月以書附御頼奉申上候通、去ル丑年迄於私共壱ケ年分吹高切屑銅五万弐千斤余、古銅七万九千斤余、都合拾三万斤余吹方仕候処、切屑銅吹方相減候上、古銅出方段々相劣候ニ付、何卒如以前切屑銅吹方御免被成下候様奉願上候得共、御触渡も有之義故、御取上も難被成候ニ付、荒銅ヲ以御渡方御差略も可被下候段、中間一同対談仕候様被仰付、難有奉存候得共、切屑銅吹方之義者一烈ニ無御座候、家々

切屑銅引請の少ない家は難渋
古銅出方減少

引請不同御座候之処、荒銅ヲ以御差略被成下候而者、切屑銅引請無少家者難渋ニ相成候義、中間内之義ニ御座候得者得対談も不仕、其儘ニ過去り候得共、古銅出方一向無之故、当辰正月ゟ当八月迄八ヶ月之間、私共両家受入地銅相調候処、漸々七千斤程之請入ニ相成、前書奉申上候丑年迄之吹方ニ差競候時者拾弐万斤程も相減、尤古銅出方増減者治定難申上候得共、治定仕候切屑銅斗ニ差当候而も四万斤斗も吹方相減罷在候処、今年者御用御瓦夥敷延方被仰付候砌、私共細工人而已手陵に有之義、毎々相歎候趣尤ニも被存候得共、困窮之私共助力も難行届、難渋至極仕候間、何卒切屑銅吹方御免被成下候様御堅（賢）考被成下、御憐愍之程重畳奉願上候、以上

御用瓦延方

切屑銅吹方御免を再願

九月

銅座
御役処

乍憚口上

古銅売上減少の理由と対策を御尋

一近来古銅売上追々相減候ニ付、如何之訳ニ而売上無数候哉幷以後集候方存寄可申上旨、御尋御座候

古銅見改役より回答

此儀古銅之義者、専真鍮地入ニ仕候品ニ而、諸国地向ゟ相集候処、元来古銅御取締ニ相成候節幷去ル寅年御仕法相改候節、御公儀ゟ御町触も有之候、以後少々御振合も相変、且職方切屑銅之御仕法と者直間違有之、彼是以一体市中帰伏薄ク御座候哉、其上売上届ケゟ代り銅ニ相成候迄日数相懸り一同難渋仕候ニ付、自買入方不情ニ相成候哉ニ奉存候、随而古銅買集相止、古真鍮鉄古金等専一ニ買集候方可然と申者も間々有之様承候、勿論真鍮地ニ吹銅相用候事者古来ゟ一切無御座候処、去冬ヨリ御地売銅も相応有之、初而吹銅ヲ以真中地入ニ仕候様

売上から代り銅受取まで日数かかるため古銅を買い集めず

相成、夫ニ味付、近頃ハ尚々古銅買集不出情ニ相見江申候、如何様古銅買入候而も売上買下余而相掛り、其上直開キ斤減シ等之義、兼而不相当ニ存居候哉、且大造之失脚相懸り候古銅ゟ者吹銅相用ヒ候得者格別之便利と存、如斯相成候事ニ奉存候所、全此上者真鍮地ニ吹銅相用候義相止り候様相成、古銅御買上ゟ御売下ケ迄之直開キ幷即刻御取斗被遣、売人共銅座江往来不相掛、手軽ニ代り銅相渡候様御勘弁被成遣候得ハ、追々集り方も相進ミ可申奉存候、尤古銅当地江不差越、直ニ外々江相廻り候様ニ而も承り候得共、不取留義ニ而相分不申候、右御尋ニ付申上候、以上

真鍮地入に吹銅を使うようになる

代り銅を手軽に渡せるよう勘弁を願う

古銅が他所へ集まっている

辰十月

金屋六兵衛
銭屋五郎兵衛
大坂屋久左衛門
泉屋吉次良

銅座
御役所

一十一月廿三日見改四人於銅座ニ被仰渡候者、此度生もの古銅之類当処之振合ニ堺表へも御改被仰出候間、来ル廿五日銅座ゟ彼是地江罷越候間、見改四人付添罷越候様御申渡、尤銅座罷越候義者此度始メ斗ニ而、以来者見改四人斗生ケ物之御改之節可罷越、彼地市中見廻り候事ハ毎月両度程も可相見廻事

堺表で銅改、銅座役人を派遣

堺市中を見廻る

一十一月廿五日早朝ヨリ見改四人堺表罷越、御番所下宿大和屋庄兵衛方控罷在、同日四ツ時銅座御役処岡本八左衛門様・為川辰吉様幷筆者中村吉五良様御越、直様右三人御番所へ御届ケ、同日八ツ時比堺御組御同心小高為左衛門様・今井林右衛門様、堺道具年寄布屋治兵衛殿・古手年

古銅見改役も堺へ派遣

道具会所にて改めの仕法

寄なら屋甚八殿同道ニ而道具会所へ罷越、生ケもの幷古銅見改、四人撰分ケ、夫々掛目相改、荷主印形為致、見改四人・堺年寄両人都合六人奥印之上、御同心御両人ニ相渡、直ニ御番所江御持帰り、跡ヨリ銅座御役人中見改四人御役所縁側迄罷出、彼地御掛り御役人御引会之上、見改四人下宿迄下ル、同夜年寄両人面談之上、当所御仕法之通申渡し候事、見廻り案内相頼候処、

以来は毎月見廻る

見改人別帳

右年寄両人ニ被仰付、市中銅取扱候家々相廻り候事、尤以来者毎月相廻り候而も其時々ニ堺御番所ニ御届不申上、勝手ニ相廻り候段御断申上候処、御聞済有之候、奥印文段貫目見改人別帳ニ有之候事、此代人真兵衛相勤、廿七日夕方帰ル

吹銅値段高値にならぬよう仰渡あり

一今三日東御番処ゟ御召ニ付、仁右衛門出勤仕候所、吹屋中買蔵方不残於御前被仰渡候者、吹銅直段近年御定直段之外仲買とも格別上利ヲ取、諸人難儀ニおよひ候段を不相構不届被思召、以来右躰之心得違不致様兼而申付置候様被仰渡候事、近日三郷江町触被仰付候由御沙汰有之候事

七月

寛政九年

銅売出方につき吹屋中より請書（『年々諸用留十番』六二頁参照）

仲間一統江被仰渡書御請證文之写

吹屋不残

吹屋中の銅売出は差し止め

其方共義明和三戌年銅座相建候砌、仕来之通吹職申付、銅売買之義者可差留なれとも、是又致来候渡世相減候ニ付、其方共へも口銭相渡、銅売出させ候処、近来中買共銅座定直段より格別高直ニ売捌趣相聞ニ付、向後中買差止、銅座ゟ直ニ売出間、其方共儀も吹職之外銅売出させ候義者差止候条、其旨可存候、勿論古銅売上之義者是迄之通可相心得候、然レ共吹銅銅座ゟ直売ニ相成ニ付而者、以来古銅代りとして吹銅其方共江売渡候義者不致ニ付、向後古銅売上口銭と

古銅売上はこれまで通り

して売上代銀百目ニ付弐匁宛可相渡間、古銅売上頼来ルものこれあらハ銅座へ売上候様可致候、

古銅代り吹銅の仕法

右ニ付而者大坂地廻り之者古銅売上相頼候共、右代り吹銅買請之義者、銅座江其者罷出遣方之訳申立テ、直買致ス様其方共ゟ可申談候、夫共近国遠国之者ゟ古銅売上之義相頼、右代り吹銅買請之儀其方共へ頼越ス分者、其段買主ゟ遠方之訳印形書付取之、銅座へ差出ならハ吹銅売渡可遣なれ共、銅座直売之形チニ付、売口銭者不相渡、古銅売上之節見改之義者仕来之通可相心得候

中買を古銅売上取次人と定める

右之趣、江戸表ゟ御下知ニよつて申渡間、吹屋中売(買)幷所之者共義も可令承知候、尤是迄之中買共儀向後古銅売上取次人と名目相定メ、猶又以来諸向へ銅座ゟ銅売出方其外巨細之義者調之上、追々可及沙汰間、是又一同可令承知候

右之通被仰渡、一同奉畏候、依而如件

寛政九巳年五月十九日　　仲間一同　連印

右被　仰渡之趣、私共承知仕候、以上

寛政九巳年五月十九日　　吹屋町々　年寄連印

御奉行所

問屋中より請書

差上申一札

一私共義別紙御請書ニ申上候通、銅吹職之外ニ売出之儀御差免被置候処、此度御差止ニ相成候、

古銅売上口銭

然レ共古銅類売上之儀者是迄之通ニ被　仰付、則為口銭古銅類売上代銀百目ニ付弐匁宛被下候

間、右品々売上度旨頼来りもの有之候ハヽ、銅座江売上候様可仕候、此外別紙御請書差上候被仰渡之趣等急度相守、右取斗ニ付而も銅座之差配を請可申、勿論不正之取斗決而無之様、諸事入念可申旨被仰渡、逸々承知奉畏候、依御請證文如件

寛政九巳年
五月十九日
問屋中

右被仰渡之趣、私共承知仕候

右之通、東御役所ニおゐて被　仰渡候御事

懸り御役人
小泉仁之助様

乍憚口上

手代半右衛門休足
代り新兵衛

一半右衛門義、此度休足申付、右代り新兵衛為相勤度奉存候間、吹方　御用向是迄之通、右新兵衛へ被仰付被下度、此段以書付奉願上候、以上

巳ノ正月七日
泉屋吉次良

銅座
御役所

但、懸り野村由蔵様
小山猪右衛門様　翌日御聞済相済候

乍憚口上

手代卯右衛門休足
代り義助

一卯右衛門義、此度別家休足申付候間、右代り義助と申者為相勤度奉存候間、銅山方御請負證文印形御改被成下度、此段以書付奉願上候、以上

巳ノ正月廿四日
泉屋吉次郎

銅座
　御役所

堺表で銅生ケ物改

正月晦日堺表江生ケ物改ニ罷越候様、正月廿九日被仰渡、則銅座御勘定様ゟ堺御奉行様江御状御渡、大坂屋久左衛門代半兵衛、此方代真兵衛幷左兵衛見習ニ罷越、晦日五ツ時堺道具会所江罷越、直様御番所御状差上、四ツ時御同心小高為左衛門様御立会相改、例之通書付差上、御番所へ罷出、御返翰奉請取、罷帰ル

生ケ物帳

一生ケ物品数生ケ物帳記有之、翌二月朔日品数書付左之通奥書ニ而銅座御届申上ル

覚

一何々
　此〆
一何々
　此〆

右之通、昨晦日堺表御役人様御見分之上、私共立会相改、書面之通相違無御座候付、此段御届奉申上候、以上

巳二月朔日
見改惣代
泉屋吉次郎
代真兵衛
同
大坂屋久左衛門
代半兵衛

銅座
　御役所

右書付幷御返翰、朔日銅座内藤仁左衛門様へ相渡済

乍憚口上

古銅出方年々劣る

一去ル寅年四月古銅吹方御仕法御改、中下古銅之分者私共両家江吹方被仰付、尤上古銅切屑銅者吹方御差止被仰渡奉畏候、然ル所古銅出方年々相劣り吹方手隙ニ相成候ニ付、先達而御願奉申上候処、荒銅ヲ以差略仕候様被仰渡、依之仲間対談仕候処、切屑銅吹方之義者一烈ニ無御座、家々引請不同御座候処、荒銅ヲ以御差略被成下而者、切屑銅引請無少家者難渋相成候義、仲間内之義御座候得者、押而対談難仕、其儘相過罷在候趣、去辰年中古銅出方猶更相減、則時年中

去辰年古銅の斤高

泉屋吉次良方者中下古銅千八百斤余・大坂屋助蔵方者中下古銅七千四百斤余、都合九千弐百斤余ならてハ吹方無御座候、去丑年迄ハ古銅七万九千斤・切屑銅五万弐千斤、都合拾三万斤余も

丑年迄は泉屋・大坂屋併せ一三万斤余の吹方

両家ニ而吹方仕、昨年と引競候時者格別之吹方相減申候而、小吹大工・差等迄外吹屋〆者吹方も右之仕合ニ而余程無少、毎々難渋之趣願出候得共、年々困窮之私共助力も難致遣候故、不顧恐再応御願奉申上候、且又別子銅御振替幷日平銅吹方仕候節、右荒銅至而はしかく銅御座候故、諸山荒銅相加江吹立候得共、近年出銅無少、自取入銅も行届かたく御座候間、旁右切屑銅取合吹方仕候得者、破銅も出来不申、融通勝手宜御座候間、前段之始末御賢考被成下、如以前切屑

切屑銅吹方御免を再願する

銅吹方御免被成下度、乍恐再応以書付奉願上候、以上

二月

大坂屋助蔵

泉屋吉次良

銅座
御役所

内藤仁右衛門書付御請取、追而御沙汰御座候由

乍憚口上

別子立川銅山水抜普請銀の返納方

一別子立川銅山水抜普請銀三百貫目、去辰五月拝借被仰付、年々被下置候御手当銀九拾貫目之内、

拾ヶ年賦返納可仕候ニ付、御手当半高四拾五〆匁御渡方之節者、右割合之通拾五〆匁返納可仕旨被仰渡、奉畏候、然ル処最初御渡被下候四拾五〆匁之義ハ銅山方御上納銀手当ニ仕候義ニ付、右之内より返上納被仰付候而者右御上納方差支、甚難渋仕候間、何卒皆済御渡し方之節、三拾〆匁高一度ニ返上納被仰付被下候ハヽ、重畳難有奉存候、依之此段以書付奉願上候

巳ノ二月廿日　　泉屋吉次良

銅座
　御役所

乍憚口上

古銅売上減少につき御尋、存寄を申し上げる

一近来古銅売上追々相減、殊ニ去辰年ハ至而無少、如何之訳合ニ而無之哉、私共見改役之義ニ付、不取留儀ニ而も存寄又者承り及候義、具ニ奉申上候様被仰渡、奉畏候

此義去ル寅年御仕法御改、生ケ物等御見分有之、不正之義於有之候者、急度御沙汰も御座候ニ付、諸国迄も右之趣奉承知候、国々番人共買集之上、御当所問屋江相廻し、仲買・吹屋より奉売上候義ニ而、万一売上方不行届之儀御座候時者、諸国之荷主迄も御咎メ御座候哉と恐入、銅一件之義ハ御当地ニ限、格別御厳重ニ御取締有之様ニ存込居候哉、去辰年十月奉申上

本書六五頁参照

候通り、鉄古かね等専ニ買集差登、古銅之義者余国ニ而取捌仕、御当地へ登セ候義者不引合ニ候筋も有之哉と奉存候、幷京都之儀真鍮吹屋も御当地ゟ軒数も多、都而潰し方多可有御座

京都の状況

候得共、一向近来古銅奉売上候儀無御座候、此義等京都仲買共江御聞調被有御座度、乍恐奉存候、尤昨年ヨリ江戸表ニ古銅吹所御取建御座候而、是迄御当地へ廻着古銅も江戸表ニ而吹

西国筋の風説

方被仰付候故、余程之斤数眼前相減申候、且西国筋ニ而も鋳物等彼地ニ而仕候趣相聞、右交

銅者古銅相用可申哉等奉存、右ニ付而者自ラ御当所江不相廻、国ニ而鋳物等有之候節、売買可仕哉と奉存候、乍併此義者急度見届不申風説ニ御座候、且又去辰年十月奉申上候通、御当地堺表も真鍮吹屋共古銅不進故、吹銅相用候義を味付、弥古銅取扱御座なき様成行申候、此上者御買上御売下ケ迄之直開キ幷代り間吹吹銅即刻御取斗被成遣候ハヽ、追々出方相進ミ不申哉と奉存候、此段御尋ニ付存寄奉申上候、以上

代り吹銅の即刻取計をすれば古銅出方も進むか

巳ノ二月廿九日

金屋六兵衛
銭屋五郎兵衛
大坂屋久左衛門
泉屋吉次良

銅座
御役所

乍恐口上

風呂釜の件は誤解

一私所持仕候風呂釜之義ニ付、当二月廿八日以書付御届奉申上候義者、全心違(得脱カ)ニ御座候間、御許容被成下度奉願上候、尤右風呂釜買手人有之、売渡候節者御届可奉申上候間、御改被成下度、此段以書付御断奉申上候、以上

巳四月廿日

伏見両替丁
天満屋利助

古銅見改役の奥書

右利助奉申上候通、相違無御座候間、此段御断奉申上候、以上

見改惣代
泉屋吉次良

銅座
御役所

口上

銅座より大坂屋助蔵を呼び出す

今日銅座ゟ仲間惣代御呼出し被仰渡候

御用之義有之候ニ付、明五ツ時大坂屋助蔵并仲間一統・塩屋共罷出候様、尤可成義ニ候者助蔵義直ニ出勤致候様、万一病気等ニ而出勤相成兼候ハヽ、名代差出し可申旨、御申渡し御座候、以上

乍憚口上

両町奉行吹所見分

大番頭等も今日見分

日程変更は叶わず

一今廿二日両町　御奉行様私方吹所御見分被遊候趣、昨廿一日御届奉申上候、然ル処今廿二日右　御奉行様方之外ニ大御番頭小笠原近江守(貞温)様・御加番三浦志摩守(前次)様・青木甲斐守(一貞)様、今日御見分被遊候旨被仰渡候ニ付、今日者両町　御奉行様御見分ニ被為入候旨、前以被仰渡御座候へ共、同日ニ御見分被遊候而者吹方都合難仕ニ付、御案内方迄日限御差替も被為成下候様、奉願上候得共、最早御日限御定候上者御差替も難被遊、是非今日御見分被遊候間、吹方加減物之義ハ候得とも、可成丈ケ手配可仕様達之被仰渡候ニ付、無拠御請奉申上候、此段書付ヲ以御届奉申上候、以上

四月廿二日　　泉屋吉次良

銅座
御役所

口達書

銅座より吹銅直売不正なきよう口達

吹銅は商売職人・素人とも銅座直売(『大阪市史』達一一一九参照)

一此度銅座ゟ吹銅直ニ売渡候ニ付、銅取扱候商売職人共者勿論、素人共も入用有之者、遣方之訳委細書付銅座江直ニ罷出可買請旨、先達而相達候ニ付、追々買請ニ罷出候得共、銅払底之時節ニ付、申立候斤高難売下ケ歩通を以売渡候、然ル所右買人共之内者是迄銅吹屋仲買共ゟ定式不買請者も有之、其者共之内、是迄器物道具類を以、吹銅と引替来り候者も有之由ニ候所、直売

吹銅を転売する者

売渡銅願高の急増

渡ニ付、銘々組合拵申立、多人数願出候内ニハ願高歩通を以売渡候義と相察、斤高過分相懸申出候ものも有之、又ハ吹銅買入置、又々外江売渡、徳用取候積りニ而、此外内分不正之申談等致置、買請ニ出候者共有之趣相聞、夫故惣斤高格別過分ニ相成候、中買有之候節、売渡候銅高凡月々三万斤五万斤之内外ニ而相済来候所、既当月之儀者当地斗ニ而も弐拾六万三千斤余ニ而、京・伏見・堺表之者差加候而者都合四拾三万斤余之願高ニ相成、右躰彼是内分ニ而取繕ヒ願出候者共ハ不埒之至ニ候、依之当時売出方相改候次第、左之通申達候

吹銅売出方改正の提案

御定値段より高値の売渡を厳禁

注文書提出には及ばず

銅切手

一是迄銅座幷吹屋仲買共ゟ月々定式買請来候分斗ハ、前々吹屋仲買共ゟ買請遣方高凡相知有之儀ニ付、願高ニ不拘、相応之斤高売渡可遣、其余銅座幷吹屋仲買共ゟ定式買請不来もの共ハ縦令商売職向組合中間之者候共、以後買請之儀願出候共、取調相済候迄ハ銅座ゟ先売渡ハ不致、乍然銅不買請者者無拠入用有之候迚、買請候者共之内ゟ内分ニ而御定直段を外シ高直ニ売渡候儀等決而致間敷候、右不正取斗之有無ハ兼而内々相糺候間、万一利欲ニ拘り右躰之儀於在之者、吟味之上急度可令沙汰候、且又普請ニ付、銅入用歟又者無拠儀有之、臨時ニ買請度ものハ其訳委細相認、町内年寄糺之上、無相違おゐてハ奥印致シ可相願候、猶於銅座も糺之上、売渡可遣候、右之次第ニ付、已来ハ毎月晦日迄銘々注文書差出候ニ者不及、売渡可遣向斗毎月六日書付を以銅座へ申出候ハヽ、其節売渡方可申聞間、同十二日代銀持参、銅切手可請取候

右之趣心得違無之様、三郷町中江可申聞候事

寛政九巳年七月

乍憚口上

越前大野面谷銅を下請負する

一　越州大野土井能登守(利貞)様御領分面《ヲモ》谷銅、是迄御領主勝手山稼ニ御座候処、此度私方へ下請負仕候、依之明春ヨリ相稼可申積御座候、尤出銅当地へ廻着之上、問屋之儀ハ追日奉申上候間、此段以書付御届奉申上候、以上

巳九月十一日　泉屋吉次郎印

銅座
御役所

『別子銅山公用帳八番・九番』一八六頁参照

此元願書本家公用帳委ク

予州別子立川銅山師
泉屋吉次郎
幼少ニ付
代判仁右衛門

別子銅山水抜普請銀の返納年延不許可

別子銅山水抜為普請料銀六百貫目拝借之儀、去寅年願立候処、取調之上、右半高銀三百貫目貸渡被仰付、返納之儀者年々被下置候御手当銀九拾貫目之内を以、三拾貫目ツヽ、当巳ゟ十ヶ年賦返納被仰付、今年分納方ハ相済候得共、元来右拝借銀之儀ハ外々江貸付利足取集メ、猶又自力をも差加江見込之通普請可相仕立処、融通無之ニ付、残銀弐百七拾貫目之高、拾五ヶ年之間年賦年延相願候得共、右者一旦年限等取極被仰付候御趣意ニも振候間、願之趣難取用、願書差返候条、可得其意候

巳十月

年賦延長の願書を取り下げる

右之趣被仰渡、願書御下ケ被下、逐一承知奉畏候、依之御請印形奉差上候処、如件

寛政九年巳十月　泉屋吉次郎
幼少ニ付
代判仁右衛門印

銅座
御役所

水抜普請銀返納方一〇年賦の請書（『別子銅山公用帳八番・九番』一八七頁参照）

予州別子立川銅山師
泉屋吉次郎
幼少ニ付
代判仁右衛門

別子銅山之儀、是迄数年来御定高無滞相納、近年者追々繰越銅をも相増売上、猶又水抜普請成就之上ハ弥出銅丈夫之基ニ相成、永々御用方厚相勤度趣、実意ニ相聞候ニ付、格別之訳ヲ以当巳ゟ向寅年迄十ケ年之間、一ケ年銀三拾貫目宛別段拝借被仰付候間、難有存、銅山手当専相励、追々出銅増方をも相納メ一際御用弁之筋誠実ニ出情可致候、尤右返納之儀者十一ケ年目ゟ年々相渡候御手当銀九拾貫目之内ヲ以、一ケ年三拾貫目宛十ケ年賦無相違致返納、銅山方ニ付願ケ間敷儀申立間敷候

願いがましき申立はしない

巳十月

右被仰渡候趣、逐一奉承知、重畳難有仕合奉存候、然ル上ハ水抜普請之儀者勿論、銅山方手当専相励、追々出銅相増候様出情仕、永年御用方無滞相勤可申候、尤拝借銀返納之儀ハ十一ケ年目ゟ年々被下置候御手当銀九拾〆匁之内を以壱ケ年三拾貫目ツヽ十ケ年賦無相違上納仕、毛頭願ケ間敷儀申上間敷候、依之御請印形奉差上候処、如件

寛政九年巳十月

泉屋吉次郎
幼少ニ付
代判仁右衛門　印

銅座
御役所

薩摩藩細棹銅吹賃増願

後

薩州御入用細棹銅吹賃増銀願書左ニ

乍憚書付ヲ以奉願上候

細棹銅は吹方が難しく屑銅が多くなる

一御国入用細棹銅此度三千斤分、此鉸銅三千九拾弐斤八歩、代銀弐百拾匁替ニ而、此銀高六貫四百九拾四匁八分八厘ニ而、於銅座　御役所御買請被遊、吹方之儀ハ以前之通、私方江被仰付奉畏候、右細棹銅之儀者至而六ケ敷、屑銅等多ク相成、三千斤も吹方仕立候時ハ三千五六百斤程吹立不申候而者御入用棹銅撰立之上、三千斤出来不申、相残五六百斤之屑銅者吹直シ不申候而ハ外方江向口も無御座、右ニ付而者炭道具之類迄外吹方ゟ余慶入目相掛り、其上手間等も相増旁々仕合ニ而、以前私方所持銅ヲ以奉売上候節者、鉸銅百斤ニ付拾九匁宛之吹賃積ヲ以奉売上候、然ル所去寅年ゟ私方所持銅も無御座候ニ付、御屋敷ゟ銅座　御役所江直御買請ニ被遊、則其節之御買請鉸銅高三千六百八斤弐歩、此代銀七貫五百七拾七匁弐分弐厘之所、右銀高百目ニ付銀壱匁五分宛之積ヲ以、銅座御役所ゟ取次世話料為口銀此高百拾三匁六分六厘被為下置候ニ付、吹賃銀以前百斤ニ付拾九匁之所、寅年御直買之砌ゟ六匁七厘四も（毛）も減少仕、残拾弐匁九分弐厘六毛ニ前段被下置候口銀ヲ以諸雑費融通仕、吹方仕候得共、当五月ゟ諸方一同銅御直売ニ被仰出、仲買私共江被下置候口銀御差止メニ相成候ニ付、此度御屋敷御買請鉸銅之口銀不被為下置候時ハ前段吹方諸雑費融通之致方無御座、内損相立難渋仕候故、銅座　御役所江右之趣奉申上、口銀被下置候哉之段相伺候所、一同口銀御差止之上者、此度御屋敷御買銅ニ限り被下置候儀も難相成旨被仰渡候付、当惑至極仕候故、無拠当御屋敷江御願奉申上候間、何卒前段之始末被為　聞召分、御憐愍ヲ以吹賃銀鉸銅百斤ニ付拾五匁九分弐厘六毛宛ニ御引直被成下候ハヽ、難有仕合ニ奉存候、此段以書付奉願上候、以上

銅座の取次世話料で諸雑費を融通

五月より口銀差し止められ内損

吹賃銀の引直を願う

巳十月七日　泉屋吉次郎印

薩州御屋敷
御役人中様

前

乍憚口上

琉球渡細棹銅

一 薩州御屋敷御買請琉球国御渡細棹銅三千斤分、此鍰銅三千九拾弐斤八歩、此節御買請御座候旨、右御屋鋪ゟ御達御座候、然ル所右細棹銅之儀者、去寅年ゟ御直売ニ相成候而も吹方者以前ゟ私方江被仰付候故、口銀私方江被為下置、難有仕合奉存候、然共当五月ゟ諸向一統御直売被仰出候得者、口銀者不被為下置様奉存候、且又右棹銅吹方之儀者屑銅等多ク相成、手数相懸り候得共、吹賃銀外地売銅同様ニ御座候而内損ニ相成候得共、右口銀を以融通仕罷在候得共、前段之趣ニ御座候得ハ、此後者口銀丈ケ御屋鋪ゟ御渡被下候様御願申上度奉存候間、此段書付ヲ以御伺奉申上候、以上

五月の仕法替で口銀は下し置かれず

口銀分の支払を願う

巳九月廿一日　　泉屋吉次郎印

銅座
御役所

右書付於銅座御評儀有之候得共、本文之御買請銅ニ限り口銀難被下置旨、段々御理解之上、薩州御屋敷江御願之儀御差留者無御座候、対談之上、増銀口銀程受取候ハヽ、其砌早々相届可申旨被仰付候事

薩摩屋敷と対談、口銀分の増銀を願う

乍憚書付ヲ以御届奉申上候

細棹銅吹賃銀・諸雑用とも内訳

一 細棹銅三千斤
此鍰銅三千九拾弐斤八分

此吹賃銀三百九拾九匁七分八厘
但、百斤ニ付拾弐匁九分弐厘六毛
外ニ
五拾四匁　箱縄釘代
但、壱箱ニ付壱匁八分
九拾目　吹増銀
但、細棹銅百斤ニ付三匁宛、此度薩州御屋敷へ願立之上、被下候分

右之通、為吹賃幷吹増銀諸雑用、薩州御屋敷ゟ請取申候、此段以書付御届奉申上候、以上

巳十月十五日　泉屋吉次郎
幼少ニ付
代判仁右衛門印

銅座
御役所

乍憚口上

焊鉛の相場

一吹屋仲ケ間中吹方ニ相用候焊鉛之儀者、御銅座御取建之砌、十ケ年平均直段百斤ニ付百五拾匁替之積ヲ以御請負奉申上候処、其後年々市中鉛相庭高直ニ相成、困窮之私共ニ御座候ニ付、御憐愍ヲ以間銀差上候而、正鉛御渡被成下、吹方取続難有仕合奉存候、然ル所年々　御役所ゟ御足シ銀等被成下候儀ニ付、依之焊鉛之分程者鉛山相稼可申旨、先達而被仰渡、右ニ付所々吟味為仕候得共、銅山抔とハ違、稼方も六ケ敷儀ニ付、当時市中直段百斤ニ付三百五拾目位ニ売買仕候而も兎角山方諸式高直ニ御座候ゆへ哉仕当ニ合ひ不申、休山多御座候、色々勘弁仕候得共、元来銅山ゟハ鉛山ハ無少、其上前段奉申上候通、稼苦労敷急々ニ者相調不申候、猶此後共相心

銅山とは違い鉛山は稼方困難

掛可申候得共、余り御答延引ニ相成ニ付、此段以書付御断奉申上候、以上

寛政九年巳十月

泉屋吉次郎
代判仁右衛門印

銅座
御役所

寛政十午年

寛政十年

大野銅山は大雪で入山出来ず、稼方は綿屋に依頼　近々に手代・稼人を差し下す

乍憚口上

一越州大野銅山下請負仕候ニ付、去巳年九月十一日以書付御届奉申上候通、当午年正月ゟ私名前ヲ以奉売上候得共、深山大雪之場所ニ而入山難仕、仍之当正月ゟ此節迄者是迄受負仕候大野綿屋伊右衛門江相頼置為稼罷有候、追々暖気ニ差向候ニ付、私抱手代共幷稼人共差下、近々出立為致候間、此段以書付御届奉申上候、以上

午三月五日

泉屋吉次郎
代判仁右衛門印

銅座
御役所

乍憚口上

手代弁右衛門大野行

一越州大野銅山江泉屋吉次郎方ゟ手代共幷稼人共此節ゟ差下候ニ付、私儀も彼地江差配ニ罷下申度奉存候間、留守中御用向御座候節者代作蔵と申者江被仰付被下度、此段以書付奉願上候、以上

午三月五日

泉屋弁右衛門印

銅座
御役所

大三銅出白目返吹左ニ焊方

石見大三銅出白目
一石州大三銅出白目百三拾九斤八分
紦吹高四百斤分

鍰銅
此差鍰銅六拾斤弐歩　但、出白目百斤ニ付四拾三斤令六
〆弐百斤
此貫三拾弐〆匁

焊留粕
焊留粕六貫百五拾四匁　但、出白目百斤ニ付留粕四〆四百弐匁
此正鉛四貫匁
合三拾八貫百六拾八匁
此斤弐百三拾八斤五歩五
右之通之積ヲ以吹方仕度奉存候ニ付、書付ヲ以奉申上候、以上

午
三月六日
吹屋惣代
大坂屋三右衛門印
熊野屋彦九郎印
大坂屋助蔵印
泉屋吉次郎
代仁右衛門印

銅座
御役所

丁銅預り証

覚
一丁銅八拾五斤　但、十六丁ゟ三拾丁迄
右者当二月廿九日銭屋卯兵衛方江貫請候処、御吟味之儀御座候ニ付、御切手未相廻相渡不申候間、書面之高慥奉預り候、為後證仍而如件

寛政十午年三月十六日　　泉屋吉次郎
代判仁右衛門

銅座
御役所

但、此吹銅八拾五斤ハ申年五月朔日卯兵衛所持欠所銅高弐千五百四拾六斤四部之
内へ入候付、此処無用、相済

江戸古銅吹所詰交代
半右衛門は別家手代

乍憚口上

一江戸吹所詰交代川崎屋吉右衛門罷下、下代付添、仲ケ間無人ニ御座候故、私別家手代半右衛門
差下申度奉存候、尤仲ケ間ゟ御届可申上候得共、半右衛門儀別家手代之義ニ付、別段御届奉申
上候、以上

午四月廿三日　　泉屋吉次郎
代判仁右衛門印

銅座
御役所

流唐金の見分を仰せ付けられる
金屋新兵衛方で見分

一昨廿四日於西御番所、今廿五日流唐金見分ケニ罷出候様被仰渡候ニ付、九ツ時　御同心様弐人
吹所入口迄御出、直様真兵衛、大助・伊右衛門御供ニ而南米屋町金屋新兵衛方江罷出、流唐金
見分ケ被仰付、夫々唐金之類ひ幷下ホト銅似寄之品奉申上候、八ツ時罷帰ル、追而塩屋伊助方
御見分之節、罷出候様被仰渡候事

西町奉行所同心

市川常左衛門様
三宅四郎右衛門様

一（ママ）　乍憚口上

別子立川棹銅定高皆済

一別子立川棹銅、当午年分御定高七拾弐万斤之内、去巳年中三拾六万斤操越奉売上、当午正月ゟ当月五日弐万五千斤御極印相済之内、壱万斤ニ而当午年御定高七拾弐万斤皆済相成、残壱万五千斤者来未年之内江操越し奉売上候間、御手当銀残半通四拾五〆匁、此節御渡被成下候様奉願上候、銅山方諸仕入銀ニ差支罷有候ニ付、此段書付ヲ以奉願上候、以上

手渡銀の下渡を願う

午六月七日　泉屋吉次郎
代判仁右衛門印

銅座
御役所

塩屋伊助吟味落着まで仲間一統へ南部銅吹方を仰せ付ける

一六月十八日銅座江仲間一同御呼出之上、南部銅吹方塩屋伊助御吟味之筋落着迄、仲間一統へ吹方可仕旨被仰渡、則御請一札差上候事、且南部屋敷江も即刻是迄之定式吹賃吹減ニ而御請可仕段書付差上置、両三日之内御引合有之候事

六月十八日

従前の諸印形は差止、実印とする

一八月三日仲間惣代御呼出被仰渡者、是迄相用来候諸印形之義、以来差止候間、届書幷吹賃證文帳諸外諸用印相用来候分、実印ニ致候様被仰出、右ニ付実印斗ニ而者御用向多節者及差支可申間、何分是迄之通被仰付候様、再度願出候処、野村御氏被仰聞候者、実印差支之砌者代印ニ而不苦候間、其趣得(マヽ)相心候様被仰聞候、左候時者差支候筋も無之間、御請書差出置候間、以来銘々出役之もの印形持参候様可致事

実印差支のさいは代印でもよい

午八月四日

乍憚口上

大野銅山坑内の現況

一大野銅拾箇昨日廻着仕候ニ付、則問屋泉屋弁右衛門ゟ御届奉申上候、此度私方引請相稼候様去

大野銅紣吹を願う

年より内談仕候内、鉑性宜敷場所ハ銘々勝手相稼ニ付、堀〔掘〕荒し候様相見へ候故、切地以之外無少、新ニ普請仕候場所も有之候間、旁以是迄銅性合と者少々違ひ候様奉存候間、何卒此度廻着銅拾箇之内ヲ以御紣吹被仰付度、此段以書付奉願上候、以上

午八月廿三日

泉屋吉次郎
代真兵衛

紣吹帳

銅座
御役所

但、此書付御聞済之上、同年九月十一日・十四日両日御紣吹被仰付、間吹物ニ成、細キ事ハ紣吹帳有之

南部銅定式吹減・吹賃

一後今朔日仲ケ間一統銅座へ罷出候処、南部銅先達而申渡有之通、南部屋敷へ罷越、銅受取方吹方対談可仕旨被仰聞候ニ付直様南部屋敷罷出候処、根證文下書御渡、則定式吹減吹賃左ニ御申渡

荒銅〆棹銅迄吹減三斤八部ツ、

平均七部床銅三部、右過床之分定式之外弐斤増

吹賃百斤ニ付三匁弐分増、入目拾六〆匁ニ付百目宛

右之通、定式請負證文下書御渡一同申聞候上、調印可仕旨申置、右證文之内ニ百匁入目悪銅引為替壱箇ニ付百匁ツ、、請取可申旨、肥前屋九兵衛殿迄申入置候事

出勤ハ大三・熊彦其外名代、此方真兵衛、大助・儀兵衛殿

午九月朔日

銅座〆代判用方諸用判御調子ニ付

乍憚口上

印鑑見本

実印　此印形別子銅代銀御請書幷銅山方御願名前替継印等ニ相用ヒ候

吉次郎
代判仁右衛門

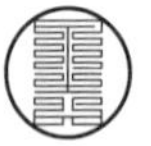

此印形御用棹銅御帳面其外地売方御用向幷諸事御届事御願筋等ニ相用ひ候

右之通、巳十月印鑑差出置候事

寛政十午年分

乍憚口上

本書八一頁参照

一越州大野銅山下請負仕候ニ付、去巳年九月十一日以書付御届奉申上候通、当午年正月ゟ私名前を以奉売上候得共、深山大雪之場所ニ而入山難仕、依之当正月ゟ此節迄ハ是迄受負仕候大野綿屋伊右衛門江相頼置為稼罷在候、追々暖気ニ差向ひ候間、私抱手代共幷稼人共差下、近々出立為致候間、此段以書付御届奉申上候、以上

午三月五日

泉屋吉次郎
代判仁右衛門　印

銅座
御役所

乍憚口上

本書八三頁参照

一江戸吹所詰交代川崎屋吉右衛門罷下り、下代付添、仲ケ間無人ニ御座候故、私別家手代半右衛門差下申度奉存候、尤仲ケ間ゟ御届可申上候得共、半右衛門儀別家手代之儀ニ付、別段私ゟ御届奉申上候、以上

午四月廿（ママ）二日

泉屋吉次郎
代判仁右衛門　印

此書付二重不用、前ニ有

銅座
御役所

本書八三頁参照

一午四月廿五日従西　御番所流唐金見分ニ罷出候様被仰渡候ニ付、同所九ツ時御同心市川常左衛門様・三宅四郎右衛門様御両人此方吹所入口迄、直様此方代真兵衛・大坂屋助蔵代伊右衛門御揃ニ而南米屋町金屋新兵衛方江御召連、流唐金見分ケ被仰付、夫々唐金之類幷下ホト銅似寄候品奉申上、同日八ツ時相済、追而問屋町塩屋伊助方見分之品も可(有脱カ)御座旨被仰渡、即刻真兵衛・伊右衛門帰ル

本書八四頁参照

請書文言は銅会所にあり

一前六月十八日従銅座御差紙ニ而仲ケ間一同御呼出之上、南部銅吹方塩屋伊助御吟味之筋落着迄、仲ケ間一同江吹方可仕旨被仰渡、則御請一札差上候、文言銅会所ニ有之、且又南部屋敷江も即刻是迄之定式吹賃吹減ニ而御請可仕段、書付差上置、両三日之内御引合有之候旨、御申聞候事

本書八四頁参照

請書控は銅会所にあり

午八月三日仲ケ間惣代銅座へ御呼出之上被仰渡候者、是迄相用イ来候諸用判之儀、以来差止メ候間、届書幷吹賃證文帳其外諸用印相用イ来候分、実印ニ致候様被仰出、右ニ付実印斗ニ而ハ御用向多節ハ及差支可申間、何分是迄之通被仰付候様、再度願出候処、野村氏被仰聞候者、実印差支候砌者代印ニ而不苦候間、其趣相心得候様被仰聞候、左候時ハ差支候筋無之間、御請書差出置候間、以来銘々出役之もの印形持参可申事

　但、請書控銅会所ニ有之筈

　　乍憚口上

本書八四頁参照

一大野銅拾箇昨廿二日廻着仕候ニ付、則問屋泉屋弁右衛門より御届奉申上候、此度私方引請相稼候様、去年ゟ内談仕候内、銅性宜敷場所ハ銘々勝手相稼候付、堀(掘)荒し候様相見へ候ゆへ、切地以之外無少、新ニ普請仕候場所も有之候間、旁以是迄之銅性合とハ少々違候様奉存候間、何卒此度廻着銅拾箇之内を以、御糺吹被仰付度、此段以書付奉願上候、以上

午八月廿三日 二重　泉屋吉次郎
代真兵衛印

銅座
御役所

糺吹帳に控あり

但、此書付御聞済之上、同年九月十一日・十四日両日御糺吹被仰付、間吹物ニ相成、委敷糺吹帳ニ控有之

城代入用の長棹銅差出の内訳

一九月五日、銅座へ罷出候処、御城代様御入用之由ニ而、長棹銅数廿三本之内、口々仕分ケ差出候様、室上氏ゟ御書付御渡有之ニ付、則翌六日銅座持参之貫目左ニ

覚

一長棹銅弐〆四拾匁　六本
此斤十弐斤七部五
一同銅弐〆九拾匁　六本
此斤拾三斤六弐五
一同銅壱〆七百廿匁　五本
此斤拾斤七部五
一同銅壱〆八拾匁　三本

此斤六斤七部五
一同銅九百廿匁　　三本
此斤五斤七部五
〆七〆八百五十匁
此斤四拾（マヽ）八斤八分
右之通差出後、請取書請取置候事、追而本切手相廻り候節、引替可申事
但、午十月廿六日、長谷川丈助名前ニ而表向買請立用也
覚

山門瓦地板銅

一山門御瓦地銅板ニ而弐拾箇　　但、御封之儘
右之通、願一札銅座へ差出置、土蔵東南角ニ有之、尤御封之儘ニ候へハ貫目ハ不存候事
午十一月晦日
但、此分不残申年（寛政十二年）閏四月二日奥田伝兵衛殿へ可相渡被仰付、銅座御役所ニ預一札戻ル、
始末相済
銅吹屋
泉屋吉次郎

寛政十一年

寛政十一未年分

銅座より差紙

二月二日四ツ時罷出候様、西御番所ゟ御差紙至来

老中戸田氏教大坂巡見、吹所見分

右御差紙付、四ツ時手代藤蔵罷出候処、御金方於御役所古屋甚左衛門様被仰渡候者、当月九日比戸田采女正（氏教、老中）様京都御諸司代御引渡ニ付、御出立之積ニ候条、当月末頃ニ者御入洛被遊、夫ゟ大坂表も御巡見被遊、其方吹所江も被為入候間、旧例之通手当可有之旨被仰渡、猶又吹方床数之儀、

以書付可申上様被仰付候ニ付、則左ニ奉申上候

床数之覚

一小吹床　壱ケ所
　但、形流ニ而入御覧候、其外ハ正吹方仕候
一間吹床　弐ケ所
一鍰床　弐ケ所
一灰吹床　弐ケ所
一合床　壱ケ所
一ゆりもの　女弐人

〆

右之通ニ御座候、以上

二月二日

泉屋吉次郎
幼少ニ付
代判仁右衛門
病気ニ付
代藤蔵印

御奉行様

天明八年老中松平定信吹所入来

寛政四年老中松平信明吹所入来

右之通、認差出候処、古屋甚左衛門様被仰候者、　松平越中守様(定信、老中)御入之砌ハ段々書付出有之候得ハ、其趣を以書付差出候様被仰聞候付、藤蔵御答申上候者、　越中守様御入之砌ハ久々御見分も無御座儀ニ付、万事御窺申上候得共、其後　松平伊豆守様(信明、老中)御入之砌ハ旧例之儀御尋被遊候ニ付、夫々御答申上候儀ニ而、以書付申上候儀ハ無御座趣申上候得ハ、段々御調へ之上、先今日ハ是ニ

去十二月廻着分の銅延着の理由を御尋

而宜候間、又々重而御召可有之間、其心得ニ致居様被仰渡候付、罷帰ル

一未二月二日西御番所江別子立川荒銅廻着高三艘、午十二月中同三双、未正月中右両様定式之以書付西御広間江御届申上候処、去午十二月中廻着致し候銅を二月ニ相成届候儀ハ如何之訳ニ候哉之段、当番所也御尋被為御尋(ママ)候ニ付、右銅之儀ハ年越之儀ゆへ、未年正月五日着之分ハ去午年江加へ奉売上候儀ニ候哉、又ハ当未年分ニ相成候哉、於当所難相分ニ付、銅山へ一応相尋、其上ニて御届可申上儀と存、銅山へ尋ニ遣候処、未年分ニ売上可申様申来候ニ付、早速其積を以御届申上儀ニ而候間、只今迄延引仕候段申上候得ハ、先表ニ而相控居候様被仰付候付、四ツ時ゟ八ツ時迄相待居候処、御召有之罷出候処、御聞届有之間、罷帰り候様被仰渡候付、罷帰ル

届出を失念していた

　全失念ニ候得共、其趣も難申上不得止事、右之通御答申上候儀ニて、以来ハ月々御届可申事

別子立川銅下鉑を荒銅で売り渡す願書

一二月十九日別子立川銅山廃テからみ・下鉑仕当不合之分吹立之上、荒銅ニ而地売方江御買上被為成下度、願書銅座　御役所江差出候処、書付御預り之上、追而御沙汰御座候旨被仰渡候事、

取次永井三郎兵衛殿、此方 代判仁右衛門 吹屋差配人真兵衛 出勤

　但、外ニ当方往古ヨリ之由緒書壱通、別紙いたし差上ル

廿日

『別子銅山公用帳八番・九番』二一二頁参照

一前段文言之内、御尋之筋御座候而、夫々下ケ札を以申上候外本願書写壱通、二月廿七日差出ス

右一件、本家公用帳幷別帳委細書記ス

一二月廿三日東御奉行　水野若狭守(忠通)様近々　御老中様御巡見ニ付、前御見分ニ吹所江被為入候事、

　御付添之御役人方左ニ

吹所見分付添役人

銅座掛東地方御兼帯
工藤七郎左衛門様

西川方
成瀬庄兵衛様

西地方
永田兆十郎様

東地方
萩野勘左衛門様

東川方
関根庄蔵様

東地方銅座掛り御同心
蒔田仲右衛門様

銅座地役人
野村由蔵様

右御見分無滞相済候事

泉屋吉次郎

銅座より見分通知

一明後九日　戸田釆女正様御儀、其吹所御巡見被為遊候筈ニ付、其旨可相心得候事

三月七日　　銅座
御役所

銅座の通知は従前例なし

但、是迄銅座御役所ゟ　御老中様御巡見ニ付、御差紙ニ而御知らせハ無之候へ共、銅座掛り地方御与力吉田勝右衛門様　戸田様御旅館江御出、席(序)ニ付銅座へ向御知らせ、同所ゟ御当番より右差紙ニて被仰遣候事

右御請左ニ

請書

一明後九日　戸　釆女正様、私方吹所御見分被為遊候筈ニ付、此段早速被仰渡奉畏候、以上

三月七日　夜五ツ時　　泉屋吉次郎
代
真兵衛　印

銅座
御役所

見分前日の届出

乍憚口上

一明九日　戸　采女正様私方吹所為御見分被為入候ニ付、此段以書付御届奉申上候、以上

未三月八日　　　　泉屋吉次郎
　　　　　　　　　代真七（ママ）印

銅座
　御役所

銅会所へ通知

口上

一明九日　戸　采女守（ママ）様当方吹所御見分ニ被為入候間、此段御仲ケ間中江御通達可被成候、以上

三月八日　　　　泉屋吹所

銅会所

見分当日の行程

一今九日　戸田采女正様堺・住吉・天王寺寺中幷一心寺・清水観音、夫ゟ谷町筋寺町北へ御越、高津梅ケ辻ゟ松屋町筋北へ御越、九之助橋御渡、夫ゟ当家へ七ツ時御入、吹所加減宜、直ニ吹方御見分幷吹分ケ銅定例之通不残御覧相済、尤町　御奉行様幷尼崎又右衛門殿少シ先へ御越、玄関前ニ而御待請、無程　戸田様被為入、玄関前松之木の下ニ而御下乗、夫ゟ御歩行、則詰合御役人衆中左ニ

町奉行・三町人が待請

吹所座敷かうしの間

銅座掛り御与力　吉田勝右衛門様　羽織野袴　　銅座地役人　岡本八左衛門様

同断御同心　松田喜三右衛門様　羽織裙細袴　　同長崎詰　笹山平三郎様

此御両人継上下ニて吹所座敷也

右御両士ハ是迄例無之候得共、巳年ゟ地売方御掛りニ相成候付、御詰被成候事

吹所詰の仲間

仲ヶ間詰合
大坂屋助蔵殿
熊野屋彦九郎殿
富屋彦兵衛殿
平野屋三右衛門殿
〆主人分四人
麻上下

右仲ヶ間中御立之砌、中門之右手ニ平伏、当年始而旧例ハ無之、当年ニ限、押而罷出候趣御咎メ無之候へ共、以来ハ御伺ひ之上、中門迄被出候儀ハ評儀可有之事

与力等は門前で出迎えず本家に控える

右吉田勝右衛門様始、銅座衆仲ヶ間共　御奉行様少シ御先キへ御入之節、門前ニ而御出迎被成候得共、　戸田様御入之砌者御出迎ひ無之、尤裏方御見分之節も本家ニ御控被成候事

見分後すぐ帰館

一戸田様御見分相済、大座敷江御通之儀、仁右衛門より町　御奉行様江并　戸田様御家老様江申上候処、則　御前江被　仰上候得共、晩景ニ相成ニ付、直様御帰館之段被仰出、裏方ゟ直ニ御立、玄関前ニ而御乗物ニ被為召候事、夫ゟ　御奉行様少シ御跡ゟ御旅館近辺上中之嶋町会所へ

鉑石箱を持参

御越、且又鉑石箱之儀者　御奉行様御差図ニ而上中之嶋町会所へ仁右衛門御礼旁持参いたし候、

御礼、定例の献上

右会所へ　御奉行様被為入、御詰合御与力衆江相渡、夫ゟ　戸田様御旅館江吹所御見分之御礼ニ定例之献上、御熨斗定例之趣申上候所、御役人方ゟ御披露被成下候趣被仰聞候事

吹所案内

右御入之節、表門外ニ仁右衛門御出迎申上、引続御案内、中門之内ゟ南側ニ而真兵衛控居、仁

右衛門両人ニ而床前揚り加減申繕ひ御案内申上候、吹方御尋之節ハ　御奉行様江向ひ御答申上候、床前見廻り藤蔵・清七相勤、吹揚之加減前段仁右衛門・真兵衛迄相知らせ、夫ゟ加減宜処御案内申上ル、細工人不残手拭かふり物為取候事、御立之節ハ仁右衛門門外ニ而御見送申上、真兵衛ハ中門限ニ而引取、委敷事ハ本家別帳記ス

鉋銅吹増銀

一差白目近年高直ニ付、鉋銅吹増銀是迄百斤ニ付御増銀拾五匁之処、昨午年ゟ百斤拾九匁五分ツヽニ被成下候様奉願上候処、御調子之上、此度下地百斤ニ付拾五匁之外三匁御増方被仰付、都合拾八匁ニ以来被成下候段被仰付候、且又昨午聖堂御用鉋銅吹方被仰付候分も三匁ツヽ御増銀被下置候事、委ハ銅会所ニ控有之候

聖堂御用鉋銅

乍憚口上

砂金吹御免の者の風聞

一天満堀川辺ニ而砂金吹ト唱、吹方蒙　御免候者有之、此節専吹方仕候趣、風聞承り申候、右砂金吹ニ相違も御座有(間脱カ)敷と奉存候得共、私共心得ニも相成候間、右吹場所見置申度奉存候間、此段以書付御伺奉申上候、以上

未五月七日

紅吹師
泉屋吉次郎
代真兵衛　印
同
大坂屋助蔵　印

銅座
御役所

但、右願筋御聞届之上、勝手可参旨被仰付候得共、彼是見分ニ不案内、右砂金吹相止メ候事

出羽永松銅糺吹

乍憚以書付奉願上候

一戸沢富寿様御領分羽州永松山沢荒銅拾壱箇廻着仕候ニ付、御糺吹被仰付候ニ付、御掛改之節、セ話人立会撰分仕候処、平銅・床銅荷分ケ致有之候間、交合セ御糺吹ニ相成候而ハ以来床平過不足之節、歩分ケ難仕候ニ付、平銅・床銅ニ而弐百斤宛御分ケ被下、都合四百斤之高御糺吹被仰付度、セ話人伊勢屋七之助ゟ相願候ニ付、私共江も被仰聞、奉承知候、右申置候通被仰付候共、差支之筋無御座候、依之此段以書付奉申上候、以上

世話人伊勢屋七之助

未六月九日

吹屋惣代　平野屋三右衛門印
同　大坂屋三右衛門印
糺吹師　大　坂　屋　助　蔵印
同　泉　屋　吉　次　郎印
代真兵衛印

銅座
御役所

親類死去、吹方を休む

乍憚口上

一私親類豊後町泉屋理兵衛父育《イク》斎儀、先達ゟ病気ニ罷在候所、養生不相叶相果申候、右ニ付今昼時ゟ表戸〆、吹方之儀者廿五日ゟ廿六日両日相休申度奉存候、此段以書付御届奉申上候、以上

酉七月廿四日

泉屋吉次郎
代藤蔵印

銅座
御役所

銅吹屋仲間の請書

差上申御請書之事

上古銅代り間吹銅売出を差止

一是迄上中下古銅百斤売上候代り間吹銅相望候ものへハ百斤宛御売渡被仰付置候処、上古銅ハ間吹銅ニ不致品ニ付、間吹銅御売出之儀者御差止メ、其代り吹銅御売出し可被為成旨、勿論中下古銅売上候代り間吹銅御売出之儀、是迄之通可相心得旨、将又都而古銅売上候代り吹銅之儀

代り吹銅売出一〇斤増

前々より八拾斤ツヽ御売出し被為成候処、以来拾斤相増、九拾斤ツヽ御売渡可被下旨被仰渡、難有承知奉畏候、依之御請書差上候処如件

未七月廿日　　仲ヶ間
　　　　　　　　連印

銅座
　御役所

捨鉑・捨からみ『別子銅山公用帳八番・九番』二三〇頁参照

一今十一日従銅座御役所仁右衛門御召ニ付罷出候処、先達而願立候捨鉑・捨からみ吹立、荒銅ニ而差登り候ハヽ、地売方へ御買上之段、御聞済有之趣被仰渡候事、一件本家公用帳ニ控有之、外ニ吹所ニ別帳ニ一件控有之

未八月十一日

留粕とは何か対馬屋敷より御尋

対州屋鋪ゟ留粕之儀ハ如何致候物哉、委細ニ書付呉候様、銭屋与兵衛殿を以被相願候ニ付、左之通書付遣し候

対馬屋敷へ回答

乍憚口上

一留粕之儀御尋被為成候ニ付、左ニ奉申上候

合銅

一銀気相含有之候荒銅ニ秋田荒鉛を相加へ合吹ニ仕、吹揚候を合銅と唱申候、右合銅を南蛮床ニ而吹立候得ハ、銅者自然と跡ニ残、鉛と銀と相交り流出候を出鉛と唱申候、右出鉛を

出鉛

吹立候ニハ灰をならし置、其上へひやうたんニ而形を入、此所へ銀溜り候様ニいたし、右

出鉛を壱枚ツ、七八枚もならへ置、炭火を以吹立候得ハ、鉛ハ自ラ灰へ吸込、灰吹銀ハ右穴江溜り申候、右灰へ吸込候鉛を留粕と相唱申候、是ハ鉛と灰と一同ニ相成候、又々吹立候得ハ留粕拾〆匁ニ而正鉛六〆五百目ニ相成申候、薬店ニ而ハ銀ミツダソウと申候由承申候、尤右留粕少々ツヽ売遣し候、直段ハ留粕壱〆匁ニ付凡拾三四匁程ニ而御座候、鉛相場ニより少々宛高下御座候、則少シ斗入御覧申候、以上

灰へ吸い込む鉛を留粕と唱える

留粕値段

右之通御座候、以上　　泉屋吉次郎

未十月

但、留粕弐三十匁斗之割レ壱ツ銭与へ相渡候事

銅座より差紙

一見分被仰付候銅　御番所ニ有之、明晦日当役所ゟ出役致候間、能相心得候者両人五ツ時銅座へ向、刻限無遅滞可罷出候事

十月廿九日　　銅座
御役所
銅紅吹師

右御差紙ニ付、翌日於　御番所見分銅仕、銅座衆ニ差上候書付左ニ

乍憚口上

町家で掘り出した銅を見分

一於町家堀(掘)出候銅見分可仕様被仰渡、奉畏候、則左ニ奉申上候

此儀私共立会相改候処、掛目三〆百目有之、性合之儀ハ年来土中ニ埋有之様ニ而錆出候へハ、聢と難見分候得共、南部平荒銅之様ニ相見へ申候、左候時ハ御定例吹減百斤当吹銅迄四斤八分之当りを以、私共へ吹方被仰付候ハヽ、可請入候

南部平荒銅か

右之段御尋ニ付、以書付奉申上候、以上

未十一月朔日

大坂屋助蔵
代儀兵衛 印

泉屋吉次郎
代藤蔵 印

銅座
御役所

乍憚口上

土中埋銅の見分

銅色変色すると性合見分け難い

一当月朔日見分被仰付候荒銅之儀、年来土中ニ埋有之哉錆出候付、聢と申上かたく候得共、南部平荒銅之様相見へ候段奉申上置候処、今日御召被為成、右錆落し何銅と申事見分申上候様被仰聞、奉承知候、此儀銅一体ニ錆ひ出候得ハ、火焊焼不申而ハ難落、左候時ハ銅色合変候ニ付、猶以性合難見分奉存候、此段御尋ニ付、以書付奉申上候、以上

未十一月九日

泉屋吉次郎
代藤蔵

銅座
御役所

銅会所に控あり

但、委細ハ銅会所ニ控有之

○半丁見開き分空白。

乍憚口上

荒銅廻着時の掛改仕法

一別子立川荒銅廻着之砌ハ水揚仕、直様船頭為立会、正味掛請取致来候、随而此度御買上ニ相成候地売銅之儀、箇数相改、早速問屋ゟ御届奉申上、荷主并問屋船頭立合之上、正味掛請取仕、早速船仕廻為致度奉存候、然ル所又々御掛改も有之儀ニ候哉、左候時者右奉申上候通、箇解正味掛請取仕置有之候得ハ二重掛ニ相成、殊場所等も多斤数之儀彼是諸雑費相掛、難渋仕候間、

御用銅同様の仕法とされたい

地売御買上ニ相成候荒銅之分も是迄　御用銅廻着之通壱艘ニ付弐百五拾丸、此斤弐万六千弐百五拾斤廻着御届奉申上、荷主問屋立会之上、直様證文帳へ請入ニ仕候様被仰付候ハヽ、双方弁宜敷、難有奉存候

捨からみ・捨鉑の吹減

一捨からみ・捨鉑吹立候荒銅之儀ニ候得ハ、吹揚候上ハ別子銅同様之性合ニ御座候間、吹減之儀も是迄御定例之通、百斤当吹銅迄六斤減ニ而吹方被仰付被下度奉存候

右之通、両様共御聞済被成下度、以書付奉願上候、以上

未十一月十五日
問屋
泉屋弁右衛門印
泉屋吉次郎
代藤蔵印

銅座
御役所

此分御聞済有之、御見分斗ニ而相済候事

乍憚口上

別子立川御用銅皆済

一別子立川棹銅御定高七拾弐万斤、外ニ四万斤、五ヶ年中別段奉売上候分、都合壱ヶ年七拾六万斤、此度廻着仕候弐百五拾丸之内百箇御用銅ニ相成、都合如高皆済ニ相成候間、残百五拾丸、

残地売買上を願う

此斤壱万五千七百五拾斤地売御買上ニ被成下度奉存候、此段以書付御届奉申上候、以上

未十一月廿三日
泉屋吉次郎
代藤蔵印

銅座
御役所

別子立川荒銅性合につき書付を差し出す

地売方
一別子立川荒銅百五拾箇、此斤壱万五千七百五拾斤仲ヶ間中立会、見調子有之候処、是迄之別子立川銅同様性合之由、一同申ニ付、則銅座江右之趣銅会所ゟ書付差出ス、尤准シ銅之儀ニ御尋

性合は鹿瀬銅に準じる

証文帳

水揚帳
予州掛目帳

別子立川荒銅地売方を一手吹間吹物吹過

仲間中へ割渡を願う

一手吹聞済から間もないので願は取り上げ難い

別に願書を提出

有之処、鹿瀬銅ニ相准候様、是又一紙ニ認差出候、以来廻着之砌者、壱箇百五斤入之積を以銅座へ相届候ハヽ、箇数御見分有之、其砌證文帳へ斤入候事、文言ハ是迄之通、肩書ニ地売方と書候事、水揚帳之認方者予州掛目帳之尻ニ記シ有之ニ付、此処文略、則御役人左ニ

御普請役
松本左七様

筆者
永井三郎兵衛様

銅座人　岡本八左衛門様

糺吹師　大坂屋助蔵

仲ケ間不残　問屋泉屋弁右衛門

乍憚口上

一地売方別子立川荒銅吹方之儀、私方一手吹被仰付、難有仕合奉存候、然ル所右荒銅ニ交合銅、此砌私方不少、殊ニ当春以来間吹物吹方平均凡壱万五六千斤も吹過ニ相成御座候上、短日之砌、過分吹方も難出来、此節仲ケ間中江諸山廻銅も無少、手透ニ罷在候間、此度廻着別子立川荒銅弐万六千弐百五拾斤分、仲ケ間中江割渡被仰付被下候ハヽ、双方吹方勝手宜御座候間、御聞済被成下候ハヽ、難有仕合奉存候、此段以書付重畳奉願上候、以上

未十二月十日

泉屋吉次郎
代
真兵衛 印

銅座
御役所

本文之通願出候所、今十五日銅座ニ而為川御氏被仰聞候者、一手吹之儀ハ依願御聞済有之、其上漸昨今被仰渡相済候事を今更右等之儀申出候者、余り自由ケ間敷相聞候間、此儀者御取上無之候、乍併別子銅之儀ハ交銅無之而ハ吹方出来かたく趣ハ随分尤ニ相聞候間、交銅無之節ハ外吹屋へも割渡致段、兼而願書差出置可申、

左候ハヽ、追而江戸表へ御掛合も可被下候旨、先当年跡着弐百五拾箇之分ハ交銅無之、吹方出来かたく候ハヽ、其儘ニ差置可申、表ニ至り対州江成共御渡可有之事、右願書差出ニ付而者、外吹屋ゟも交銅無之節、割方ニ相成候とも差支無之段、外吹屋ゟ書付差出候様取斗可申段、御理解被仰聞候事、依而本文書付下ル

別子立川棹銅四万斤皆済につき手当銀下渡願

乍憚口上

一別子立川棹銅御定高之外、当未年ゟ五ケ年中四万斤ツヽ、別段奉売上候儀ニ御座候、右之内十一月廿日御極印三万七千七百斤之内千斤幷当月三日弐万七千九百斤、昨十二日壱万千百斤御極印、都合四万斤皆済奉売上候間、右御手当割合五貫目、此節御渡被成下度、此度以書付奉願上候、以上

未十二月十三日　泉屋吉次郎
代　真兵衛　印

銅座
御役所

右銀子不残十二月十五日御渡有之

地売荒銅代銀値増

差上申御請書之事

一此度売上仕候地売廻別子立川荒銅御見積被仰付候上、荒銅百斤ニ付代銀百六拾弐匁御直増、銀百目ニ付壱匁ツヽ、銅百斤ニ付六分宛之積、都合百六拾九匁六分弐厘と以来廻着之分共御買上可被成下候段被仰渡、奉畏候、猶又此度同性之銅相廻候様可仕旨被仰渡、是又承知奉畏候、依之御請證文差上候所、如件

寛政十一未年十二月十四日　問屋
泉屋弁右衛門　印

別子立川銅山師
泉屋吉次郎
代判仁右衛門
病気ニ付
代真兵衛 印

銅座
御役所

此本文談御役所ゟ御認メ渡、印形仕差上之事

大野銅灰吹銀銅座買上

京都銀座と同じく馬足料下置を願う

乍憚口上

一越前大野銅山灰吹銀之儀、是迄京都銀座へ相納来候所、此度ゟ当御役所へ御買上ニ相成候様被仰渡奉承知候、則此度右銅山灰吹銀弐貫四百六拾七匁壱分相納、右代銀御渡被成下、慥ニ奉受取候、然ル所是迄京都銀座ニ而ハ為馬足料灰吹代銀壱〆匁ニ付銀七匁ツヽ、別段御渡之儀ニ御座候間、当御役所ゟも右之当りを以馬足料被下置候様、此段以書付奉願上候、以上

未十二月十七日

問屋
泉屋弁右衛門 印

銅座
御役所

右之趣、書付差上候処、江戸表御伺之上、追而御沙汰可被仰渡旨、為川御氏御申渡し有之事

馬足料の件は聞届あり

一翌申年閏四月廿四日銅座へ藤蔵出勤仕候処、右願之通馬足料御聞届有之間、請取ニ来候様被仰候、尤此後ハ追而御沙汰之由、為川御氏御申渡し御座候事

寛政十二年

寛政十二申年分左ニ

別子立川棹銅御手当銀の下渡を願う

乍憚口上

一別子立川棹銅当申年分御定高七拾弐万斤之内江去未年中四拾四万斤操越奉売上候内、当申年分半通三拾六万斤引去、残八万斤ハ後半通三拾六万斤之内へ相加候間、前段三拾六万斤分御手当

銀四拾五貫目、此節御渡被成下度、銅山方　上納銀ニ仕度奉存候ニ付、此段以書付奉願上候、以上

申正月廿七日　　泉屋吉次郎
代真兵衛印

銅座
御役所

乍恐口上

京都古銅売上取次人仲間

古銅売上・代り銅買下を泉屋へ依頼

一京都古銅私共仲ヶ間其外取次を奉売上候分、其時々罷下り可申筈ニ御座候、然ル所仲ヶ間之内病身之者も有之、無人且其上遠方罷下り候而ハ少斤数ニ而も両度罷下り候ニ付、諸雑費も相掛り旁以難渋仕候ニ付、奉恐入候得共、向後古銅売上幷代り銅買下ケ被仰付候節、御当地吹所泉屋吉次郎方を相頼、私共仲ヶ間代判ニ而、右両様何卒御免被成下度、則同人方へ懸合候処、セ話致呉候趣ニ御座候、此段御聞済被成下度、乍恐書付を以奉願上候、以上

寛政十二年申四月六日

京古銅売上取次人
年行司
銭屋長蔵
病気ニ付
代石見屋九兵衛

石見屋九兵衛印

古銅売上方にも益となる

前文之通、私方代判を以取斗致呉候様相頼来ニ付、古銅売上幷買下ケ共セ話いたし遣し度奉存候、左候得ハ古銅売上方も追々相進可申哉之段申之候ニ付、本文奉願上候趣御聞済被成下度、此段奥印を以奉願上候、以上

泉屋吉次郎
代藤蔵印

銅座
御役所

取次人より口銀

右古銅セ話いたし呉候ニ付而ハ、取次人ゟ売上候分壱度ニ壱匁ツヽ、外ゟ売上候分ハ百

かますへ代り間吹銅を荷造りする

伊勢屋方板鉛見分の指示

秋田鉛無印に準じる

助蔵跡式は女名前

斤ニ付壱匁五分宛口銀受取候様相決置候、将又荷造り賃是迄壱箇ニ付六分ツ、請取来候得共、京取次人願出候者、古銅荷物入来候かますニ而代り間吹銅箇ニ致呉候様、右ニ付荷造り賃四分ツヽニ相定遣候事

右銅座へ差出候願書、閏四月六日御聞済有之間、京都へも可申遣候旨、小山氏を以被仰渡候事

一四月四日銅座吹屋惣代紅吹師御呼出之上、被仰渡候者、伊勢屋七之助ニ板鉛三拾四箇有之ニ付見分いたし、当時買取候直段申上候様被仰渡ニ付、則相庭弐百九拾五匁ならハ買請可申様、仲ケ間惣代ゟ書付出ス、性合不同有之候へ共、押込ニ而秋田鉛無印ニ相准ス

但、一件其後御沙汰無之事

乍憚口上

塩屋方唐金見分・紅吹の請書

一今六日私共御召被為成被仰渡候者、塩屋伊助方ニ有之唐金、来八日御見分之上、同九日御紅吹可被遊旨被仰渡、承知奉畏候、依之以書付可申上候、以上

申閏四月六日

紅吹師
泉屋吉次郎
代藤蔵印

吹屋惣代
平野屋三右衛門
代忠七印

銅座
御役所

大坂屋三右衛門へ紅吹師・見改方を仰渡、仲間一同の請書

一申閏四月七日於銅座御役所大坂屋三右衛門紅吹師当申年ゟ来ル戌年迄三ケ年之間被仰渡候、并見改方之儀も被仰渡候ニ付、仲ケ間不残奥印致、請書差上ル、委細ハ銅会所ニ控有之

但、是迄大坂屋助蔵相勤居候処、病死被致、跡女名前ニ付、大坂屋三右衛門へ被仰付候事

板鉛買取値段

一申閏四月四日銅座ゟ荒鉛伊勢七之助方ニ板鉛三拾四箇有之ニ付見分いたし、当時吹屋（屋脱カ）へ買取直段申上候様被仰出候ニ付、則相庭弐百九拾五匁ならハ買請可申様、仲ケ間惣代ゟ書付出ス、尤鉛性合不同有之候得共、押込ニ而秋田無印ニ相准ス、其後御沙汰なし

塩屋方流唐金の紉吹

一今十日流唐金問屋町塩屋伊助方ニ有之候弐拾八箇之内、弐百斤分御掛改御紉吹之分、此方へ御渡、来ル十二日比御紉吹被仰付候事

立会御役人

御勘定　安岡剛三郎様
天満西　吉田勝右衛門様
同東　工藤七郎左衛門様
同御同心　蒔田仲右衛門様
同　市川朝二様
銅座　為川辰吉様
中尾善太殿
永井伊太郎殿
仲ケ間不残

〆

唐金紉吹の結果

一今十二日突流寄唐金弐百斤御紉吹被仰付、此吹分ケ左之通

突流寄唐金弐百斤

合吹ゟ鍰吹・灰吹迄

此鍰銅百三拾八斤九歩七五　但、百斤当り六拾九斤四部八七五
（朱線、朱字）「此分申六月中吹銅ニ被仰付、六月中御切手廻り、出入なし」
出白目弐拾五斤三部壱弐五　但、百斤当り拾弐斤六部五六弐五
出鉛拾八斤三部壱弐五　但、百斤当り九斤壱部五六弐五
（朱線、朱字）「此分六月廿六日灰吹御糺有之、留粕弐〆八百匁之御預りニ相成候」
外ニ拾七斤四歩　吹減　但、百斤当八斤七部
〆右四箇ニ而御預ケ御封印　吉田様
安岡様
（朱線、朱字）「申六月廿七日、佐州銅御糺吹之砌、夫々御封印御切り御持帰り被成候鍰銅吹銅ニ被仰付候事」

別子立川棹銅御手当銀の下渡を願う

乍憚口上

一別子立川棹銅当申年分御定高七拾弐万斤之内、去未年四拾四斤（万脱カ）、猶又当申年閏四月廿三日迄三拾弐万五千斤、都合七拾六万五千斤奉売上候内、三拾六万斤半通御手当銀正月廿八日奉請取、残三拾六万斤後半通御手当此節御渡被成下度、引残四万五千斤来酉年御定高之内へ御買上被成下候処、右之通ニ相成候間、御手当銀此節御渡被成下度、此段以書付奉願上候、以上

申閏四月廿五日　泉屋吉次郎
代藤蔵印

銅座
御役所

（朱書）「前文四万五千斤之内四万斤、当申年別段売上ニ仕、残五千斤来酉年江繰越候様被仰渡候

ニ付、右之趣ニ而御手当銀も四万斤分五貫目受取候事」

大野銅灰吹銀銅座納につき馬足料の件は聞済

一昨廿四日銅座ゟ御呼出ニ付、藤蔵罷出候処、為川御氏被仰渡候者、去未十二月十七日被願出候大野銅山灰吹銀之儀、是迄京都ニ而者馬足料被下置候ニ付、此度ゟ銅座納ニ相成候分も灰吹代銀壱〆匁ニ付銀七拾目ツヽ、奉願上置候所、御聞済有之間、是迄納候分高差引書認メ受取候様被仰渡候、

唐金紥吹の出鉛を預ける

且又明廿五日此間唐金御紥吹被仰付候内、出鉛之分預ケニ相成候処、御紥吹被為遊候間、其旨相心得候様、尤昼迄ニ仕舞、塩屋伊助方ニ有之候不残有銅泉屋ヘ御渡被遊候様被仰渡候、

粉屑砂交りの分は入札

尤粉屑砂交り之分ハ入札被仰付候と被仰渡候

一今廿五日大野銅山灰吹代銀去年分馬足料弐百四拾匁相渡り、本家ニ帳面ニ記ス（ママ）

唐金出鉛の灰吹紥吹結果

一今廿六日突流寄唐金出鉛弐貫九百三拾匁、灰吹御紥吹左ニ

出灰吹銀五匁八分　　但、百斤当り弐匁九分

留粕弐貫八百目

此正鉛壱〆八百弐拾匁

元鉛差引残壱貫百拾匁　　吹減百斤当り三斤四部六八七五

此斤六斤九部三七五

野帳、紥吹控帳

右之通、委細野帳紥吹控帳ニ有之、御役人方左ニ

御勘定	安岡剛三郎様	松田喜三右衛門様	銅座　高橋登八様
御普請役	落合文治様	御同心　蒔田仲右衛門様	為川辰吉様
御与力銅座掛	吉田勝右衛門様	市川朝二様	永井三郎兵衛様

同　　工藤七郎左衛門様

同　多　七様

同　伊　太　郎様

銀座　誉田亀太郎様

湯　川　浅　二様

〆　仲ケ間不残

塩屋伊助所持南部銅見分の結果

右之通、四ツ半時相済、直様塩屋伊助所持銅御見分

覚

一間吹銅三千弐百六拾三斤八歩　　但、間吹高三千七百拾三斤壱部之内、四百四拾九斤三部ハ
荒銅ニ成候、此荒銅四百五拾七斤五部別段之内ニ相成候

一鋑銅弐百五拾壱斤九歩

一吹銅百五拾弐斤六歩　　但、破銅ニ而　内五拾弐斤破銅、残百斤正吹銅ニ成候

高弐百四拾貫八百拾匁、此歩付五拾四〆六百拾匁六分
一はけ銅三百四拾弐斤六歩　　但、中古銅ニ准、拾〆ニ付弐〆六百匁之積り

〆四千拾斤九部

一出鉛九〆八百目　　但、申八月廿四日灰吹紀被仰付、留粕ニ成、此留粕九〆六百匁ニ而預り

右之通、慥ニ奉預候、御差図次第差出可申候、為後證仍而如件

閏四月廿六日　　泉屋吉次郎
代真兵衛印

銅座
御役所

塩屋伊助より請取南部銅仲間割渡分

一南部銅床荒銅弐千七百八拾斤四歩　　但、南部屋敷ゟ預り

一同銅弐千五百七拾四斤六部　　右同断

〆五千三百五拾五斤　　但、七百六拾五斤宛、西仲ケ間七軒へ割渡、此方不請入候

一同銅弐百六拾三斤弐歩　　仲ケ間先達悪銅引百匁ツ、、渡不足之分

一同銅弐千五百弐拾斤　　此方請入ニ成

但、此内右間吹銅四百四拾九斤三歩有之、申六月中吹銅ニいたし相済

〆

右之通、塩屋伊助ゟ請取候分、夫々仲ケ間割渡し

銭屋卯兵衛方吹銅受取仲仕賃支給を願う

一今廿八日銅座江罷出候処、野村由蔵様被仰渡候者、明後朔日銭屋卯兵衛方ニ有之候吹銅弐千四百斤余此方へ御渡被成候間、早朝ゟ受取ニ可罷出旨御申渡し、夫ニ付仲仕賃之儀願置候処、明日ニ而も書付を以申出候様被仰聞候事

乍憚口上

南部銅運賃諸入用

一塩屋伊助方ゟ請取候銅之分、去々午三月御渡被成下候吹銅幷当月廿六日御渡之荒銅とも運賃諸入用左ニ奉申上候

仲仕賃

一拾三匁壱分八り　　午三月御渡之分
吹銅六千五百九拾斤、仲仕賃百斤ニ付弐分ツ、、

掛分手伝賃

一三匁三分　　右吹銅諸向へ相渡候砌、掛分手伝賃百斤ニ付五厘ツ、、

一六匁五分三厘　　間吹銅三千弐百六拾三斤八部、仲仕賃百斤ニ付弐分ツ、、

一五分　　鍰銅弐百五拾壱斤九部、右同断

一三分　　破銅百五拾弐斤六部、右同断

一 弐匁六分四厘　　銑銅弐百拾〆八百拾匁、百斤ニ付弐分

一 壱分三り　　出鉛九〆八百匁

一 三匁七分八り　　南部銅弐千五百廿斤、百斤ニ付壱分五りツ、

〆三拾目三分六厘　（朱書）「申五月十二日問屋町会所より受取」

右之通、諸入用相掛り候間、御渡被成下候様、書付を以奉願上候、以上

閏四月廿九日　　泉屋吉次郎
代 藤蔵

銅座
御役所

乍憚口上

銭屋方吹銅受取仲仕賃・手伝賃入用

一 明朔日銭屋卯兵衛方ニ有之候吹銅弐千四百斤余、私方へ御渡被成下候様被仰渡、奉承知候、右荷物引取候ニ付而者、仲仕賃幷諸向相渡候砌、手伝賃入用相掛候間、左ニ奉申上候

一 八匁六分五り　　吹銅弐千四百七拾斤、仲仕ちん百斤ニ付三分五りツ、

一 壱匁弐分三厘五毛　　同銅諸向相渡候砌、掛手伝賃百斤ニ付五りツ、

〆九匁八分八り五毛　（朱書）「申五月十七日受取候」

右之通、入用銀相掛候間、被下置候様奉願上候、以上

閏四月十九日　　泉屋吉次郎
代 藤蔵 印

銅座
御役所

覚

証文帳

一 吹銅弐千五百四拾六斤四歩　内　八拾五斤　午年ゟ正銅ニ而預り共
　　　　　　　　　　　　　　　　拾弐斤弐部　割《ワレ》レ銅共
　（朱書）「但、五月廿六日證文帳へ付入、仮請取引替」
一 銅やすり粉壱貫五百四拾五匁　紙袋渋紙入弐包
　（朱書）「但、六月中吹銅ニ成、證文帳へ付、右同断」
一 切屑銅百八拾匁　（朱書）「此切屑銅五月九日川吉へ請入候様被仰付候事」　紙袋入
一 砂交銅百六拾匁　紙袋入
　（朱書）「但、五月中吹銅ニ成、證文帳付入、仮請取引かへ」
右之通慥奉預候所、実正ニ御座候、何時ニ而も御差図次第差出可申候、為後證仍而如件

申五月朔日　　泉屋吉次郎
　　　　　　　代 真兵衛 印

銅座
　御役所

欠所銅渡立会役人

北久宝寺町壱丁目
銭屋卯兵衛方欠所銅今朔日御渡、御立会御役人左ニ

天満銅座掛　吉田勝右衛門様
　　　　　　工藤七郎左衛門様　　銅座人 為川辰吉様
同御同心　　蒔田仲右衛門様　　小山蓬吾様
御普請役　　落合文治様　　此方代真兵衛出勤

銭屋卯兵衛方召上
銅の吹賃銀見積

乍憚口上

一 中品やすりこ銅壱貫五百四拾五匁

一砂交粉銅百六拾目
〆壱〆七百五匁
此斤拾斤七歩
此吹銅六斤壱部　外ニ吹減四斤六部
（朱書）「六月廿七日證文帳付入、仮受取引替」
此吹賃銀弐匁三厘六毛　但、百斤ニ付拾九匁三厘
高弐千五百四拾六斤四部之内
一破銅五拾七斤七歩　但、百斤ニ付拾五匁壱分五り六毛
此吹賃銀八匁七分四り五毛
（朱書）「但、右御渡銅之内、丸銅三百三斤有之、此吹賃銀六匁六厘と差引弐匁六分八り五毛不足
ニ相成候得共、聊之義ニ付、別段不申立引受可申段申立候」
〆吹銅六拾三斤八歩
吹賃銀拾匁七分八厘壱毛　（朱書）「此内破銅吹賃銀八匁七分四り五毛ハ凡増吹賃を以相補ひ、其
余聊之義ニ付、別段可申立旨、差引弐匁三厘六毛相掛り申候」
右者当月朔日御渡被為成候銭屋卯兵衛方召上銅之内、吹替吹賃銀弐匁三厘六毛御渡被成下候ハヽ、
右やすりこ砂交銅破銅等吹立相納可申候、以上
申五月九日　泉屋吉次郎
代真兵衛　印
銅座
御役所
外ニ切屑銅百八拾匁ハ川崎屋吉右衛門請入候、書付差上ル

切屑銅は川崎屋が請け入れる

塩屋伊助方破銅吹替の内訳

乍憚口上

午三月御渡吹銅
　高六千五百九拾斤之内
一破銅四百九拾九斤七歩　但、此内九拾斤六部疵丁銅
申閏四月御渡吹銅
　高百五拾五斤六部之内
一破銅五拾弐斤六歩
〆破銅五百五拾弐斤三歩
　此吹賃銀八拾三匁七分七毛
　　又弐匁七分壱厘八毛　疵丁銅九拾斤六部戻し、間銀百斤ニ付三匁
　合八拾六匁四分弐厘五毛

吹賃銀下渡を願う

右者去々午三月塩屋伊助方ゟ御渡被為成候吹銅之内、如書面破銅吹替相渡置候分、猶又当申閏四月召上銅ニ相成候内破銅之分、右両様吹賃銀御渡被成下度奉願上候、以上

申五月十日　泉屋吉次郎
　　　　　　代真兵衛印

銅座
　御役所

覚

富屋彦兵衛極印吹銅

町御奉行様御召上御渡
一吹銅拾七斤七歩　丁銅三丁
　　　　　　　　　杓子六ツ　富彦極印也
（朱書）「六月廿七日證文帳付入、仮受取引替」

右之通、慥ニ奉預候、何時ニ而も御差図次第差出可申候、以上

申五月十二日

泉屋吉次郎
代藤蔵印

銅座
御役所

乍憚口上

一南部銅吹方之儀、去々午年迄塩屋伊助江一手吹被仰付置候所、同人儀外御吟味之筋御座候ニ付、一昨午年ゟ私共仲ヶ間江割吹被仰付、今年迄無滞相勤難有奉存候、然ル所当閏四月上旬、伊助儀御吟味筋落着被仰付候砌、吹職御取放も被仰付候ニ付、向後私共仲ヶ間江永々割吹方被仰付被下度段、以書付当閏四月中当　御役所幷南部御屋敷江も奉願上候所、南部御屋敷ゟ其節被仰聞候者、南部銅之儀者先年ゟ一手吹之儀ニ付、外願人も有之、向後惣吹屋江割吹之儀者難被仰付候趣ニて、私共仲ヶ間願書御取請無御座候故、無是悲(非)差控罷在候、然レ共当　御役所ゟ当閏四月下旬被仰渡候者、南部銅吹方外願人ゟ吹減御定法三斤八歩之内、吹減方出精之上、奉請負度段願出候者も御座候間、私共仲ヶ間ゟも吹減三斤八部之内出精可仕哉之段被仰聞、御慈計難有奉存候、右ニ付仲ヶ間打寄、色々勘弁仕候所、元来厳密之吹減御定法之儀ゆへ、此上出精可仕様無御座候得共、近年悪銅之分引方平均積を以、荒銅拾弐貫弐百五拾匁入一箇ニ付荒銅百目宛御添御渡被成下候ゆへ、少々融通ニも相成候ニ付、御定法三斤八部之内壱部相減、向後三斤七部之御定法を以被仰付被下度段、一同連印を以奉願上候、然ル所前断奉申上候通、南部御屋敷ゟハ何分一手吹之思召ニ御座候得者、弥外願人江吹方被仰付候時者家業之儀故一入歎ヶ敷御座候間、私共仲ヶ間連印を以奉願上候通、割吹之儀御聞済難被遊、是悲一手吹ニ被仰付候御儀ニ候ハ、私共先年寛延三午年吹賃銀往古拾壱匁七分之御定之所弐匁方相減、九匁七分ニ而私へ

塩屋吟味筋落着、吹職取放

外に南部銅一手吹を願う者あり

御定法の吹減高を再考する

南部屋敷は一手吹の意向

仲間存立のため割吹
吹賃銀も出精

一手吹被仰付置候所、其後仲ヶ間之者共吹方無少難渋申立、割吹願出候故、其後割吹ニ相成、其砌吹賃銀も弐匁方出精も仕候ゆへ、今以九匁七分之御定ニ御座候、右等之旧例も御座候、殊更私方ハ新吹床取建候儀も無御座、諸道具等迄も融通を以　御用吹方御差支無御座様仕度奉存候間、弥外願人江一手吹被仰付候御儀ニ御座候ハヽ、私共仲ヶ間中ゟ連印ニ而申上候通、吹減三斤七部ニ而御請負仕、私一手吹被仰付度奉願上候、勿論一手吹之儀ニ付、吹方御請負中ハ是迄塩屋伊助方之振合を以、御引当家質等も差上置申度奉存候、此段御聞済被成下、吹方も取始メ候ハヽ、此上勘弁仕、出精之筋申上度心得ニ御座候間、何卒御憐愍之上、割吹方御聞済難被遊候

泉屋一手吹を願う

ハヽ、私一手吹之儀御聞済被成下度候様重畳奉願上候、左候ハヽ、家職相増、細工人共迄も相潤、冥加至極難有仕合可奉存候、以上

寛政十二申年五月十五日

泉屋吉次郎
幼少ニ付
代判仁右衛門印
付添真兵衛

銅座
御役所

南部銅は鍵屋の一手吹と決まる

(朱書)「申九月朔日銅座ゟ御呼出ニ付、藤蔵罷出候処、御勘定安岡剛三郎様被仰渡候者、南部銅吹方之儀願出候得共、鍵屋忠四郎ゟ先願書出、殊ニ南部銅ハ一手吹相定候事ゆへ同人江被仰付候間、此旨可相心得旨被仰渡、願書御下ケ」

乍憚口上

長崎店名代交代
(『年々諸用留十番』一三七頁参照)

一長崎表私為名代服部慶蔵と申者先達而差下置、御用向為相勤罷在候所、近年病身ニ罷在候ニ付休足申付度、此度太田佐兵衛と申者差下申候間、以前之通欠過請負為相勤申度、尤手馴候迄者

右両人ニ而為相勤申度奉存候間、此段以書付御届奉申上候、以上

申五月廿九日　　泉屋吉次郎
幼少ニ付
代判仁右衛門印

銅座
御役所

覚

町奉行召上棹銅

町御奉行様召上銅
一長棹銅四拾斤　　数拾九本

右之通慥ニ奉預候、御差図次第差出可申候、為後證仍如件

申六月廿六日　　泉屋吉次郎
代
真兵衛印

（朱書）「六月廿六日證文帳へ付入、仮受取引替」

銅座
御役所

地銅不正売買分を召上

（朱書）「但、久宝寺屋孫兵衛地銅売買いたし出訴ニ付召上ニ成、東御番所地方御役所ニ而御渡、
銅座為川御氏直ニ受取、諸向渡ニ請ニ立ル」

江戸表銀座役人御咎あり一同取放

七月四日仲ケ間中銅座出勤仕候処、御役所ゟ被仰渡候者、此度銀座役人共江戸表ゟ御咎メ之筋有之、先月廿五日右銀座株一同御取放ニ相成候間、此段承知可仕旨、被仰渡候

大坂銀座は幕府直轄となる

（朱書）「但、年寄ハ不及申、銀見之ものも御暇被遣候得共、是迄勤方宜敷ものハ新御召抱入ニ成、江戸・京・大坂屋敷御召上、大坂ハ直ニ御公儀様之御役所ニ成、銅座此後御勘定御掛りニ成」

長崎吟味役より薩摩領銅山稼方の件相談あり

長崎吟味役野口長右衛門殿当春松前詰之砌、江戸表薩州御屋敷御家中ニ関門十郎殿と申方ニ御内縁有之、薩州御領内ニ銅山有之ニ付、稼方之儀相談有之候処、野口氏ゟ泉屋吉次郎江可相頼、同人方出坂之節、相頼可申抔と御相談ニ相成、当春野口氏大坂滞留之節、手代

江戸別家と薩摩関氏内談

大坂薩摩屋敷より呼出、稼方の訳書作成を依頼される

弁右衛門呼ニ参、右銅山稼方之掛合ハ江戸表関氏江相談仕呉候様御頼ニ付、弁右衛門〆江戸別家祐左衛門方へ申遣し、薩州御屋敷関氏と祐左衛門内談仕置、見分等之儀ハ御差図次第、吉次郎銅山方之もの差出可申旨申置候、然ル所当地薩州御屋敷岡本金太夫殿より銅山掛手代可参旨申来、七月六日岡本氏へ真兵衛罷出候処、前断之銅山之儀、稼方之訳書付ニいたし呉候様御頼ニ付、左之通書付差出候事

口上覚

山見分の内容

一於御領内銅山ニ可相成銅鏈御座候由、右稼方被遊候ハヽ、先最初ニ御山見分仕候上ならてハ何事も難申上候得共、何れ見分之儀第一ニ御座候間、手軽仕候而も手代壱人外ニ山留と申もの幷ニ堀子弐三人、見分之もの都合四五人入山為致、銅気有之哉、惣体之山色鉉筋等幷最寄諸材木吹炭ニ相成候御林有之哉、且又谷筋津出し等迄も地理委ク見積り候事

再見分

銅座にて見分、糺吹

銀吹分の差図あり

一右見分被仰付御山元之模様弥宜敷候ハヽ、猶又重手代共ヲ以再見分仕、見込宜敷御座候ハヽ、諸稼人召連、其引続問堀(掘)等之手当仕、鉑石其場所ニ而吹立、荒銅ニ仕、大坂廻し入着之上、銅座御役所江相届、御役人中様御見分請御糺吹ニ相成、器物地銅迄之吹分被仰付候而、銅座御買上御直段御定ニ相成、尤含銀有之候時者、是以銀吹分ケも御差図を以吹屋共江吹分ケ被仰付候事

荒銅買上値段の相場

但、荒銅大坂廻着之上、御糺吹被仰付、御買上直段相極り、荒銅銀気含有之候而も掛目拾六貫目ニ付極上品之荒銅ニ而百七八拾目〆以下、至而下品ニ御座候ハヽ、八九拾匁位之御買上ニ相成申候、品合ニ寄御直段甲乙御座候事

相場や諸経費を見定め国益に適うか判断

一前断之通、荒銅於御国元ニ相仕立、銅座御買上直段と御山方稼向諸失脚御入用御差引御目競之

上、御国益ニ相成候ハヽ、重□（墨汚れ）之御儀候得共、自然御利潤《ジウン》薄ク休山被遊候共、此儀者御思召次第之御儀ニ奉存候、勿論御山栄続御座候ハヽ、追々他国ゟ承伝、諸稼人相集り住居仕、妻子等も引越候様、外銅山之振合ニ御座候得共、此儀者御国法も可有御座御儀、何れとも御定次第御座候間、此段も申上置候事

銅山方の拝借金

一従　御公儀様右銅山之儀ニ付、諸失脚幷元手として御拝借金抔ハ容易ニ相叶申間敷哉、是迄外銅山於拝借筋ニ者出銅売上銅山方見込ヲ以、凡何程諸失脚相掛ケ山普請も仕候ハヽ、売上方弥増相進可申抔と願立、勿論従　御公儀様御調之上、無拠筋合ニも被思召候ハヽ、拝借金相叶候儀も御座候、尤返上納方ハ右銅代銀を以年賦差引ニも相成、又ハ前断願立売上銅見込通ニ無御座、休山ニも至候ハヽ、其時儀ニより年賦返上納相願、御聞済も御座候、聊ニ而も被下切ニ者是迄外々旧例承り不申候、乍併　御家柄之儀者如何可有御座哉之御事

見分仰付を願う

薩摩藩とは旧来館入の関係

右之趣ニ御座候、弥御領内銅山見分等被仰付候ハヽ、私方山元手代先功者之もの見分為致不申而者、委細申上候而も何之詮も無之儀ニ御座候間、御山之儀弥御評儀を以、見分被仰付候御儀ニ御座候ハヽ、外御屋敷と違、旧来御館入被仰付候格別之御儀、何様ニも操合ヲ以右人夫差出、御差図ヲ請、見分為致可申候、尤見越之儀ニ御座候得共、御稼山ニ相成候時ハ於御国荒銅迄御吹立被遊、大坂廻着之上ハ私方江引請、諸事　御用相勤可申候様ニも可仕、何分御銅山之儀ハ御屋敷様御直稼被遊候得者御取締宜、格別御厚益ニ相成候儀と奉存候、右御尋ニ付、御内々存寄奉申上候、以上

七月十一日

与州別子立川両御銅山師
泉屋吉次郎内
御用銅吹方支配人
真兵衛

諸国荒銅大坂廻し売上高

当時諸国より出荒銅大坂廻し銅座売上左ニ

一秋田銅八拾万斤　羽州佐竹右京大夫様(義和)御領分御直稼

一南部銅六拾万斤　奥州南部大膳大夫様(利敬、盛岡藩主)御領分御直稼

一別子立川銅八拾万斤　与州御領松平隠岐守様(定国、伊予松山藩主)御預り所

大坂
泉屋吉次郎
永代御請負稼

長崎御用銅請負

右三ヶ山、長崎　御用銅御請負、棹吹ニ大坂吹屋ニ而吹立

諸商人へ売下の地売銅

地売銅ト唱諸国ゟ売上銅、是者当地ニ而器物諸商人御売下ケ御手当之分

一大切沢銅拾七八万斤　羽州御領御代官所

一永松銅三四万斤　羽州戸沢様御領分御直稼

一鹿瀬銅三万斤程　奥州会津保科様(松平肥後守容頌)御領分右同断

一大野銅四万斤程　越前大野土井能登守様御領分同所町人下請負

一備中吉岡銅拾万斤程　備中御領御代官御支配下請負不知

一生野銅拾八万斤程　但州御領銀山御代官御詰山元町人下請負

一石州銀山三万斤程　石州右同断ニ付御代官御詰御直稼　但、山口々御座候

佐州金山有之御奉行様御詰御手稼
一佐州銅三万斤程
摂州御領銅山跡ニ而御代官
一多田銅壱万斤程
日州御領分相知町人請負稼之由
一日平銅壱万斤程
右之外、諸国銅山多御座候得共、当時休山仕居申候、尤右口々之分も年々出銅高増減御座候
右両様口上書小菊紙ニ閉、七月十一日岡本金太夫殿へ真兵衛持参

間吹大工相続

一間吹大工十兵衛儀、及老年細工難出来ニ付、悴安治郎江相続願出候ニ付、評儀之上、願通聞済、

弟子大工

重兵衛儀者当申年中手伝ニ召仕ひ遣し可申、安治郎儀者来酉正月ゟ三ケ年之間、弟子大工相勤、

当年中は本大工並作料とする

当年中ハ本大工並作料ニいたし遣し候趣申渡ス、尤九兵衛・善七ゟも前以願出候ゆへ同人共へも申渡ス

鉛紕吹賃銀渡方を願う

覚

「（朱書）塩屋伊助方ゟ御渡之分」
一出鉛九貫八百目
此元荒銅凡四百斤　但、元荒銅百斤ニ付弐匁弐分、外ニ四分壱厘四毛御増銀割合
弐匁六分壱り四毛

吹賃銀

「（朱書）△」　此吹賃銀拾匁四分五厘六毛
右之通御座候間、吹賃銀書面之通御渡被成下度奉願上候、以上
「（朱書）一枚奥ニ賃割御増銀控有之、此所不用」

申八月十五日　泉屋吉次郎
代

銅座
　御役所

『年々諸用留十番』一四一頁参照

間吹床で小火、消火の旨を届ける

八月十六日間吹床火之粉散候哉、大座敷軒先き焦付候ゆへ早速家内打寄消候処、近辺も知候事ゆへ御番所江御届申上、早速御見分有之、委細本家年々帳ニ控有之、銅座届左ニ

乍憚口上

一今十六日間吹床吹方仕候処、火之粉散、建続座敷軒先叩き家根凡壱坪程焦付候、細工人打寄早速相消申候、外ニ建家別条無御座候、此段以書付御届奉申上候、以上

申八月十六日　泉屋吉次郎
代真七印

銅座
　御役所

役人見分

（朱書）「但、御番所江御届申上候、八ツ時火事方御役人御見分相済、本文之次第間吹大工九兵衛直御尋、差弐人共、同日右人数主人代文六罷出、夜五ツ時御呵之上、済口被仰出候事」

御呵

覚

紥吹出鉛吹賃銀の内訳

（朱書）「△」　此吹賃銀拾三匁九分

一出鉛九貫八百目
塩屋伊助方ゟ御渡之分

此訳

弐匁壱分　大工賃

弐匁四分　飯代三人

七分　　　　　差両人
壱匁弐分　　　諸雑費
七匁五分　　　炭壱俵半
〆如高

右之通、当月十四日御紐吹被仰付、出鉛正吹賃書面之通御渡被成下度奉願上候、以上
八月十七日　　　　泉屋吉次郎
銅座
御役所

別子銅山へ下向願、留守

乍憚口上
一与州別子立川銅山方用向御座候ニ付、私儀明後五日立ニ而右銅山江罷越申度奉存候、留守中御用向御座候ハヽ、屋敷へ被仰付被下度、此段書付を以奉願上候、以上
申九月三日　　　　泉屋吉次郎
代真兵衛印
銅座
御役所

手伝文蔵暇乞、出情につき金一両

一手伝文蔵儀、天明七未年ゟ当申年迄凡拾四年無別条相勤、首尾能暇乞候、尤在勤中別而出情致実躰ニ有之候故、別条了簡を以金壱両差出す、此後出情之もの有之、拾ケ年余相勤(候脱カ)ハヽ、右振合ニ可然願之事

間吹大工重兵衛相続

一間吹大工重兵衛及老年細工難出来ニ付、悴安治郎江相続願出候ニ付、評儀之上願通聞済、重兵衛儀者当申年中手伝ニ召仕ひ可申、安治郎儀者来酉正月ゟ三ケ年之間、弟子大工相勤、当年中

ハ本大工並作料ニ致遣し候趣申渡、尤九兵衛・善七よりも前以願出ニ付、同人共へも申渡ス事

乍憚口上

大野白目廻着
屑銅交り性合良くない
荷主へ問い合わせ

一九月二日・同十五日・当月八日、問屋泉屋弁右衛門方ゟ御届奉申上候大野白目五拾斤入都合弐拾弐箇、今廿五日立会之上、荷物解候処、全白目斗ニ而者無御座、鍰銅類并湯先キ屑銅取合候ものニ御座候付、荷主江問合候処、右之趣ニ相違無御座、屑銅之義ニ御座候故、五拾斤入箇ニ仕立候様申之候間、今日御掛改被成下度奉願上候、乍併至而性合不宜ニ付、御改高之内壱割通引方仕、泉屋吉次郎方へ請入申度奉存候間、此段書付を以御断奉申上候、以上

申十月廿五日

泉屋吉次郎
代藤蔵
熊野屋彦九郎
代孫兵衛
大坂屋みつ
代伊右衛門
綿屋伊右衛門
西谷喜八郎
泉屋弁右衛門

銅座
御役所

地銅買請の件は願下

一当月九日、吉次郎御呼出ニ付、仁右衛門罷出候処、先達被願出候地銅買請之儀、勝手ニ相当り候ゆへ、御聞済難被遊趣被仰渡、願書御下ケ被成候、夫ニ付色々相談之上、銘々願ニいたし、主人奥印いたし当月廿三日東　御番所へ願書差出候処、段々御調子之上、御理解被仰渡候ハ、

泉屋より再願が相応しい

銘々願ニ候ハヽ、諸向同様ニ相成可申、左候得ハ御下知も二三年も相掛り可申、矢張吉次郎ゟ再願之方可然様之御含を以被仰渡候ニ付、又々相談之上、当月廿八日主人ゟ願ニいたし、当三月奉願上候通、八歩之含を以銘々十六人之ものへ相応ニ御売渡被成下度段奉願上候処、御聞置被下候ニ付、夫ゟ銅座　御役所江も同様願候積りニ而、儀助・藤蔵・書役文六下宿ニ相詰罷在、

委細は本家公用帳に記す

仁右衛門願書持参いたし候、委細之儀ハ本家公用帳ニ有之事

右一件、江戸表御聞済無之、酉六月御番所銅座共願書御下ケ、不用候へ共控

手代与兵衛休足合力米

一手伝与兵衛儀、明和元申年召抱、当申年休足申付候、尤年来無滞相勤候ニ付、合力米酉正月ゟ与兵衛一代、月々白米壱斗五升ツヽ、差遣ス

十助・千助は老年だが難渋ゆえ再勤

一十助・千助儀も年来手伝相勤候ものニ付、其身一代白米壱斗ツヽ、差遣可申旨、申付候

右十一月六日申渡候処、十助・仙助義ハ妻も無之、難渋之趣願出、手伝召仕呉候様相願候ニ付、老年ゆへ合力米も断申ニ付、是迄ゟハ賃銀引下ケ再勤申付候、下地壱匁余之処、七分ニ下ル、委細奥ニ記ス

銅座の指示により地売方売上見込を上申

十一月十日銅座ゟ差紙至来ニ付、伝蔵罷出候処、当申年地売方売上斤数幷来酉年地売方凡積り書付ニいたし可申出様被仰付、則左之通

乍憚口上

廻着斤数

一当申年中御用銅皆済之上、地売銅ニ奉売上候斤数幷来酉年出銅高凡積り早々可申上候様被仰渡、奉畏候、此儀当申年御定高七拾弐万斤幷四万斤別段増奉売上候分、都合七拾六万斤之内、七拾弐万五千斤十月廿六日迄廻着仕候、相残三万五千斤此節廻着可仕義ニ御座候、右之外ニ下鉑・

地売方売上斤数の見込

捨からみ吹立候分九万四千斤余、当申年中地売方へ可奉売上積ニ御座候、猶又来酉年之儀ハ見越之儀ニ御座候得共、稼方追々手馴候ニ付而ハ、当年中売上高ニ減斤不仕候様出情仕可奉売上候、右之趣御尋ニ付、以書付奉申上候、以上

十一月十一日　　泉屋吉次郎
代藤蔵

銅座
御役所

別子立川棹銅御定高皆済、残地売方買上

乍憚口上

一別子立川棹銅御定高七拾弐万斤之外ニ四万斤、五ヶ年中別段奉売上候分都合壱ヶ年七拾六万斤、此度廻着仕候弐百五拾丸之内百箇御用銅ニ相成、都合如高、御定高皆済ニ相成候間、残百五拾箇、此斤壱万五千七百五拾斤地売方へ御買上被成下度奉存候、此段以書付御届奉申上候、以上

申十一月廿三日　　泉屋吉次郎
代藤蔵

銅座
御役所

銅座水揚帳認方

地売御買上別子銅銅座水揚帳認方左ニ

覚

地売方
一別子立川荒銅何箇　　荷主
泉屋吉次郎

此斤何程　　但、壱箇ニ付百五斤入

右者予州別子立川銅山ゟ為積登、御差図之吹屋へ相廻し、水揚掛改仕候上、御見分を請候処、書面之通相違無御座候、仍而如件

年号月日　　　　　　　　　　問屋
　　　　　　　　　　　　　　泉屋弁右衛門
銅座
　御役所

唐金・出鉛など吹賃銀下渡願

覚

閏四月十五日御紏吹
一突流唐金弐百斤　　百斤ニ付三拾壱匁九分五厘弐毛
　此吹賃銀六拾三匁九分四毛　（朱書）「酉五月十六日差引ニ成」
　　但、出鉛吹賃共

八月十五日御紏吹
一出鉛九貫八百目　　　　（朱書）「酉五月十六日差引ニ成」
　此吹賃銀拾三匁九分

五月十日御渡
一破銅五百五拾弐斤三部　　（朱書）「酉五月晦日受取」
　此吹賃銀八拾六匁四分弐厘五毛

やすり粉銑銅

六月廿一日御渡
一鈩（鑪）粉銑銅壱〆五百四十五匁　（朱書）「酉五月十六日差引ニ成」
　此吹賃弐匁三厘六毛

〆百六拾六匁弐分六厘五毛

右之通、其時々書付差上置候間、此節御渡被成下度奉願上候、以上

　申十二月十五日　　　　　　泉屋吉次郎
　　　　　　　　　　　　　　　代藤蔵
銅座
　御役所

手伝与兵衛休足

一手伝与兵衛儀、去十一月ニ休足申付置、当月限り引退候様申渡、依之極月廿六日限り休足致候付、小遣銭として別段五〆文差遣ス

仙助・重助再勤

一仙助・重助儀、去十一月休足申付候処、段々難渋之趣申立断申出候付、聞届遣ス、然レ共及老年用立不申、賃銭之儀是迄一日ニ壱匁壱分ツヽ、遣候得共、勝手之筋願出、仍之酉正月ゟ一日ニ両人共七分ツヽ、相定候事

十兵衛への合力米は三年期限

一十兵衛儀ハ十一月ニ申付候通、当極月限手伝勤も差止メ、酉正月ゟ養子弟子大工安治郎三ケ年相勤候迄ハ月ニ白米壱斗ツヽ、親十兵衛江差遣し丸三ケ年相過、安次郎本大工ニ直遣候節、十兵衛儀合力米相止メ候段、呉々申渡ス、向後此振合を以取斗可申事

申十二月

享和元年

乍憚口上

一鍰銅弐百七拾斤九歩　　但、百斤ニ付弐百拾匁替

此棹銅弐百六拾五斤五歩

代銀五百六拾八匁八分九厘

長崎下し棹銅損箱多いため掛改、銀償

右者去申年六月、筑前若松船久宝丸別子立川棹銅五百五拾箇積下、於長崎水揚之砌、損箱多、殊ニ殊（衍カ）ニ封印等も不相分候ニ付、正味懸改被仰付候処、如高欠斤相立、仍之段々御調子之上、船頭

代り銅差下のため鍰銅売渡を願う

より銀償ニ被仰附、即銀子御渡被成下、慥奉受取候、然ル上者追而欠銅買請差下候様被仰渡候間、何卒右鍰銅御売渡被成下度、此御書附を以奉願上候、以上

酉二月

泉屋吉次郎
代藤蔵

別子立川棹銅手当
銀御渡を願う

銅座
御役所

乍憚口上

一別子立川棹銅当酉年分御定高七拾弐万斤之内へ去申年中四拾四万斤操越奉売上候内、当酉年分半通三拾六万斤引去、残八万斤を後半通江相加へ候間、前段三拾六万斤分御手当銀四拾五貫目、此節御渡被成下度、銅山方上納銀仕度奉存候ニ付、此段奉願上候、以上

酉二月九日
泉屋吉次郎
代藤蔵

銅座
御役所

紅毛船渡掛渡欠銅

乍憚口上

一棹銅弐百六拾五斤五歩　若松丸償銅之分
一同銅弐千弐百七斤　去申年紅毛船渡懸込欠銅之分
〆弐千四百七拾弐斤五歩
此鍰銅弐千五百弐拾三斤
此代銀五貫弐百九拾八匁三分

鍰銅売渡を願う

右者於長崎表去申年中紅毛船懸渡候節欠銅幷若松丸償銅之分、此節差下し度奉存候間、何卒右鍰銅為御買被成下度、此段書付を以奉願上候、以上

酉二月廿三日
銅吹屋惣代
泉屋吉次郎
代直（ママ）蔵

銅座
御役所

乍憚口上

別子立川荒銅廻着高の見込

当酉年中地売方別子立川荒銅廻着高斤積奉申上候様被仰渡、奉畏候、此儀凡九万斤余奉売上候積ニ御座候、乍去見越之儀ニ御座候ニ付、治定之儀者難申上候得共、可相成丈奉売上度、此段御尋ニ付、以書付奉申上候、以上

酉二月廿四日　　泉屋吉次郎
　　　　　　　　　代藤蔵

銅座
　御役所

棹銅代銀にて銅山方上納銀を納める売上の度毎に代銀渡方を願う

乍憚口上

一別子立川荒銅当正月ゟ来ル三月上旬迄凡拾五万斤余為差登候積ニ御座候間、右棹銅代銀を以銅山方御上納銀仕度、近々廻着之上、吹立可奉売上候間、時々御極印御打被成下、代銀其度毎ニ御渡方被成下度、此段乍恐前以奉願上置候間、御聞済被成下候様奉願上候、以上

酉二月廿四日　　泉屋吉次郎
　　　　　　　　　代藤蔵

銅座
　御役所

銅座より差紙

用事有之候間、只今早々可罷出事

二月廿九日　　銅座
　　　　　　　　御役所

泉屋吉次郎
　代藤蔵

別子荒銅吹方を急ぐ、仲間割吹の打診

右之通、御差紙到来仕候ニ付、早速藤蔵罷出候処、岡本御氏幷永井太七殿被仰候者、別子荒銅当月算用詰七万七百五拾斤在之内弐万弐千斤分、対州渡手当除置、相残四万八千七百五拾斤、

来年売出ニ致度間、皆済吹方出来候哉、若吹方不残一手ニ難相成候ハヽ、仲間へ割吹ニも可致歟、然レ共一手吹之儀者、江戸表ニ而者御聞済在之候儀ニ付、只今割渡候事難相成候、自然差支吹方操合悪敷候ハヽ、内分ニ而仲間中江助吹為致候儀ニ候、兎も角も御切手幷吹賃等之儀者、其方へ被為成御渡候様被仰渡候、左候時ハ当方ニ而吹方可仕姿ニ致し、仲間中へ割吹可致候事

一手吹の姿にして仲間中で割吹

熊野屋小吹大工差怪我

新十郎は死亡、届出

一今十四日熊野屋彦九郎殿方小吹怪我在之、大工新十郎事佐助義甚重く、差浅次郎儀ハかるく、早速　御公儀様江御届申上候処、無程新十郎相果候ニ付、又々其旨御届申上候処、御聞済之節、丁内立会相違無之候ハヽ、勝手ニ取片付可仕段被仰付候、仍之新十郎在所播州へ同日送届由

検使は来ず

但、御倹使御越無御座候事

三月十四日

遠見大手先弐人
生玉南坊へ弐人
松屋町へ壱人

吹方見分床数

一今廿八日　御城代青山下野守様（忠裕、篠山藩主）東町　御奉行水野若狭守様、上町・寺町、右手・左手御順見、生玉南坊ニ而御中飯、夫ゟ下寺町筋孔雀茶屋ゟ松屋町通九之助橋御渡、九ツ半時当方吹所へ被為入、吹方御見分相済、床数左之通

合床壱挺　　南蛮床弐挺　　間吹床弐挺
灰吹床弐挺　　小吹床弐挺
ゆり物師壱人　　但、壱丁東角ニ而形流を以、入御覧候事
吹方次第鎊物不残

付添三町人

右之通御見分相済、上座敷へ御通り、暫く御休足、如例御茶・御菓子差出す、御付添三町人衆不残、吹所座敷者銅座懸り幷御与力方左ニ

奥
銅座御懸り御与力　工藤七郎左衛門様
同　御同心　蒔田仲右衛門様

中之間
銅座詰　高橋登八様
　　野村由蔵様

玄関
仲ケ間　熊野屋彦九郎殿
同　大坂屋三右衛門殿

委細は本家別帳に記す

右之外、委細本家別帳記、御案内御出迎御見送り真兵衛、裏方ニ而御案内藤蔵

長崎御用棹銅取締役人立会を強化

一今十二日銅座江罷出候処、長崎表御用棹銅御取締被為成、水上掛渡等迄御役人様御立会御改在之、家別之下棹銅御蔵ニ而別々ニ被成置、欠過も家別御吟味被成候間、此後一入入念仕候様被仰渡間、右請書證文御渡、印形御取被成候、文段銅念（ママ）会所ニ控有之、御役人高橋登八様・松並昌平殿

欠銅平戸船へ積渡

一若松船久宝丸償銅其外欠銅都合弐千四百七拾弐斤五歩、此節平戸船幸徳丸へ積渡可申候、以上
　四月十三日　泉屋吉次郎
　銅座
　　御役所
右船問屋惣代堺屋正兵衛持参ニ而直様致船積候事、尤同人請取書取置候事

贈状之覚

御用棹銅送状

一御用棹銅弐拾五筥　　運賃大坂払

此斤弐千四百七拾弐斤五歩

貼紙

（貼紙）「覚

若松丸償銅

申年六月肥前若松船久宝丸
於長崎水揚之節、損筥多、不残正味掛被仰付候処、
五百五拾筥之内、如御高欠斤相立

一棹銅弐百六拾五斤五歩　　若松丸償銅之分

此鍰銅弐百七拾壱斤

代銀五百六拾九匁壱分

又弐拾弐匁九分六厘五毛

但、吹賃幷諸雑用

〆五百九拾弐匁六厘五毛

但、此代銀於長崎船頭ゟ銀償ニ被仰付、此方へ御渡ニ相成

紅毛船欠銅

申年紅毛船懸込欠
一棹銅弐千弐百七斤

此鍰銅弐千弐百五拾弐斤

代銀四貫七百廿九匁弐分

又百四拾九匁八分　　百斤ニ付六匁六分五厘弐毛ツヽ

三百拾六匁四分壱厘　　筥詰入用

但、百斤ニ付壱匁六分五厘宛

〆四貫九百拾五匁四分壱厘

八軒割
六百拾四匁四分三厘宛

数値合わず

右者若松船久宝丸償銅幷欠銅共平戸印通寺浦林左衛門船幸徳丸仲(沖)直乗ニ而積下シ候間、着之上改御請取可被申候、海上之儀者可為御法候、以上

享和元酉年四月十三日

大坂
泉屋吉次郎
店印

長崎浦五嶋町
服部慶蔵殿
太田佐兵衛殿
石井雄之進殿

覚

欠銅・償銅分を長崎へ積み下す

一棹銅弐千弐百七斤　　但、仲間中積下し御蔵払欠銅
一同銅弐百六拾五斤五歩　　但、若松船久宝丸償銅
〆弐千四百七拾弐斤五歩

右之通、長崎表私共名代之者共江向、当四月十三日平戸印通寺浦林左衛門船幸徳丸江積下し候ニ付、此段事付を以御届奉申上候、以上

酉四月廿一日

仲間惣代
泉屋吉次郎
代
真兵衛

銅座御役所

乍憚口上

不正売買につき吟味筋あり

一南米屋町金屋真兵衛・高津仲仕町仏具屋平兵衛、右両人御吟味之筋有之、昨廿日御番所様ゟ御役人様も出、家内御改在之候趣承知仕候、全不正之品売買仕候儀承知仕候、不取敢此段御届申上候、以上

酉四月廿一日　　見改方　四人

此方真兵衛印

銅座
御役所

差上申御請書之事

長崎御用銅水揚・掛渡は当春より格別厳重の仕法

一私共吹立積下候御用銅長崎表廻着之上、御蔵所へ水揚幷唐紅毛方御掛渡之節ハ、私共名代欠過請負之者罷有候ニ付、内操之儀者於御会所絶而御差構ひも無之候得共、当春以来は一躰之儀格別厳重ニ御仕法相立、御掛御役人中様ニも場所御詰切、御見分被為在御懸渡銅御蔵出之節も家別之欠過巨細ニ御改被為下、一日限差引御勘定被為成下候之由、随而当春出帆唐船六艘ニ御

当春唐船渡過銅

掛渡銅欠過候御差引壱番・弐番御蔵残銅壱箇毎御改被為下候処、直差引過銅弐百九拾八斤余在之、尤例年唐方渡銅者相応之掛出も在之、是を以紅毛方掛込銅差引ニ相成来候得共、右之出目銅在之候迚去年中之欠銅積下方相欠キ候儀ニ者無之、右者早々吹立積下候様被仰渡、奉畏候、

以来は水揚時に家別の掛改

将又以来者積下銅長崎着岸之上、水揚之節も家別ニ御掛改相済候上、御蔵詰之儀も家分ケ被仰付、御掛渡之上、夫々増減相達被為下候□（虫損）ニ付而ハ、若欠銅在之候ハヽ、早々吹立積下候様厚御沙汰之趣、難有奉承知候、然ル上者於私共も以来一際相改、於当表箱詰等之節、目形相糺、於

欠過なきよう念を入れる

長崎表格別欠過無之様可仕候、猶又名代之者とも精々入念於御場所聊麁略之取斗ひ不仕様、急度掛合遣可申候、依之御請書差上申処、依而如件

享和元酉四月十一日

鍵屋忠次郎
代庄兵衛
仲間八軒
連印

銅座
御役所

銅座役人・紀吹師ら東町奉行所へ出頭

荒銅類・古棹銅につき御尋あり

錆あり海中より揚る棹銅か

今廿一日従銅座御差紙ニ付、為川辰吉様・中尾善太殿・紀吹師大坂屋三右衛門代喜八・此方代真兵衛・吹屋惣代川崎屋吉左(右)衛門代源介相揃、東御番所へ四ツ時罷出候処、地方御役所工藤七郎左衛門様・吉田勝右衛門様、荒銅類幷古棹銅壱本見分被仰付、荒銅ニ相違無之哉、棹銅も相違無之哉之旨御尋ニ付、立会相改、荒銅ニ相違無御座、久々土中ニ在之哉、亦者塩懸り之様ニ相見へ錆等も有之候得共、何分北国辺之荒銅と相見へ申候段申上候、且棹銅之儀者海中ゟも揚り候哉、錆等も有之、色合も古く相見、近年之物ニ而ハ無御座様相見へ、極印等も相見へ不申候得共、棹銅ニ相違無御座候段申上候処、先今日者一同罷帰り可申、何れ近日右之類外ニも有之趣ニ付、重而御沙汰有之候由被仰出候ニ付、一同罷帰ル

不正取扱人吟味

但、右不正取扱人於御役所御吟味在之候事

酉四月廿二日

乍憚口上

古銅売上取次人泉屋極印の棹銅交じる理由を御尋

昨廿一日古銅売上取次人之内、山本町銭屋平七ゟ古銅弐箇、此皆懸廿弐貫五百匁為持差越候ニ付、早速平七代之者立会、中下撰分仕候処、右古銅之内ゟ棹銅壱本有之、則私方極印ニ御座候ニ付、

平七呼寄、如何之儀ニ而棹銅交り有之哉之段相尋候処、平七申候者、先達而ゟ病気ニ而商売筋家内之者取扱仕候間、いつれ之口ゟ買取候哉難相分旨申之候ニ付、此段以書付御届奉申上候、以上

酉四月廿三日

泉屋吉次郎
代 真兵衛

銅座
御役所

右同文断ニ而壱通相認、　御番所江御届申上候事

平七は棹銅の買先を知らず

一於銅座御役所平七・此方同刻ニ書付差出候処、為川氏御請取、御伺之上、被仰渡候旨、平七方買先キ弥相分不申哉、不相分時者六ケ敷段御申ニ有之候、弥相知不申段、平七代之者相答候処、此趣　御番所へも御届可申上事哉、当役所限り之事ニ候哉御尋ニ付、双方共　御番所へ御届可申上積之由申上候処、左候ハヽ、此書付当役所ゟ　御番所へ相廻不申候と御申ニ御座候事

床銅道具売のさい買取か

一即刻前条之趣ニ而御番所へ書付差上、幷ニ平七方書付も差上、両通共工藤様御請取御覧之上、平七代之者へ御尋候者、買先弥相知不申哉之御尋ニ付、平七代安兵衛申上候者、店銅道具売候節下負ニ買取候内ニ而誠ニ店商内之儀名前も承り不申候、工藤様被仰聞候者、名前控も無之候哉、明日罷出候節、帳面持参、所者付添可罷出旨被仰聞候

明日帳面持参

但、右棹銅壱本懸目九拾八匁、此方真兵衛持参候ニ付、早速入御覧候処、御一覧之上、棹銅ニ者通例ゟ少し形も違候哉之段被仰聞候得共、此方極印御座候旨、此方真兵衛申上、右棹銅少々さびけも在之、相損候段申上候処、棹銅儀者御預り、真兵衛義者罷帰り候事

棹銅は錆気あり

山本町柴屋徳兵衛支配借家
銭屋平七
病気ニ付
代安兵衛

右棹銅買取候者子供
下人政吉

棹銅下負は心得違も急度御呵

右一件、五月九日於東御番所銭屋平七御召出之上、平七へ被仰付候者、右棹銅下負ニ取候儀者全心得違ニ相聞候得共、右躰商売仕居候ハ、兼而心得之儀ハ下おひニ取間敷処、急度御呵被仰渡候、以来吹銅たりとも下負ニ相取候ハ、御咎被仰付候段被仰渡候、尤右棹銅者御召上ニ被為成候

但、此方へ被仰付候者、前断之旨被仰付候間、可致承知候趣、御申付也

不正売買の荒銅・棹銅見分結果

乍憚口上

一床荒銅拾貫七百匁　南米屋町 金屋新兵衛分

一平荒銅拾六貫九百匁　右同人分

〆

一床荒銅弐貫八百匁　三右衛門町 鏡屋利兵衛分

一平荒銅六貫九百目　右同人分

〆

一御用棹銅五貫二百目　金屋新兵衛

一御用棹銅弐拾四貫六百目　北久宝寺町 鎊屋嘉兵衛

〆

南部荒銅か、棹銅は御用銅に間違いない

右之品々夫々懸改之上、見分仕候処、棹銅荒銅之分何れも年久敷罷成、殊汐かゝり罷在候哉、青錆出、色合も相変在之、性合しかと取極難申上候得共、多南部荒銅ニ似寄候様相見へ申候、将又棹銅之分者極印も少々相見へ、御用棹銅ニ相違無御座候、此段以書付申上候、以上

享和元年酉五月九日

吹屋惣代
大坂屋みつ
代儀兵衛印
紘吹師
泉屋吉次郎
代真兵衛印

銅座
御役所

塩屋方唐金の白目は吹賃銀と相殺にて買請

去ル申年八月、塩屋伊介方ゟ請取候突流し唐金弐百斤御紘吹ニ相成候分、右之内より出候出白目弐拾五斤三歩、出鉛拾壱斤四歩此度買請候、吹賃銀ニ而致差引相済候事、切手弐枚者近日御渡可被成筈、破銅吹賃八拾六匁四分弐厘五毛、是も近日御渡被成候由、其節ハ請取書差出候事

破銅吹賃

酉五月十七日

燃鉛取替代銀の前渡を願う

燃鉛当正月ゟ四月中仲間中凡七千五百三拾八斤九歩、銅座江取替ニ相成候ニ付、当年分凡五万斤と差積り、内三万斤秋田屋敷ゟ御渡可被成候筈、相残弐万斤分代銀ニ而御渡被成度段、銅座へ願書差出す、尤直段百斤ニ付弐百八拾匁之処、内廿匁ハ吹屋ゟ相償、残弐百六拾匁替之積ニ而、弐万斤代五拾弐貫目御前渡被成下候様、仲間中連印ニ而書付差出ス

酉五月十七日

乍憚口上

別子立川棹銅手当銀御渡を願う

一別子立川棹銅当酉年分御定高七拾弐万斤之内、去ル申年四拾四万斤、猶亦当酉年五月廿九日迄三拾弐万五千斤奉売上、都合七拾六万五千斤之内、三拾六万斤半通御手当銀二月廿五日奉請取、残り三拾六万斤後半通御手当此節御渡被成下度、引残四万五千斤、当酉年別段四万斤奉売上、残五千斤、来戌年御定数之内へ操越奉売上候分、右之通相成候間、何卒御手当銀四拾五貫目幷

四万斤之御手当五貫目都合五拾貫目、此節御渡被成下度、此段以書付奉願上候、以上

酉五月晦日　　泉屋吉次郎
　　　　　　　　代藤蔵

銅座
　御役所

別子片銅吹方の次第につき申渡

別子片銅吹方之次第

申渡

小吹大工
善七
平兵衛
伊兵衛
藤七

銅山方内損、下鉑を地売銅に吹き立てる

性合悪い銅石ゆえ諸雑費が嵩む

上々鉑の間吹銅を片銅に仕立て交ぜ棹銅の品合を良くする

増吹賃を支給

一近年諸色高直ニ相成、銅山方内損移(夥)敷相懸候ニ付、去々未年ゟ下鉑之分吹立、地売方江御買上奉願候処、御用銅御定数七拾弐万斤之外四万斤宛余銅売上候後、地売ニ御買上被仰付候、右ニ付去ル申年地売銅九万斤余并余銅四万斤共、都合壱ケ年拾三万斤余売上候得共、性合悪敷鉑石を吹立候事故、銅山方諸雑費夥敷相懸、損銀而已相嵩候、右之趣ニ而者地売売上之儀此末難取続、左候時者其方共儀も吹方相減候様成行可申候ニ付、此度致勘弁、銅山表上々鉑之分、山間吹入念吹立、彼地ニ而片銅ニ仕立為差登候ニ付、小吹一日分一床前右銅百斤宛差交、吹方致候時者棹銅品合も宜敷相成候ニ付、無懈怠吹方可致候、尤是迄不手馴儀ニ付、右銅百斤吹立候得者五拾斤宛之増吹賃可差遣候、尤湯床并綴賃叩賃等ニ至迄、右増五拾斤ニ相籠候間、此上棹銅一際入念吹方可致候、自然はれ銅等多者へ者増賃差遣不申候間、此旨可相心得候事

間吹大工
九兵衛
善　六
嘉　七
十兵衛

近年は秋田鍰銅も手がけ吹方が増す

銅山方で入念に間吹し経費かかる

増賃銀・節季心附を支給する

一近年諸色高直ニ相成、銅山方内損夥敷相懸候ニ付、去々未年下鉑之分吹立、地売方へ御買上奉願候処、御用銅御定数七拾弐万斤之外ニ四万斤ツヽ、余銅売上候後、地売へ御買上被仰付候、右ニ付去ル申年地売銅九万斤余幷余銅四万斤共、都合壱ケ年拾三万斤余売上、殊ニ近年ハ秋田鍰銅之分も其方共吹方致し、都合弐拾万斤余吹方相増有之ニ付、此度ゟ差登候片銅直吹ニ相成候而も以前ニ見競候時ハ相減候儀者無之候得共、小吹直吹ニ致候ニ付而ハ間吹諸雑用も相減可申候得共、元来銅山方ニ而片銅迄ニ入念吹方之儀ニ付、彼地諸雑費も相懸り有之候、乍併間吹方之者共職分相減候様存込候ニ付、勘弁を以別子銅御定数七拾弐万斤幷増売上四万斤都合七拾六万斤ニ限り間吹百斤吹立候得者拾斤宛増差遣し、猶又毎年吹子節季ニ大工中へ銭拾貫文、差中へ拾貫文別段差遣可申候、其余同山地売方売上幷諸山間吹物ハ一切右増差遣不申候、此段相心得入念吹方可致候事

右之通、立会之上申渡候、以上

享和元年
酉五月廿八日

御名代(右)
仁左衛門

吹所差配
真　兵　衛

又右衛門

前段之趣申渡、請印形受取有之候、算用書左ニしるす

別子銅諸経費算用内訳

一小吹壱床前一日分、別子片銅百斤宛四軒分都合四百斤、日数壱ヶ年凡弐百八拾日と積り
　此高壱万弐千斤
一別子片銅拾壱万弐千斤
　四匁三分五厘三毛
　　此吹賃四貫八百七拾五匁三分六厘
一過銅弐千弐百四拾斤　　但、百斤ニ付弐百目替
　　此代銀四貫四百八拾匁
〆銀九貫三百五拾五匁三分六厘
　内

増賃銀内訳

一七百五拾六匁　　小吹増賃
　但、片銅拾壱万弐千斤分、百斤ニ付五拾斤増、此高五万六千斤、壱匁三分五厘宛
一七百九拾弐匁　　間吹賃増
　但、壱ヶ年吹高七拾六万斤之内、拾万斤直焊引去候、残六拾六万斤分、百斤ニ付拾斤増、
　　此高六万六千斤、吹賃壱匁弐分宛、如高

間吹中へ節季心附

一百九拾五匁弐分　　間吹中へ心附
　但、毎年吹子節季間吹大工四人へ銭拾貫文、差八人へ拾貫文、都合弐拾貫文差遣可申事

一七拾目　　　手伝賃

但、片銅折手間

一百九拾匁四分　　湯床増

但、小吹増五万六千斤之手前湯床拾八枚半、此代百拾弐匁、叩賃拾壱匁弐分、綴賃六拾

七匁弐分、都合如高

床銅に用いる炭追加経費

一百三拾九匁五分　　間吹方

但、平銅・床銅差交吹方可致之処、床銅弐万八千斤致吹方候ニ付、炭余分相懸、間吹銅

六百斤之手前ニ而炭壱俵余分ニ相懸、此高四拾六俵半三匁替ニ而如高

吹床入替、土ス灰辰砂代

一拾壱匁五分　　間吹方

但、床銅吹方致候ニ付、吹床毎日入替、土ス灰砂余分相懸、一日前六百斤と定、日数四

十六日、此半通廿三日分、一日分五分宛

小以〆弐貫百五拾四匁六分

差引残七貫弐百目七分六厘　　徳用

右之通、利潤ニも相成候間、日々無懈怠吹方可致事

享和元酉年六月

棹銅積下船一件（本書一二八頁参照）

長崎廻着時に掛改のところ二六五斤余の欠損

一寛政十二申年別子棹銅五百箱余、筑前若松船久宝丸へ積下候処、長崎表廻着之節、箱いたみ多、

筥懸之節軽目ニ付、同所名代中ゟ格別之箱痛ニ付、御立会御役人へ御届申上、不残正味掛致候

処、弐百六拾五斤五歩全之欠ニ相成、御立会御役人中ゟ被仰出候者、痛筥も有之候得共、元来

大坂表吹屋の掛方に問題あり

付船水主の証言　棹銅盗取

水主は長州で暇乞し行衛知れず

不足銅は船頭より代銀で償う

大坂表吹屋懸方麁略之様ニも名代之者へ被仰付候ニ付、仍之名代ゟ右若松船舟頭水上相糺候処、水主ゟ相答候者、大坂川口出帆前、肥後船之付船致セ話盗取而棹銅売払呉候、代銀之儀者水主之内夜分右買先き請取ニ参り候得共、夜中之儀故、町所名前等も覚不申由申之候、右ニ付早速長崎会所へ申上候処、銅取〆り方ゟ右水主之者共直々御吟味被成候処、右全く盗取候水主者長州赤間ケ関にて船頭へ暇乞請候ニ付、船頭ゟ暇遣、陸上り候ニ付、行衛不相知候由申上候、右ニ付不足銅之分若松船舟頭ゟ代銀償被仰付、御憐愍を以一件落着被仰付候、此不足銅大坂表へ名代ゟ申登せ候故、銅座表ニ而鍰銅買請、右斤高之通、棹銅ニ吹立、翌酉四月中長崎表へ船積差下候事

右一件名代之内、慶蔵酉五月罷登、仲間一統へ申立候事

酉六月五日写之

長崎唐紅毛掛渡銅聞済、紅毛船へ掛渡

口上

今日銅座ゟ紅吹師并仲間惣代御呼出ニ候、先達而奉願上候於長崎表唐紅毛掛渡銅之儀、願之通御聞済被成候間、左様相心得可申旨、既先日ゟ紅毛船へ掛渡、棹銅之高三拾万斤余之内、

一別子銅拾万斤

一南部銅拾万斤

一秋田銅拾万斤

右之通、御渡方割合ニ相成候趣、被仰渡候事

薩摩屋敷より棹銅調達の依頼

八月十日、薩州御屋敷岡本金太夫殿ゟ昨十一日早朝銅方支配人罷出候様申来候

ニ付、藤蔵致出勤候処、岡本氏被仰候者、国元ゟ棹銅三百七拾斤調下候様申来候得共、不案内之義如何致候哉、御尋被為成候ニ付、藤蔵御答申上候者、棹銅と斗被仰越候而者難相分、いつれ之棹銅ニ而御座候哉相尋候処、岡本氏被申候者、此方不案内之事、不相分候ハヽ、国元江今一応尋ニ遣可申間、委細之儀以書付明日御出し被下度趣被仰候ニ付、則左之通書付持参致候

どの棹銅か分からず、国元へ問い合わせる

乍憚口上

一御国許御用ニ付、棹銅三百七拾斤御調被遊度旨被仰聞、奉承知候、然ル処棹銅と相唱候品四品御座候、いづれ之品御用ニ候哉難相分候ニ付、乍憚品訳粗左ニ奉申上候

棹銅の種類

一御用棹銅　長凡八寸

巾厚凡五歩

掛目七八拾目位

但、是者於長崎御交易唐紅毛へ御渡ニ相成候品ニ而、外一切売買御禁制ニ御座候

一細棹銅

但、御国許御用ニ限り候品、尤是者隔年ニ三千五百斤宛御買請御定数ニ御座候、其外臨時御買請被遊候儀ニ候ハヽ、江戸表江御願立不被遊候半而ハ、当地ニ而調達難仕奉存候

一長棹銅　長サ弐尺弐三寸

巾厚凡五歩

懸目凡三百七八拾目

但、是者針金地ニ御座候

一杓子銅　長サ凡八寸
　　　　　巾八九歩
　　　　　厚サ四歩

但、是者小細工一切遣ニ相成申候

御用銅・細棹銅以外は差図次第吹き立てる

右四品之内、御用棹銅并細竿銅相除、外弐品之分者御入用之御趣意を以、当地銅座江御願立被為遊候ハヽ、御買請之儀出来可申哉ニ奉存候、御聞済有之候ハヽ、御差図次第当方ニ而吹立差出可申候、右御尋ニ付、以書付奉申上候、以上

酉八月十二日　泉屋吉次郎

杓子銅買請の先例あり

右書付翌日差出候処、御屋敷ニ去午年杓子銅三百斤御買請有之例等御控ニ付、午年銅座江御差出之買差紙之振合を以、近日銅座へ御留守居代御出勤之積、勿論三百斤分御買請之筈、余ハ市中ニ而杓子銅之類御買請被成度よし

吹銅買請は三〇〇斤まで

但、諸屋敷共吹銅買請者三百斤ニ除(限)り余、何れ之屋敷ニ而も御売出し決而無之、銅座ゟ被仰聞候事

棹銅振替分を全て別子銅で仰せ付けられたい

乍憚口上

一秋田棹銅三万斤・別子棹銅壱万斤、都合四万斤当時御振替被仰付奉承知候、然ル処別子銅此節凡拾万斤余廻着有之候間、此度之御振替四万斤分、不残別子銅ニ而被仰付度奉願上候、当冬ニ至、私方別子銅地売方売上、年末ニ相成殊短日之砌、吹方多斤数難出来、其節仲間江内割吹仕候而も交銅等之儀操合不宜、吹方多分旁難出来御座候間、前段之通此度之御振替不残別子銅ニ

被成下、此節仲間中江内割吹被仰付候ハ、諸向渡方も差支不申、双方勝手宜御座候間、此段御聞済被成下候様、重畳奉願上候、以上

酉八月廿日

泉屋吉次郎
代藤蔵
吹屋惣代
熊野屋彦九郎
代孫兵衛

銅座
御役所

但、当月ハ最早御伺も相済候間、来月振替之分別子銅ニ可致候間、此段可相心得、然レ共至而差支ニも相成候ハヽ、窺直しニ可致哉と御尋被為成候得共、来月と申而も間もなき事ゆへ、左候ハヽ、来月御振替之分不残別子銅ニ被仰付候様願置、御聞済在之候事

別子銅を仲間中へ割吹

一昨廿二日書状着、大切沢問屋之儀八月四日江戸表三河口太仲様御役所、同所此方名代之者并泉屋与四郎江被仰渡候者、大坂九之助町壱丁目泉屋真兵衛へ問屋被仰付、則吉次郎證人ニ相立候趣被仰付、請證文調印差下候様申来ル、尤三河口太仲様ゟ銅座御勘定太田直治郎様へ右問屋被仰付候趣、御懸合御状此方へ向為御登

泉屋真兵衛へ出羽幸生大切沢銅問屋を仰せ付ける

一今廿三日前段之趣、三河口様御状銅座御役所へ真兵衛持参之上、猶口上ニ而問屋被仰付候趣申上、明日委細以書付可申上旨申置、罷帰ル

一今廿四日銅座御役所江差出候問屋之儀、左之通書付差出す

乍憚口上

一江戸御表御代官三河口太仲様ゟ当月四日泉屋吉次郎江戸表名代之者御召出被仰渡候者、此度御伺之上、羽州村山郡幸生村大切沢銅山出銅大坂御廻銅之分、同所問屋之儀、以来吉次郎證人ニ

吉次郎を証人とする

而別家手代九之助町壱丁目泉屋真兵衛相勤可申旨被仰渡候、依之右銅代銀百目ニ付弐匁宛、於当御役所口銀被為下置候段被仰渡、難有仕合奉存候、然ル上者銅廻着之上、送状ニ引合相改、随分御大切ニ取扱、御懸改之節者其度々無懈怠立会、貫目等迄得と見届、御損失不相立様取斗、且御廻着難破船等者勿論、其外異変不取締之筋等承及候ハヽ、其段早速可申上様被仰渡候

廻銅買上代金の請取、為替立会も仰せ付けられる

一御廻銅御買上代金之儀、是迄者大坂今橋壱丁目銭屋兵五郎・同所安土町弐丁目銭屋清右衛門両人ニ而請取来候処、此度真兵衛問屋被仰付候上者、右両人之者と申合、一同当御役所へ罷出、連印手形を以請取、早々江戸御表へ差下、為替等迄も真兵衛立会候様被仰渡候、則吉次郎・真兵衛へ被仰渡候御趣、御請書差上候、写別紙奉入御覧候

右之趣、此度被為仰渡、誠以冥加至極難有仕合奉存候、猶此上御憐愍之程重々奉願上候、仍之乍恐書付を以奉申上候、以上

享和元酉年八月廿四日

泉屋真兵衛
泉屋吉次郎
幼少ニ付
代判仁右衛門

銅座
御役所

此書付真兵衛持参仕候処、先御願之趣、野村由蔵様ゟ被仰渡候事

薩摩屋敷買請棹銅の件

一薩州御屋敷従御国許竿銅三百七拾斤買請之儀申来候由、如何致候而宜候哉と御尋被為成候ニ付、八月十二日以書付申上候者、竿銅と相唱申候銅四品も有之、いつれ之竿銅ニ御座候哉と相尋候処、午年買請候節従国許竿銅ニ申来候得共、杓子銅買請差下候様、此方帳面ニ有之候間、此度之儀も杓子銅相調度候間、銅座江承合呉候様被仰聞候ニ付、早速銅座へ罷出、小山御氏取次を

以相伺被呉候処、左之通認差出候様被仰聞候ニ付、薩州御屋敷ゟ相認、差出候文言

薩摩屋敷提出の覚書

覚

一　樋丁銅百斤
　　杓子銅弐百斤

土蔵修覆に使用

右者於国許土蔵修覆仕候ニ付、銅樋廻り幷窓網瓦釘等ニ相用ひ候間、御売渡被成下度奉存候、尤此節大躰普請出来仕候間、可相成筋ニ御座候ハヽ、此節御売渡被成下度奉存候、此段書付を以申上候、以上

酉八月

薩州屋敷留守居
吉井七郎右衛門印

宛なし

右之通相認、銅座へ岡本金太夫様御持参被成候処、御預置被成候様御申ニ付、岡本御氏御帰り之由、其後五六日過銅座ゟ岡本へ手紙を以申来候、則又々御同人御出勤之処、御勘定太田直次郎様幷御普請役町田喜藤太様御立会之上被仰渡候者、此間御願之銅御聞済在之候間、御勝手ニ御調可被成由被仰聞候ニ付、泉屋吉次郎方屋敷出入之儀ニ御座候間、同人方へ買請させ度由、御申置御帰り被成候由、其後此方江も御しらせ、御下役御出勤被成候由申来候ニ付、銀子此方ゟ持参買請候節差出候覚

薩摩屋敷岡本より出願の件は聞済

覚

一　樋丁銅百斤
一　杓子銅弐百斤

右之通御売渡被下度奉存候、以上

酉八月

薩州屋敷留守居
吉井七郎右衛門 代印

銅座へ銀子差引書提出、切手請取

右之通認、御下役へ差出す、此方ゟハ銀子差引書添銀場へ差出、御切手ハ直様此方請取帰ル、其後吹方出来候ニ付舟積いたし、手伝壱人召連、藤蔵出勤、薩州裏門ゟ上ル、先方仲仕掛改無之、此方ゟ箇ニ致候儘御受取、岡本御氏被仰候者、

国許へ急ぎ差し下す

国許差急キ候ニ付本馬ニ而差下候ニ付、三拾貫目宛之弐箇ニいたし候由御申、当方ゟ三百七拾斤三箇ニいたし差遣す、七拾斤ハ泉半ゟ薩州薩(衍カ)州御屋敷へ御取替ニ相成候、尤引当銀子請取候事

但、船賃三箇ニ而百文差遣候得共、此後之儀者差急キ、別段ニ積み遣候ニ付、如高遣候得共、以来者壱箇拾八文宛之当を以遣候事

棹銅代三〇〇斤分

覚

一銀六百六拾九匁　銅座ゟ御売出棹銅三百斤代

一同三匁　船賃并人足賃

〆六百七拾弐匁　此銀九月八日受取

右之通、慥奉受取候、以上

酉九月三日　泉屋吉次郎 店印

薩州御屋敷

覚

棹銅取替代七〇斤分

一 銀百八拾九匁　　此銀九月八日請取

右者竿銅七拾斤御取替為引当如高、慥奉受取候、以上

酉九月三日　　　泉屋平右衛門印

薩州御屋敷

九月十九日夕九之助町壱丁目へ向、従東御番所御差紙到来仕、泉屋真兵衛并年寄大和屋利右衛門明廿日五ツ時、刻限無遅滞罷出候様被仰付候事

身元紏済、真兵衛へ大切沢銅問屋を申し付ける

一 今廿日五ツ時真兵衛・年寄大和屋利右衛門罷出候処、御吟味方於御役所田坂市太郎様被仰渡候者、羽州村山郡幸生村大切沢銅当地問屋之儀、先達而身元紏相済候ニ付、真兵衛へ申付候間、

銅問屋中式目書付

其旨可相心得被仰付、依之銅問屋中御式目御書付印形仕候様被仰渡、即刻右書付へ真兵衛・年寄調印仕、此趣銅座役所へも可相届旨被仰付候事

本家別帳に写あり

但、右調印書付心得ニ写帰り候哉之旨御尋ニ付、泉屋弁右衛門問屋願上候砌、御書付写御座候ニ付、今日留帰り不申段御断申上罷帰候、尤本家別帳ニ書付写在之

乍憚口上

一 今廿日従東御番所様御召出之上、羽州村上郡大切沢銅御廻銅之分、問屋相勤候様被仰渡、難有仕合奉存候、此段以書付御届奉申上候、猶於当御役所も御憐愍之程重々奉願上候、以上

酉九月廿日　　泉屋真兵衛印

銅座
　御役所

一 今廿一日仁右衛門・真兵衛従銅座御役所御呼出之上、大切沢銅問屋真兵衛相勤、諸人(證カ)泉屋太次(吉)

郎可仕旨被仰渡、則於御前問屋證文継添印形仁右衛門・真兵衛御取付被為成候事、御役人左ニ

問屋証文差上、印形

御勘定　太田直次郎様
御普請　町田喜藤太様
天満御与力　田坂市太郎様
御同心　蒔田仲右衛門様
長崎　高橋登八様
銅座　為川辰吉様
中尾善太様

右問屋差上證文文言者御番所之通ニ付略す、即刻御懸り御衆中へ真兵衛御礼ニ廻ル、相済候事

九月廿一日

百日目付吹所見分

一今廿四日百日御目附夏目内膳様吹所御見分被為入候段、今朝町内ゟ申来ル、則手当致置候処、四ツ時御入、夫々御覧之上、吹所座敷へ御通りニ付、御茶・御菓子幷鉑石箱、書付相添差出す、

茶菓子・鉑石箱

右ニ付御茶代として金百疋、御家老柳川金太夫様ゟ被下置候事、御請書左ニ

茶代を下される

銅吹所被為成　御覧、其上御目録頂戴仕、冥加至極難有仕合奉存候、乍恐右御礼奉申上候

泉屋吉次郎

右之通無滞相済、尤右御茶料等之儀是迄例者無之、以後迚も例ニ者不相成候趣、御案内方ゟ内意有之候御事

茶代の前例なし、今後も先例としない

吹所案内又右衛門

大坂目付町方見分の通例

麻上下本家大門ゟ

但、百日御目附様之儀者、毎年九月上旬ニハ御交代有之、廿三四日頃ニハ町方御見分有之
候間、兼而相心得、向後ハ東座敷ニ而もざつと相繕ひ置申度事

乍憚口上

手代藤蔵改名

一私方下代藤蔵儀、此度又右衛門と改名仕候、尤印形ハ是迄之通相用ひ申度奉存候、此段書付を
以御届奉申上候、以上

酉九月廿六日　泉屋吉次郎
代真兵衛

銅座
御役所

長崎奉行肥田頼常大坂着、御目見

一長崎御奉行肥田豊後守(頼常)様十月十五日西宮駅御溜り、為御出迎十五日未明ゟ仁右衛門出勤、同日夜九ツ時罷帰ル、十六日暁仲間惣代五人十三迄御出迎、同日五ツ時銅座へ御着、即刻仁右衛門・大坂屋三右衛門・熊野屋彦九郎御目見被仰付、直様右御礼相勤ル、十七日仲間不残御伺出勤候処、例之通御褒美被仰渡、是又即刻御礼ニ廻ル、十八日御発駕御祝儀相廻ル、同日夜九ツ時銅座御出立、船場迄御見送り真兵衛相勤ル、諸事無滞相済候事、但、御勘定御普請役十五日ニ御着、御勘定中村継治郎様御急ニ付、十七日朝御発駕ニ相成候事

吹所見分なし

但、去春御下之節、吹所御見分相済候故、此度ハ御見分無御座候事、尤御勘定御普請役出迎
御見送り例年無之事

不正所持の御用銅など引渡、蔵入

一明廿二日錺屋嘉兵衛幷広嶋世並屋和兵衛・金屋真兵衛所持之御用銅・荒銅共、私方へ持参之上、市川朝二様・桐谷伊八郎様御請取之上、私方へ蔵入被仰付候之段、奉畏候、尤明日者御役所ゟ

御立会者無御座、来ル廿七日御勘定其外御一同様御立会之上、御引渡御座候段、是又奉畏候、
右御請書付を以奉申上候、以上

十月廿一日　泉屋吉治郎
代真兵衛印

銅座
御役所

一今廿二日銹屋嘉兵衛幷広嶋世並屋和兵衛・金屋新兵衛欠所銅御渡有之無滞相済、御役人市川朝
二様・桐谷伊八郎様、銅座無之、御請書左之通

覚

一御用棹銅四拾貫三百目　世並屋和兵衛分
一同棹銅弐拾四貫六百目　銹屋嘉兵衛分
一同棹銅五貫三百目　金屋新兵衛分
一床荒銅拾貫七百目　右同人分
一平荒銅拾六貫九百目　右同人分
一床荒銅弐貫八百目　右同人分
但、鏡屋利兵衛ゟ戻之分
一平荒銅六貫九百目　右同人分
但、右同断
〆拾箇

欠所銅御渡分内訳

(朱書)
「右拾箇之分、十月廿七日銅座御役人方へ御引渡、直ニ銅座ゟ此方へ御渡相成」

右之通、御封之儘御渡被遊、慥奉請取候、為後證一札奉差上候処、如件
(朱書)「右御番所へ差上候請取書、廿七日下ル」

享和元酉年十月廿二日　　泉屋吉次郎
代真兵衛 印

御奉行様

但、右錺屋嘉兵衛・世並屋和兵衛・金屋真兵衛、三人共所之者附添、欠所銅御役人江御渡申上、即刻罷帰ル

銅座普請役より呼出

御普請松本左七様去申年九月天艸(牛)午深御番所御詰、酉十月廿七日御登、大坂道修町壱丁目会所御旅宿ゟ内々呼ニ被遣候処、左之通

口上

天草銅山鉑石絵図など拝見、御尋

天草郡高浜村之内、先年稼見候銅山鉑石絵図等迄拝見被仰付、右山見分も可仕哉之段、御尋ニ御座候、此義打寄相談、左ニ申上候

銅山かは不明

右拝見被仰付、石類之趣ニ而ハ多分鉛鉑之石かね之様ニ相見へ、急度銅山共難申上、何分山元見分不仕候而ハ何事も決定難申上、此節私方銅山方見分功者之もの可差遣人も無御座、殊ニ遠国之儀ニ而旁差支候得共、右山見分諸入用右庄屋源作殿より相弁被申候ハ、幸長崎表ニ私方名代之者詰合居候得者、此者之内銅山方少々案内之者御座候間、近国之儀彼地手透之砌、右銅山へ御差図次第可差遣様奉存、乍併鉛山之儀ハ不得心ニ御座候得共、銅山ニ候ハヽ、荒方見分ケ可申奉存候、縦令見分ニ罷越候而も年久敷打捨有之候敷内ニ候得者、見分はかりニ而も右鋪内普請ニ余程諸入用相掛可申奉存候、此段源作殿江兼而承知無御座候而ハ、折角見分入山仕候而も

長崎詰の者を見分に遣してもよい

見分だけでも敷内普請に多く入用かかる

鉛山は不案内

何之詮も無御座候間、此儀前以右同人江被仰渡可被下候、かつ又鉛山之儀ハ私方是迄手掛不申候間、不案内ニ御座候、此段御聞置可被成下候、以上

十月廿九日

泉屋吉次郎
代真兵衛

宛なし

長崎浦五嶋町
見分人
太田佐兵衛
服部慶蔵

右之書付差上候事、追而長崎へ此趣可申遣事

二ノ丸瓦用銅吹方出精につき褒美

一今五日仲間一統御召出之上、御書付を以被仰出候、左之通

銀五枚　吹屋八人

右者二ノ御丸御瓦江戸表へ相廻、下代共骨折ニ付、御勘定奉行・長崎御奉行御申上被下置候事、御書付銅会所ニ在之、此方真兵衛出勤

（裏表紙）
「泉屋

吹所」

年々記（享和二年）

（表紙）

壬 享和二歳

年々記

戌 正月吉日

（縦 23.4cm, 横 16.5cm）

（表紙裏）
「取調済」

（中表紙）
「壬 享和二年
年々記
戌 正月吉日」

享和二年
友紀より吹方へ年賀祝儀

一友紀年賀為祝義、大工拾三人幷手伝頭壱人〆拾四人銀壱枚宛差遣す、差手伝三拾四人・ゆり物師三人〆三拾七人銭壱貫文宛差遣す、右之分者御祝儀差出有之分、外ニ手伝六人新参り召抱候ニ付、差出物者無之候得共、為祝義銭五百文宛遣す

紅毛人江戸参府の年にあたる

一当年者紅毛人江府五ケ年目拝礼ニ而、先例之通当正月十五日出立被仰渡候、御地吹所へ先年ゟ立寄可申奉存候故、附添御役人方承り合候ニ付、是又左ニ相記申候

附添役人

御〔検〕倹使
林善三郎殿

大通詞
石橋助左衛門殿

小通詞
中山勝之進殿

触頭
成田安太夫殿

御役所附
太田左右平殿

同断
太田源十郎殿

〆

右之通、長崎表本状ニ而申来候

戌正月廿二日

乍恐口上

泉屋吉次郎
幼少ニ付
代判仁右衛門

吉次郎（友端）病身につき代判継続願

一私儀幼少ニ付、是迄代判ニ而相勤来候処、当戌年十五歳ニ罷成候ニ付、代判相退、私印形ニ可仕処、病身ニ而諸事行届兼候間、今暫仁右衛門代判其儘ニ仕置度、乍恐此段奉願上候、御聞済被為成下候ハヽ、難有仕合奉存候、以上

享和二戌年正月

仁右衛門

御奉行様

右之通相糺候処、相違無御座候ニ付、奥印仕候

泉屋良右衛門

『別子銅山公用帳八番・九番』二四二頁、『年々諸用留十番』一五七頁参照

乍恐口上

長堀茂左衛門町
泉屋吉次郎
幼少ニ付
代判仁右衛門

一私儀幼少ニ付、是迄代判ニ而相勤来候処、当戌年十五歳ニ罷成候ニ付、代判為相退、私ニ印形可仕処、病身ニ而諸事行届兼候間、今暫仁右衛門代判其儘ニ仕置度奉願上候処、御聞済被為成下、難有仕合奉存候、此段御断奉申上候、以上

享和二戌年正月廿四日　　仁右衛門印

銅御懸り
御役所

但、御番所御吟味御役所へ差上ル、御懸り御役人方ニ寄、時々承合差出可申事

一今廿四日吉次郎今戌年十五歳ニ相成候ニ付、直印ニ可仕処、病身ニ付代判仁右衛門ニ而今暫其儘仕度段、御番所地方御役所へ願出候ニ付、於　御役所御評義之上、　殿様へ御伺之上、願之通被仰付候、即刻銅座御役所へ願書、左之通

銅座提出の願書

乍恐口上

泉屋吉次郎
代判仁右衛門

一私儀幼少ニ付、是迄代判ニ而相勤来候処、今戌年十五歳罷成候ニ付、代判為相退、私印形ニ可仕処、病身ニ而諸事行届兼候間、今暫仁右衛門代判其儘ニ仕度、乍恐此段奉願上候、御聞済被

為　成下候ハヽ、難有仕合奉存候、以上

享和二戌年正月廿四日　　泉屋吉次郎
幼少ニ付
代判仁右衛門　印

銅座
御役所

右之通、今廿四日東　御番所様江奉願上候処、御聞済被為成下難有奉存候、此段御断奉申上候

乍憚口上

別子立川棹銅手当銀下渡を願う

一別子立川棹銅、当戌年分御定高七拾八万斤之内へ去酉年中四拾四万斤操越奉売上候内、当戌年分半通三拾六万斤分引去り、残八万斤者後半通り相加候間、前断三拾六万斤分御手当銀四拾五貫目、此節御渡被成下度銅山方上納銀仕度奉存候ニ付、此段以書付奉願上候、以上

戌二月廿四日　　泉屋吉次郎
代又右衛門

銅座
御役所

乍憚口上

吹方手代交替

一是迄吹方御用向真兵衛江為相勤候処、此度転役申附、跡代又右衛門江為相勤申度奉存候間、以来御用向同人へ被仰付被下度、此段以書付奉願上候、以上

享和二戌年四月十日　　泉屋吉次郎
代判仁右衛門　印

銅座
御役所

但、右願書仁右衛門・真兵衛・又右衛門、袴羽織ニ而持参致候処、小山御取次を以為披露、早速相済、罷帰ル

小吹大工死去、跡式相続の評議

一小吹大工藤七儀、正月廿九日致病死候ニ付、跡式相続之儀、地売大工治兵衛甥平七江被仰付度段願出仕得共、平七儀者治兵衛跡大工ニも為致候積ニ而為見習候ニ付、先藤七縁類之者見立願出候様可致由申聞候処、善七差寅治郎儀者則先藤七縁類之儀、殊ニ吹方も手馴候ニ付、同人江被仰付度段、九兵衛・善七・治兵衛三人より願出候ニ付、此方評義之上申渡候、尤請一札別紙ニ請取有之候

戌五月三日

対馬渡丁銅吹方につき合議

間吹物代り銅吹方なし

代り銅二万斤分を泉屋で吹き、余分は仲間八軒で割吹

一対州丁銅之儀、四月・五月両度ニ弐万斤当家へ御切手廻候ニ付、西仲間ゟ銅座御役所へ願出候由、依之仲間致割方候様、永井御氏被仰聞候ニ付、又右衛門申上候者、対州御渡之儀者是迄荒銅五万斤分間吹物御売出有之候ニ付、私方ニて右代り五万斤分者間吹物吹方仕候得共、当時別子銅御売出ニ付、代り銅吹方不仕、殊昨年ゟハ荒銅三万斤ニ御買請相成候ニ付、残弐万斤者是迄荒銅ニ而御渡申上候分ニ御座候得共、右代り丁銅弐万斤分者私方江御切手御出被下度、其余之分者仲間八軒割被成下度、左候ハヽ、双方申分無之候趣申上候処、成程尤成儀ニ候間、西仲間へも其趣咄合致候様被仰聞候ニ付、則御仲間御名代中江其段申聞候処、いつれも御承知之由申事ニ候間、以来一ケ年丁銅弐万斤宛者当家ニ而余分致吹方、残之分者仲間割り合ニ可致事

戌五月廿四日

此趣、銅座下宿ニ而儀平殿・喜八殿・吉兵衛殿・茂兵衛殿、右四人之衆中へ又右衛門ゟ申聞置候事

別子立川棹銅手当銀下渡を願う

乍憚口上

一別子立川棹銅当戌年分御定高七拾弐万斤之内、去ル酉年四拾四万斤、猶又当戌年五月廿七日迄

三拾弐万三千七百斤奉売上、都合七拾六万三千七百斤之内、三拾六万斤半通御手当銀二月晦日奉請取、残四拾万三千七百斤之内、三拾六万斤後半通御手当、此節御渡被成下度、引残四万三千七百斤、当戌年別段四万斤奉売上、残三千七百斤来亥年御定数之内へ操越奉売上候分、右之通ニ相成候間、何卒御手当銀四拾五貫目幷四万斤之御手当銀五貫匁、都合五拾貫目此節御渡被成下度、此段以書付奉願上候、以上

戌五月廿八日　　泉屋吉次郎
　　　　　　　　代又右衛門

銅座
　御役所

大番・加番吹所見分

一大御番内藤甲斐守(正範)様・御加番山口周防守(弘致、牛久藩主)様吹所御見分被為入候儀、昨廿八日案内申来ニ付、其用意致置候処、今廿九日雨天ニ候得者自然御延引も可有之哉と惣代部屋まて尋ニ遣候処、弥御出被成候様被申候ニ付、其手当致置、相待居候処、浮瀬御中食、夫より当家へ被為入候事、八ツ半時頃ニ相成候ニ付、最早座敷へ者御通被成間鋪被仰候得共、銅山吹方之次第入御覧度、格別手間取候儀無御座候間、是非共御通被下度段申上、夫ゟ御通例之通、無滞相済候事、吹方者

小吹壱挺　形流し
間吹弐挺
南蛮弐挺
灰吹弐挺
合吹壱挺
ゆり物平日之場所

御案内　　仁右衛門
吹方案内　又右衛門

右之通無滞相済、安綿橋ゟ御帰城

戌六月廿八日

六月廿八日・九日大風雨ニ而川筋洪水之次第

大風雨の被害状況（『年々諸用留十番』一六二頁参照）

一六月廿七日風雨甚敷冷気ニ而、同廿九日至而風雨烈敷終日無止間候処、七月朔日朝ニ至、川水大溢、門前川岸大濁水ニ而凡五尺斗相増、東水汲場土居之下迄すり〳〵ニ出ル、同二日朝川水凡三尺斗引候処、昼時分ニ相成段々相増、又前日乃ことし、土居半分程つかる、依之近辺橋々

往来可能な橋

往来止ル、天満橋南廿間程・天神橋南六拾間程・葭屋橋西三軒程落、御成橋流落、近辺大躰往来相成橋者九之助橋・農人橋・思案橋・長堀橋・日本橋・せんたんの木橋、其余不詳

施行触（『大阪市史』達一二〇九参照）

右ニ付御触相廻ル、摂河東村々洪水ニ而突流候ニ付、志之者者施行可致候、尤通船之儀者御手当被成下候段被仰出候事

京橋付近は施行の者で騒がしい

三日ニ至、川水同様、今日今橋・難波橋往来相成、依而世間一同是沙汰ニ而甚騒々鋪、別而京橋辺者諸向ゟ之施行ニ而日夜之ワかちもなくさハかしき事

本家より施行米・味噌・莚

一右ニ付、本家ゟも施行米五石食ニ焚き、味噌拾弐樽・予州莚八百枚差遣候事、尤右之段早速御公儀江相届

施行銭を上納

銭三百貫文

右差遣申度、乍併私手元ニ而者不行届候間、何卒宜御斗被成下度奉願上候、外ニ食物之類も差

遣申度段、書付を以相届候事、又食香之物又者莚者三日ニ割合施行致す度毎ニ御届申上候而、
役船被仰付被下候事

施行はなるべく極難の場所へ遣す

但、水難近在へ者、諸向ゟ施行届候得共、此節ハ出水ニ而川上へ者船も参り兼候間、難儀之極窮と申所へ者不参候故、成丈極難之場所へ差遣候事

見物人

諸向町々ゟ高提灯・幟等之目印ニて持運ひ、京橋より役船ニ而夫々施行ニ相成、銘々思ひ付之段扨々沢山ニ仕懸、誠ニ大之きおひ火事場乃ことし、其中ニ見物人男女入交、其郡《(群)》集絶言語候程事也、大躰世間施行之品見当候分

施行の品

握り食　食香物竹皮包　餅
銭　塵紙　竹の子笠　いかき
大茶碗　清水　煎し出したる茶

右役船不足ニ而間ニ合兼候故、又茶船・上荷船を陸地を人足を以持運ひ、宜敷場ゟ施行物積込候而差遣候も在之、其大造成事いわむ方なく是者大家又者大町一同ゟ之事と被察候事

飛脚方ゟ為知書

各地の被害状況

淀川左岸

一東海道筋佐田ゟ上、仁和寺弐丁程切込、榎並八荷白波ニ相成、桜之宮下堤別段ニ切落申候

淀川右岸

一西海道枚方向ニ而大塚拾軒斗家共切レ込、大塚下ばんた野里切込、津国大洪水、高槻御城下皆水入、御城内弐尺斗水入

伏見

一伏見京橋油懸町近辺迄ハ大屋ね迄水入、竹田口者七八尺はかり、豊後橋・京橋大損し、宇治橋落る

近江

一江州草津本陣辺五六拾軒も家流れ、大津も山崩れ余程損し、朔日・二日往来止ル

一勢州近江路六月廿七日ゟ廿九日迄大風雨ニて鈴鹿山ゟ大木大石流れ出、通路無之、其外川々橋落、道筋大荒、草津宿之上砂川両方へ切込、木屋本陣西之土橋辺迄家残らす流れ崩、守山今宿も同様人馬牛共流取数しらす、一同大洪水中仙道高水、七月二日迄道路止候事

道頓堀芝居を避難場所とする

一水難之場所ゟ大坂へ逃来候分ハ道頓堀芝居四軒へ入置、御上ゟ御施行被下置之

京都飛脚は増賃銭

一京都飛脚登相止、六日比ゟ出ル、是書状斗登ル、九日夕並便状差出す、増賃銭也

江戸の被害状況

江戸表高水飛脚為知書

一六月廿五日ゟ大ニ雷鳴風雨、廿六日ゟ廿九日迄降続き大高水、両国橋残、其外永代橋・新大橋・あつま橋、右三ケ所落申候、朔日ゟ天気ニ相成候得共、出水ニ而一向通路無御座、本庄辺五日頃迄段々水増、床之上五六尺水つき、葛西二合半辺・相生辺家流、千住通通路無御座候、追々水増申趣申来候事

大切沢銅糺吹につき故障あり、御尋の手頭書

七月廿八日於大坂屋三右衛門吹所大切沢平荒銅御糺吹在之候処、灰吹床少々故障之儀有之、床下ニ鉛凡弐百目くらひ洩溜在之候ニ付、後々再焊致候処、灰吹銀出方不同在之候得共、其日者何事も不被仰出、晩ゟ糺吹師両人幷灰吹大工久治郎御呼出ニ付、大坂屋三右衛門・此方又右衛門・久治郎召連罷出候処、吟味役村上清太郎様・岡本八左衛門様・野村由蔵様御立会之上、手頭書を以御尋ニ付、左之通御答申上ル

回答

乍恐口上

大坂屋三右衛門抱灰吹大工橘通弐丁目
古金屋清左衛門支配借屋
多田屋久治郎

灰吹の仕方に不備あり、出鉛が溜る

一去ル廿八日、於大坂屋三右衛門吹所大切沢平荒銅紅吹之節、壱番ニ上り候溜銀至而軽目ニ而、留粕出候跡迄得と改候処、出鉛在之候、右者全火之廻り悪敷故之事と其場ニ而申立候得共、全躰灰吹仕方者吹子火口之下江灰を中低ニ盛、瓢箪ニ而中低之処へ形を押し、其上へ鉛を積、曲輪ねり灰を以塗立上候火を置、吹立ワかし候儀ニ而、吹子を静ニ致候ニまかせ、下ニ盛有之候灰江染込候外、出鉛ニ而留粕之下へ溜り可申様無之筈ニ而不束之次第ニ候

火加減の不都合で滴銀の量が異なる

一右下へ溜り候鉛弐番之灰吹へ追焊ニ為致候処、右弐番目之滴銀者格別目方多、壱番之滴銀ゟ者倍余も在之、旁不都合之至ニ而、右之通ニ付全火加減之工合悪敷故、留粕之下ニ正鉛溜り候と之申立者容易ニ難取用候間、有躰相分候様可申旨、御吟味御座候

土手灰

鍵火箸の先が床に当たり鉛が洩れる例はある

此儀灰吹之儀者、最初下床を平日入れ置、其上へ灰均し、是を中床と唱へ、猶又其上へ能焼キ候灰を中低ニ均し、上床と唱、真中へ瓢箪ニ而形を入、其廻りへ鉛を積、土手灰と唱、練灰ニ而内輪を塗り立、炭を入置、吹子を以静ニ吹立候ニ随ひ次第ニ上床へ鉛吸込候処、最早末壱枚くらひニ相成候処を鍵火箸を以床内灰吹銀散不申様かき寄候儀ニ御座候、右鍵火箸之先キ時ニ寄床ニ当り候節、其穴ゟ鉛洩候儀間々在之物ニ御座候処、則右御紅吹之節、鍵火箸之先床へ当り候様奉存候得共、前書之通平日之吹方ニも有之候事ニ而、左候時者次之灰吹床へ鉛追焊ニ仕、含銀取留候儀ニ付、滴銀ニ者抱候筋無御座候故、其場ニ而床へ当り候儀申上候儀不心付罷在候、然ル処右灰吹銀吹上ケ候処、目方無数、其上留粕取除ケ候跡ニ相洩候鉛凡弐百目程在之候ニ付、早速御届申上、弐番目灰吹へ追焊ニ仕候処、右弐番目滴銀者格別目方も多相成候、此儀全壱番ゟ洩出候鉛者吹詰候鉛故、含銀余分有之候儀ニ御座候、殊弐番目

焊鉛者壱番ゟも目方多、且湯口前ゟ出候鉛を差交候事故、旁以灰吹銀余慶ニ相成申候儀ニ御座候

灰吹床に正鉛として溜まる理由を尋ねる

一灰吹上床之下ニ洩溜候鉛之儀、留粕之如く染込不申、正鉛之形ニ相成有之候段者如何之訳ニ候哉御尋被為成、奉承知候

吹子の息があたらず火勢弱いため鉛が灰へ染み込まず

此儀留粕之儀者、最初灰吹床へ出鉛相仕懸、吹上ケ候迄吹子之いきを当、火勢を以次第ニ灰へ鉛すい込候ニ随ひ、留粕ニ相成申候、右相洩候鉛之儀者上床を相隔、俄ニ下へ洩溜り候鉛故、吹子之いきあたらす火勢もまわり兼候故、留粕之如く鉛者灰へ染込不申、洩候儘ニ而流留候ニ付、鉛之姿ニ御座候、尚又前書申上候通、鍵火箸床内へ相当候砌ゟ心懸りニ奉存候ニ付、留粕取除候跡相改候処、鉛相洩御座候故、御紀吹之儀ニ付、其場ニ而御届可申上之処、平日躰ニ相泥ミ御断不申上候段、御差(察)当奉請、不調法重々奉恐入候、何分御許容被成下度奉願上候

灰吹大工
久治郎印

与力の指示で結句を加える

右之通相違不申上候、若後日ニ右申上候儀偽ニ而、含銀可掠取企ニ而下灰へ仕懸なといたし出鉛を流込候儀、達御聴候ハヽ、如何様共可被仰付候、以上

(朱線)

灰吹大工の銀盗取一件あり

久治郎牢舎の後、赦免される

「(朱書)此結句者、御与力田坂市太郎様御差図ニ付相認差出す、尤寛政五丑年西吹屋灰吹大工卯八と申者致灰吹候時々玉銀盗取候儀顕れ、段々御吟味ニ相成、則其節御与力田坂市太郎様(含)御懸りニ而御吟味被成候処、久治郎儀者御疑ひ懸り四十日余ニ牢者被仰付罷在候処、卯八壱人之巧ニ而同人御払ニ相成、久治郎儀者御赦免被仰付、其節之趣意御存知ニ付、斯六ケ敷被仰候事と被察候也」

前書久治郎ゟ奉申上候通相違無御座候、全鍵火箸床内へ当り候節、同人ゟ不申出候ニ付、私共儀も心付不申不行届之段、御赦免被成下、久治郎申上候通御聞済被成下候様奉願上候、以上

七月　大坂屋三右衛門印

泉屋吉次郎

代又右衛門印

銅座

御役所

(朱書)「但、惣吹屋中幷問屋御呼出、御調之上、双方書付差出す」

長崎奉行肥田頼常延着

一長崎御奉行肥田豊後守様昨七日朝御着可被成之処、風雨強候ニ付、伏見御泊之由、昼船ニ相成、夫ゟ八幡へ御参詣、淀ゟ御乗船被成候由、夜前八ツ時御着御出迎、直様御目見相済申候事、

見分なし

長崎付勘定・普請役吹所見分

平野屋吹所も見分

仍之一日御延着ニ付、当吹所御見分無之よし、岡本八左衛門殿ゟ被仰聞、右ニ付長崎付御勘定村田林右衛門様・御普請役飯田清七郎様幷先御普請若田喜内様御同道ニて今八日吹所御見分被為成、無滞相済、尤吹方者平日之通入御覧候事、是より平三吹所御覧被為成候様被仰聞候ニ付、早速同所へ申遣、八ツ時御越被成候事

戌八月八日　紅吹師両人

大坂屋三右衛門抱

灰吹大工

久治郎

銅座より差紙

明十五日四ツ時御用之儀在之間、早々可罷出事

八月十四日　銅座

御役所

右御差紙ニ付、大坂屋三右衛門・此方又右衛門幷灰吹大工久治郎罷出候処、於銀場御勘定高橋儀

糺吹のさい手違あり

久治郎へ御叱
大坂屋へも急度申し付ける

別子立川棹銅の保管場所狭く箱損じあるため箱詰せず棹銅を見分されたい

左衛門様・御与力田坂市太郎様・御普請河久保和三郎様・吟味役村上清太郎様・見習森彦治郎様・野村由蔵様御立会之上、被仰渡候者、灰吹大工久治郎大切沢糺吹之節、灰吹床ニ至、留粕へ鍵火箸当り、夫より鉛洩出候ニ付、段々相調候処、平日にも間々有之由、糺吹并惣吹屋共ゟ申立、令承知候得共、糺吹之儀者致正路候を糺吹と申候得者、其節鍵火箸当り候得者早速ニも可申出処、無念之段、急度可叱置旨被仰渡候事、大坂屋三右衛門其方抱大工之儀ニ候得者、急度可申付置処、無其儀、以来急度可申付置候、泉屋吉治郎代又右衛門右申渡候趣、可令承知候

右之通被仰渡候事

八月十五日

乍憚口上

一別子立川棹銅四拾七万五千三百斤、当時奉預罷在候、然ル処当年御定数七拾六万斤之内五拾弐万八千斤、此節迄ニ吹方仕、相残弐拾三万七千斤追々吹立、筥詰可仕御儀御座候処、御預銅多斤数御座候ニ付、追々箱詰仕候時者置場所狭く、殊御船積之儀も当時無御座由、左候時者下積ニ相成候分者筥縄等も相損し諸雑費二重ニ相懸難渋仕候間、以来吹方仕候棹銅之分箱詰不仕拼置、御見分被成下度奉願上候、尤御預棹銅四拾七万五千三百斤分船積相済場所広相成候ハヽ、早速箱詰仕、御極印可奉請候、左候ハヽ、御船積之砌、筥縄封印等も不相損、勿論私方置場所も相嵩不申、旁以勝手宜候間、何卒格別之思召を以願通御聞済被成下候様、書付を以奉願上候、以上

泉屋吉次郎
代又右衛門

戌八月廿三日

銅座
御役所

乍憚口上

別子銅地売方へ買上を願う

一別子立川棹銅御定高七拾弐万斤、外四万斤五ヶ年中別段奉売上候分、都合壱ヶ年七拾六万斤此度廻着仕、弐百五拾箇之内九拾箇御用銅ニ相成、都合如高御定高ニ皆済ニ相成候間、残百六拾箇、此斤壱万六千八百斤地売方江御買上被成下度、此段以書付御届奉申上候、以上

戌九月廿日　泉屋吉次郎
代又右衛門

銅座
御役所

長崎奉行成瀬正定大坂通過

一当月十二日長崎御奉行成瀬(正定)因幡守様西ノ宮駅迄御着被遊候ニ付、御出迎又右衛門相勤、夫ゟ御目見無滞相済、翌十三日四ツ時銅座へ御着、御出迎仁右衛門相勤、十四・十五日御逗留、十六日朝御発駕被為成候事

吹所見分なし

但、吹所御見分無之事

諸銅滴銀の見積、御尋につき回答

一摂州多田銅　此滴銀不相知候得共、凡五匁位可有之候
一同生印銅　此滴銀四匁九分
一大野銅　同六匁三分
一鹿瀬銅　同六匁
一別子立川銅　同三匁五分
一南部銅　同凡五匁位
〆
右之通御尋ニ付申上候、以上

十月廿八日

勘定組頭吹所見分の予告

明五日五ツ半時比御出宅ニ而御勘定御組頭田口五郎左衛門殿吹所御見廻り被成候ニ付、吹方等例之振合ニ相心得、猶又見へかかり之所等御目障り無之様取片付置可申候、此段呼出可申渡之処、及深更被仰下候故、切紙を以申達候間、其旨可相心得候事

銅座
御役所

泉屋吉次郎
大坂屋三右衛門
大坂屋みつ

十一月四日

大坂屋へ紅吹師延長仰付、請書提出の指示

一銅座御役所ゟ昨二日仲間一統御召被為成候ニ付、又右衛門致出勤候処、被仰渡候ハ、大坂屋三右衛門儀去ル申年ゟ当戌年迄三ケ年之間、紅吹師申付置候処、当年ニ而年限も満候ニ付、猶又来亥年ゟ来丑年迄三ケ年之間、紅吹師被仰付候趣、仍之仲間一統継印御請書差上候事

十二月三日

乍憚口上

売出銅小切手紛失の届あり

銅座より事情を問い糺す

一一昨十日御呼出御尋被為成候者、先月御売出銅之内、大塚屋善兵衛・伊賀屋武兵衛、右両人宛富屋彦兵衛方之御切手御出被遊候処、於同人方小切手ニ仕替相渡候処、右小切手之内百斤分大塚屋九兵衛所持いたし、途中ニ而落候ニ付、早速　御番所様へ御届奉申上候処、右御切手者大塚屋善兵衛名前之処、大塚屋藤兵衛方ゟ大塚屋九兵衛方へ相渡候儀者如何之儀ニ御座候哉、猶又吹屋ニ而小切手ニ仕替候訳、両様書付を以奉申上候様被仰聞、承知奉畏候、則左ニ奉申上候

両栄組

一御売出御切手両栄組月番大塚屋善兵衛・伊賀屋武兵衛、右両人ニ相当り候ニ付、御役所ゟ買請仕、早速富屋彦兵衛方ニ而不残大塚屋善兵衛宛ニ小切手仕替、両栄組夫々配下仕候由、右組合之内、大塚屋藤兵衛買請之分百斤、大塚屋九兵衛方江器物地入ニ小手形相渡、吹屋方ニ而請取、器物ニ仕立呉候様相頼候儀と奉存候、尤吹屋方ニ而者小切手持参仕候得者、いつれゟ請取ニ来候共、印形目当ニ引替相渡候儀ニ御座候

小切手所持の者へ引替

一吹屋ニ而小切手ニ仕替候訳者　御役所ゟ御売出銅買請人組合之内へ高ニ而御売出御座候ニ付、銘々致配下候節、諸雑費相懸り、殊吹屋ニ而も目合等急々難出来候ニ付、御売出銅高小切手ニ仕替、急入用之分ゟ先相渡、追々吹立相渡候儀ニ付、小切手ニ仕替候得者双方弁事宜御座候ニ付、以前ゟ右之通仕来候御儀ニ御座候、尤外吹屋中へも相尋候処、いつれも同様之儀ニ御座候

売買利便のため以前より小切手を用いる

右之通御尋ニ付、書付を以奉申上候、以上

戌十二月十二日　　泉屋吉次郎
代又右衛門

銅座
御役所

吹方出情につき三奉行より褒美

一今十四日仲間一同御呼出ニ付、又右衛門出勤仕候処、吹方出情ニ付、御勘定御奉行・町御奉行・長崎御奉行御申上之上、被下置候由、吟味役村上清太郎様・森彦治郎様・野村由蔵様御立会

〆一銀壱枚ツヽ、　　吹屋八人
別段銀五枚

○一丁空白。

亨和三年亥正月吉日

老中土井利厚大坂着の報知、吹所見分の予定

一閏正月四日銅座ゟ御切紙ニ而御用之儀有之間、唯今罷出候様申来ニ付、又右衛門出勤之処、野村忠介殿被申聞候者、明五日　御老中土井大炊頭(利厚、老中・古河藩主)様大坂御着、明後六日御入城、夫ゟ其方吹所へ被為入候由、未治定之儀者不相知候得共、御掛り役人中ゟ申来ニ付、此段申達候と被申聞候事

銅座へ届書、西吹屋へも通達

一右之趣、表向御奉行所ゟ被仰渡有之ニ付、則銅座へ届書差出し、又西辺へも通達候様と会所へも申遣候事

老中大坂巡見

一閏正月六日　土井大炊頭様朝五ツ時松山御屋敷ゟ御出駕、夫ゟ御　城入、於同処御中食、九ツ半時京橋口ゟ御出城、玉造御蔵焔焼蔵御見分、御堀廻り筋金門ゟ天満橋御渡、川崎新蔵　権現様御宮ゟ千年寺(専念)御小休、天神宮夫ゟ天神橋御渡、今橋ゟ壱丁目筋新橋御渡、此方吹所へ七ツ半時御入、吹方直様御見分幷吹分銅定例之通御覧相済、尤町御奉行佐久間備後守(信近、西町奉行)様御案内幷尼崎屋又右衛門殿父子三丁斗先へ入来、玄関前ニて御待請、無程土井様御入、松木下ニ而御下乗被遊候事

西町奉行、三町人

一吹方御一覧之内、及晩景候付、燈灯御用高張、裏ニ而十三張、本家吹屋門前ニ弐張ツヽ、玄関前台灯燈両角、其外とも夫々差出置候事

一吹方御覧相済候上、御奉行様ゟ御挨拶ニ而座敷へ御通り、定例之通、御菓子・御茶差上候事

　但、御休足之内ニ御持参之御弁当被召上候よし

一右ニ付、当日四ツ時ゟ吹所座敷へ御詰合

吹所詰合の者

羽織野袴　与力　田坂市太郎様
同断　同　吉見丈介様
継上下　銅座　野村忠介様
同　森彦次郎様
吹屋仲間　熊野屋彦九郎殿
麻上下着　富屋彦兵衛殿
平野屋三右衛門殿

右仲間中者、町御奉行御出之砌、門前ニて御出迎申上候事

一右御入之節、表門前麻上下着仁右衛門御出迎、中門内ニ而麻上下新兵衛御出迎、夫ゟ両人裏方御案内申上ル、吹方支配又右衛門・官兵衛袴羽織、吹上加減宜敷所ニて仁右衛門・新兵衛ゟ御奉行様へ申上候事、細工人ニも皆々ちはん着用、かふり物無用ニいたさせ候事

見分御礼

一右御見分被為入候為御礼、翌日仁右衛門義定例之通、熨斗差上、御礼申上候事

別子立川棹銅手当銀下渡を願う

乍憚口上

一別子立川棹銅、当亥年分御定高七拾弐万斤之内江去戌年中四拾四万斤操越奉売上候内、当亥年分半通三拾六万斤分引去、残八万斤者後半通へ相加候間、前段三十六万斤分御手当銀四拾五貫目、此節御渡被成下度、銅山方上納銀仕度奉存候ニ付、此段以書付奉願上候、以上

亥閏正月十一日

泉屋吉次郎
代又右衛門

銅座
御役所

乍憚口上

掛渡棹銅の割合

一 去々酉六月唐紅毛方御掛渡棹銅割合之儀、左之通奉願、早速御聞済被成下、難有奉存候
紅毛方御渡高八拾万斤之時者
内 弐拾六万斤 別子銅
弐拾六万斤 南部銅
弐拾八万斤 秋田銅
唐方御渡拾万斤之節者
三万斤 別子銅
三万斤 南部銅
四万斤 秋田銅
〆

三ケ山出銅の多寡を考慮しない割方

右之通双方壱艘分御割合を以御渡被成下度段、御聞済被成下候、然ル所右割合之儀、三ケ山壱ケ年出銅甲乙御座候へ共、年々右御割合方唐紅毛へ御渡方ニ相成候付而者別子銅御預り高年分残り相嵩、南部銅・秋田銅者渡し方多分ニ相当り申、其節三ケ山甲乙之所心付不仕、此度奉願候段者奉恐入候得共、右酉年奉願候御割方者去ル戌年限ニ被成下、当亥年ゟ左之通御割合奉願候

当年よりの割合

唐船御渡拾万斤ニ付
内

四万斤　　別子銅
三万弐千斤　秋田銅
〆弐万八千斤　南部銅

紅毛船御渡八拾万斤之時者
内
三拾弐万斤　別子銅
弐拾六万斤　秋田銅
〆弐拾弐万斤　南部銅

右之通、当亥年ゟ御割合を以唐紅毛へ御渡方被成下候ハヽ、弥御融通宜難有奉存候、去々酉年奉願
御聞済被成下候所、無間も奉願候儀恐多奉存候得共、前段奉申上候通、出方多別子銅者年々残り
（別子銅は年々残り嵩む）
相嵩、出方無数南部・秋田銅者右割合ニて者渡し方多分ニ相成候ニ付、不顧恐奉願候
右之段御聞済被成下候而、　長崎御会所へ乍恐御掛合被成下候様、重畳奉願上候、依之連印を以
奉申上候、以上

享和三亥年閏正月

鍵屋忠四郎
代判嘉兵衛
吹屋惣代
大坂屋ミつ
代判儀兵衛
熊野屋彦九郎
代判仁兵衛

糺吹師
大坂屋三右衛門
泉屋吉次郎
代又右衛門

銅座御役所

乍憚口上

吹屋仲間へ出白目を一手に売り下げる

鉛御定値段での売下を願う

近年とくに合吹・南蛮吹・灰吹細工人が難渋

一年々入札ヲ以御売下ケ被遊候出白目之分、当亥年ゟ来卯年迄五ケ年之間、百斤ニ付代銀弐百弐拾匁替ニて私共仲間へ一手ニ御売下ケ被成下度奉願上候、左候へハ先右年限中せり返し、試吹方仕度奉存候、右ニ付焊鉛之儀者白目百斤当吹方御手当鉛之内、焊鉛御定直段百五拾匁替ニて御売下被成下度奉願候、前段之趣被成下候ハヽ、出白目百斤ニ付灰吹銀八匁宛無代銀ニ而年々無滞上納可仕候、猶又右せり返し諸雑費者御売下ケ被成下候出白目売捌余情を以、私共手元ゟ相弁可申候、右ニ付而者近年別而含銀有之荒銅不進ニ付、合・南蛮・灰吹方細工人共手操御座候へハ、右白目吹方為致、細工人共難渋之助ニも相成、且者年々相捨り候灰吹銀も取留メ、私共職分之冥加ニ相叶候仕合御座候、此段御賢考之上、御聞済被成下候様奉願上候

亥閏正月

銅吹屋惣代
大坂屋ミつ
代判儀兵衛
熊野屋彦九郎
代判仁兵衛
糺吹師
大坂屋三右衛門
泉屋吉次郎
代又右衛門

○差出の部分は紙を貼った上に記されている。

銅座御役所

秋田棹銅船積も出帆延期、積替

見分、一〇箱破損し三箱は詰替

銅会所の記録

詰替時雑用銀

一閏正月廿一日致船積候秋田棹銅百拾三箱并熊野屋・富屋・川崎屋・平三、都合五軒大坂木地屋喜兵衛船船積致候所、船頭病気ニ付、出帆延引仕候付、二月廿二日永久丸沖市郎兵衛舟へ積替候所、凡八十程有之ニ付、早速船頭ゟ申来、銅座御役所へ右之段御届申上候所、先々致見分、其上ニて相届候様被仰聞候付、両人見分ニ罷越候所、此方分十箱損し、内三箱者箱われ候付詰替、此方へ預り置候棹銅引替相渡、右三箱之分、追而御極印請可申、其外仲間中ニも有之候へとも委敷儀者会所記録ニ留置、依而略書ス

但、雑用銀船頭ゟ請取筈

箱三代三匁六分　　釘弐百本代壱匁

蓋弐代六分　　縄十五筋代壱匁

〆六匁弐分　外ニ六匁舟賃

白目試吹

一三月五日白目試吹被仰付、則岡本氏・永井氏両人出役之事

乍憚口上

一今五日於泉屋吉次郎吹所白目せり返シ御試吹被仰付、御役人様方并私共一統立会、吹方仕候処、別紙申上候通、吉岡床荒銅御定例者見合、格別不同仕候付、如何之次第ニ有之哉、御尋之趣奉承知候

此儀相考候所、元来合吹之節、吉岡床荒銅之儀者どふ気多キ品ニ而御座候へハ、右どふ気白目之方へ相含候哉、吹減者無数相成、且又南蛮吹方ニも白目多キ儀ニ付、とぶ（ママ）気去かね滴鉛をも自然と相からみ候哉、私共心得よりは案外滴鉛出方薄ク、右ニ付格別相減候儀と奉存候、依之

吉岡床荒銅は合吹し銅気除き白目・鉛を加え吹方すればどうか

再応勘弁仕候所、合床ニて吉岡床荒銅之分斗最初吹おろしとぶ気除キ、其上白目鉛差加へ吹方仕候ハヽ、可然哉ニ奉存候間、今一応右之趣ヲ以御試吹被仰付被下候様奉願上候、以上

享和三亥年
三月五日

泉屋吉次郎
代又右衛門
大坂屋三右衛門
代喜八
川崎屋吉兵衛
代源助
平野屋三右衛門
代利平次

銅座
御役所

試吹の指示

右書付差出候所、御評儀之上、先吹屋方ニて内試吹致候様被仰渡候

大坂城代稲葉正諶吹所見分の報知

一三月廿日西御役所御金方ゟ御呼出ニ付、仁右衛門出勤候所、御城代様明後廿一日為御見分被為入候段被仰渡候事、尤稲葉丹後(正諶)守様淀御城主也

右ニ付、例之通銅座へ表向届書差出候事

市中巡見行程

一三月廿二日御城代稲葉丹後守様并御案内佐久間備後守様吹所御見分として被為入候事

但、朝五ツ半時御出駕、農人橋すじゟ久宝寺町・谷町・三軒家・たしまや町(田島)ゟ生玉、此所御中食、夫ゟ源正寺(聖)ノ坂孔雀茶や御立寄、松屋町・九之助橋ゟ此方へ被為入時刻九ツ半時

尤少々小雨降候へとも万事都合よく相済候事　是ゟ名田屋新町へ御一覧之由、浜側西へ御通行也

小吹床
形流し　伊兵衛

間吹床二軒　十兵衛
嘉七

合　床　太兵衛　南蛮床　久右衛門
茂兵衛
灰吹床弐軒ニ而　太次郎

吹所入来の役人

右ニ付、朝飯後ゟ入来候面々
天満　杉浦兵左衛門様
松浦弥左衛門様
銅座　岡本八左衛門様
小沢源次郎様
平野屋三右衛門殿
西吹屋　富屋彦兵衛殿
大坂屋又兵衛殿

右御案内麻上下仁右衛門・又右衛門、袴羽織真兵衛・官兵衛・伝蔵、夫々吹方申付、取斗候事
一吹方加減宜候処へ御入ニ而順能御一覧、夫ゟ座敷へ御通り、如例御茶・御菓子差出候事
但、御休足之内、次第雨強降候付、御座隙取候事
○この部分に、次の一紙文書が貼り付けられている。

別子立川棹銅手当銀下渡を願う

「　乍憚口上
一別子立川棹銅当亥年分御定高七拾弐万斤之内、去戌年四拾四万斤、猶又当亥年四月十三日迄弐拾八万斤奉売上、都合七拾弐万斤、右之内三拾六万斤半通御手当銀、閏正月十日奉請取、残三拾六万斤後半通御手当銀四拾五貫目、此節御渡高被成下度、此段以書付奉願上候、以上

亥四月十三日　　　　　　　　泉屋吉次郎
　　　　　　　　　　　　　　　代又右衛門
銅座
　御役所」

銅座より差紙

一 六月十七日　　　　　　　　銅吹屋
　　　　　　　　　　　　　　　湊町
　　　　　　　　　　　　　　　平野屋三右衛門
　　　　　　　　　　　　　　　月番之吹屋
　　　　　　　　　　　　　　　　　壱人
　　　　　　　　　　　　　　　銅吹師
　　　　　　　　　　　　　　　泉屋吉次郎
　　　　　　　　　　　　　　　代判仁右衛門

右申渡儀有之間、明後十八日五ツ時東御役所へ可罷出事

　六月十六日

右ニ付相揃罷出候所、御奉行様・御勘定様へ立会、平野屋三右衛門古銅見調方被仰渡候事

平野屋へ古銅見調方を仰付

燃鉛売下を願う

一 紅毛鉛七千六百斤持渡候付、寛政六寅年迄者吹屋中へ燃鉛為手当御売下被成下候付、右伝へヲ以此度願書差出置候事、尤是迄御定法百五拾匁替之外、弐拾六匁増上納仕、都合百七拾六匁替御売下ケ吹方手当ニ御下被成下候様願置候事

　七月廿日　　　　　　　　　仲間連印
　　　　　　　　　　　　　　此方又右衛門

長崎奉行成瀬正定出迎

銅座での御目見は名代で差し支えないか

一 長崎御奉行成瀬因幡守様七月廿三日江戸表御発駕、当月七日昼時大津駅真兵衛御出迎罷出候、当月九日朝六ツ時銅座御着被遊候付、又右衛門御出迎罷出、夫ゟ銅座内玄関相詰、為川へ申入、仁右衛門儀病気ニ付私名代罷出候、大津幷西宮御出迎之砌者名代ニ而も御目見被仰付候御儀御

座候、当御役所之儀者如何可仕哉、御目見被仰付候ハヽ、活計旁難有奉存候、宜御披露被成下度口達ニて申出候所、段々評儀之上、御勘定方伊藤斧五郎様ゟ御伺ニ相成候所、又右衛門儀者吉次郎幼少ニ付御用方引請相勤候事故、名代ニ而も目通不苦候様被仰出候者御目見仕候事、右ニ付以来吹屋支配人御名代ニ罷出候ハヽ、御目見致可申事、翌十日吹所御見分被為入候付、例之通無滞相済、尤吹方小吹形流し・間吹弐挺・南蛮弐挺・合吹壱挺・灰吹弐挺・ゆりもの・銹付夫々御覧之上、座敷へ御通り、御茶・御菓子是迄之通差出し、五ツ半時過御帰館、裏方御案内又右衛門相勤

吹所見分

右ニ付詰合

御普請方　荒堀彦五郎様

長崎　西谷定右衛門様

銅座　岡本八左衛門様

裏方見廻　官兵衛　伝蔵

右之通、尤西吹屋も不残御見分ニ付、仲間中者御出迎無之事

銅座より呼出

一八月十六日、銅座ゟ御呼出ニ付、又右衛門罷出候所、左之通

銅紅吹師
銅吹屋

地売銅出白目の代銀・償銀につき仰渡あり、請書

一先達而願立候地売銅出白目之分、百斤ニ付弐百弐拾匁替ニて当亥年ゟ向卯年迄五ヶ年之間、買請為致候ハヽ、於手元諸雑用相弁、羅返吹いたし、白目百斤当燃鉛八斤当之積り、鉛請取候ハヽ、

出灰吹銀を上納

代銀百斤ニ付百五拾匁幷償銀弐拾匁共都合百七拾匁替を以相納、白目百斤ニ付出灰吹銀八匁ツ、年々無代ニ而上納可致旨、此度取調之上、願之通五ケ年之間、買請吹方等申付候間、得貴意、出灰吹銀上納可致候

右被仰渡候趣承知奉畏候、依而請書差上候所、如件
享和三年
亥八月十六日
銅吹屋
川崎屋吉右衛門
代嘉蔵
平野屋
大坂屋三右衛門
〻〻〻
富屋彦兵衛
大坂屋又兵衛
熊野屋彦九郎
代判仁兵衛
泉屋吉次郎
代又右衛門
銅座
御役所

備中荒銅見分の依頼

一 西谷定右衛門殿ゟ申来、備中国ゟ出候荒銅少々参候付、見分致呉候様頼参候付、則左返答

口上

依頼の荒銅は性合よし

一 荒銅之儀者随分性合宜御座候、御手本之通ニ而者越前荷暮銅位相准候様奉存候、直段之儀者右之振合御承知可被下候

鉛も大体性合よし

一 鉛之儀者大躰性合も宜御座候、御手本之通ニ候ハヽ、直段百斤ニ付弐百六拾匁位可仕奉存候、尤時之相場高下御座候ニ付、此段御承知可被下候

右之段御尋ニ付、以書付申上候、以上

八月　泉屋吉次郎

乍憚口上

備後荒谷銅の多くは鈹どぶ交り、山元吹方が必須

一備後荒谷銅五貫七百目見積仕候様被仰付、承知奉畏候、則一日立会相改候所、右之内四貫三百目者鈹どぶ交ニ而、山元吹方不仕候而者私共於手元吹方難出来品御座候、相残壱〆四百目此斤八斤八歩、羽州大石(切)沢銅ニ相准候様奉存候付、右之御定法を以請入可仕候、此段以書付奉申上候、以上

絞吹師
泉屋吉次郎
代又右衛門
吹屋惣代
熊野屋彦九郎
代平兵衛
同
平野屋三右衛門
代儀八

八月廿八日

銅座
御役所

百日目付吹所一覧

遠見番人

本家は普請中

佐渡銅絞吹で取込中にて異例の取扱

一百日目付一色源次郎様・小菅伊右衛門様今日御通行之序ニ御立寄、吹所御一覧可被成段、町内年寄へ申来候付、今朝年寄ゟ為知ニ而則遠見番人差出置候処、九ツ時過御入、無滞相済候事

但、前日ゟ為知有之候時者、本家之方ゟ御入候て座敷御休足ニ候へとも、此節普請中ニて取乱し有之候事、其上今日佐州銅絞吹ニ而旁取込候故、吹所露次ゟ御通し申上候而、御一覧後、吹所座敷ニて御休足、煎茶斗差上候事、箔(鉑)石入箱二通差進申上候事、又右衛門麻上下御案内仕ル、前例御菓子薄茶差上来候へ共、今日者前段之取込故、如斯取斗候事

佐渡銅紮吹につき吹所詰合の者

右ニ付、早朝年寄方迄差出置候書付左

覚

御勘定　伊藤斧五郎様

御与力　田坂市太郎様

御普請　古郡万蔵様

銅座御役人中

銅座御役人中

吹屋共

右之通御詰合、今日佐州銅御紮吹仕居候間、此段奉申上置候、以上

九月十二日　泉屋吉次郎

右書付年寄手ゟ御目付へ差出候事、尤差掛り候而者如何と途中迄御出迎申上候而差出候事

銅座為川氏より尋あり

一八月上旬長崎御奉行成瀬因幡守様大坂御逗留中、銅座地役為川氏ゟ内々尋之義有之、左之通書付差出ス

回答

口上

別子立川銅山銅水の流れ先

予州別子立川両御銅山鋪中銅水之儀、東西へ分流シ申候、西之方立川村・新須賀村を経、新須賀川へ落合、海中へ入申候、尤其間道法凡五里半ニて御料并西條御領入交り御座候、東之方者別子山境ゟ行末阿州吉野川へ落合申候よし、勿論銅山ゟ右吉野川迄者山路行廻凡四拾里も有之由承及申候、右御尋ニ付、如此御座候、以上

亥八月十一日　泉屋吉次郎

質問の趣旨不詳

伊予出石銅山稼行の件は肥前屋が承知

右書付為川氏へ差出、尤御尋之趣碇と相分り不申、外銅山之様子ニも相聞候、近来出石銅山相稼候風聞も有之、左候ハヽ、肥前屋治左衛門承知いたし可罷在候間、同人へ御尋可然旨申置

吹所再建、土蔵普請棟上祝儀

一裏吹所床前及破損候付、此度不残新ニ建直シ、幷土蔵壱ケ所新規ニ相建ル、八月四日ゟ取掛、左之通棟上相祝候事

八月廿三日

間吹床棟上ニ付、祝儀左

金百疋　宇田屋幸次郎

南鐐一片　建前方 棟梁卯右衛門

銀壱両ツヽ　なら屋平兵衛
屋根屋伝右衛門
左官勘兵衛
大工利兵衛

〆

鳥目三百文ツヽ　大工八人
日雇小頭壱人

同　弐百文ツヽ　家日雇拾弐人
穴堀弐人

鳥目百文ツヽ　大工日雇
廿九人分膳料

同五百文　垣外喜介

〆
銀壱両　　　右為祝儀酒七升
　　　　　　　宇田屋幸次郎
　　　　　　一屋根屋伝右衛門
　　　　　　　なら屋平兵衛
　　　　　　　左官勘兵衛
　　　　　〆四人ゟ差出候酒ニシテ

右ニ付、大工家日雇へ酒差出ス、地築之節も同様、酒五升・肴煮染等遣ス
九月廿三日　　小吹床棟上　　右同様祝
十月朔日　　新建床吹始　　惣祝之事
　　吹方大工　　銭払之間ニて酒肴沢山ニ饗応ス
　外ニ家大工差手伝・家日雇・石大工・左官・屋根屋・裏方手伝とも夫々席をもふけ酒
　　肴差遣候事

友端半元服につき吹大工等へ祝儀
一九月廿四日吉辰ニ付、友端公半元服被遊ニ付、為御祝儀
　　　　銀壱両ツ、　　大工十三人
　　　　　　　　　　手頭壱人
　　　　鳥目百文ツ、　　差手伝三十九人
　右之通差遣ス、尤前広ニ差上物者無用ニ可致段、申渡置候事

船問屋中より御用棹銅皆掛の願あり
一十月六日銅座ゟ御呼出、又右衛門出勤候所、被仰聞候者、御用棹銅皆掛致呉候様ニ船問屋中ゟ

願出候付、取締之儀ニ候ヘハ、此度より不残皆掛いたし懸目相記候様、尤皆掛百目切之積也

鍵屋

右仲間一同鍵屋とも同様被仰付候事

大坂屋へ紅吹師を仰せ渡す

一十月廿日銅座ゟ仲間中御呼出ニ付、又右衛門出勤候所、大坂屋又兵衛儀当亥年ゟ来々丑年迄三ヶ年之間、紅吹師被仰渡候事、尤請書銅会所ニ有之、略

乍憚口上

別子立川棹銅御定高皆済、残り地売方買上願

一別子立川棹銅御定高七拾弐万斤、外四万斤、五ヶ年中別段奉売上候分都合壱ヶ年七拾六万斤、此度廻着仕候弐百五拾箇之内百箇、御用銅都合如高、御定高皆済相成候間、残百五拾箇此斤壱万五千七百五拾斤地売方へ御買上被成下度、此段以書付御届奉申上候、以上

亥十月廿四日　　泉屋吉次郎
　　　　　　　　代又右衛門

銅座
　御役所

棹銅皆掛の下命

一此度於長崎欠斤相立候付、船問屋渡方之儀御尋御座候所、此請書銅会所ニ写有之、右ニ付、以来者棹銅皆掛いたし候様被仰渡候付、仲間一統棹箱へ風袋目方印候事、大方八百目九百目位、

棹銅箱に風袋目方を記す

十月廿七日御極印四万弐千斤ゟ皆掛目方相印候事

亥十月廿七日

諸色高値につき別子立川銅代銀引き合わず

一予州別子立川銅山之儀、近年諸色高直相成候付、売上銅代銀難引合、依之先祖吉左衛門天正年中ゟ唐紅毛へ銅直売交易家業之所、寛永年中御停止ニ被仰出、長崎御奉行様御支配ニ相成候、

唐紅毛持渡の三品売下を願う

右伝を以此度難渋為融通、唐紅毛ゟ持渡鉒鈃・錫・鉛、右三品元代銀ニ弐拾割増を以御売下被

成下度段、長崎御奉行肥田豊後守様御登りニ付、銅座ニ而差出候而者手越候半と存、明石御泊之節差出可申積ニ而、仁右衛門・又右衛門両人十月九日御出迎トシテ罷越、御通行を待請、明石於御旅館御家老西尾儀右衛門様へ向差出候処、此所者旅中之儀候間、追而銅座着之上、用人へ向差出候様御内意被仰聞候付、願書持帰り、十四日銅座御着座ニ付、御用人池田庄兵衛様へ向差出候所、早速御披露之上、願書御預りニ相成、追而於江戸表御評議可被成下旨被仰渡、御持帰りニ相成候事

長崎奉行へ願書提出

御定高吹立時の損銀

一　銀三百貫七百三拾目　　当時御定高七拾六万斤吹立候損銀高　＊

○＊の箇所に、次の一文が横向きで記されている。

「右願書ニ添、別紙之通、差引書差出ス」

但、銅山鉑石ゟ大坂廻着之上、棹銅ニ吹立候迄、銅百斤入用銀高百九拾壱匁五分五厘元付相残候所、当時御買上直段棹銅百斤ニ付百三拾九匁四分八厘、又拾弐匁五分御手当銀として被下置候割合都合百斤ニ付百五拾壱匁九分八厘之御買上ニ相成、此差引百斤ニ付三拾九匁五分七厘宛不足、内損書面高

吹立時の諸経費

鉑石ゟ棹銅ニ吹立候迄、諸掛り物左奉申上候

一　鉑石千貫目ニ付　　代銀弐百弐拾目

一　同撰分賃并砕候所運賃　　代銀弐匁

一　鉑石砕賃　　代銀三匁六分

一　焼釜へ運賃　　代銀六匁

一焼木三百五拾貫目　代銀三拾五匁
一焼込日雇賃　代銀五匁弐分
一焼鉑床屋へ運賃　代銀六匁
一鉑吹賃　代銀廿五匁三分
但、焼鉑四百八拾〆目を一日六人掛ニ而吹立候
一右入用炭凡三百拾貫目　代銀百五十五匁
一真吹賃　代銀拾五匁八分
但、此鉑百八拾貫目位
一右入用炭六拾三貫目　代銀三拾壱匁五分
一床入用土弐百四拾貫目　代銀弐匁六分
一御運上幷御山手金其外浜手銀　五拾八匁壱分
一銅下ケ駄賃幷為登船賃共　拾三匁四分
〆五百七拾九匁弐分
外ニ百七拾六匁壱分　但、水引役歩
鉉捜其外諸入用
合銀七百五拾五匁六分
鉑石千貫目ニ付
此荒銅出来七拾七貫目

此斤四百三拾七斤五歩
但、百斤ニ付入用銀百七拾弐匁七分
又拾八匁五厘　荒銅ゟ棹銅迄吹賃幷箱縄釘・吹減銅五斤代共
弐口〆百九拾壱匁五分五厘
但、元付相掛り申候

右之通別紙ニ添、願書差出、尤願書写者本家年々帳ニ記有之候付略之、錫元代壱斤ニ付壱匁弐分五り、釷鉟元代壱斤ニ付八分、鉛元代壱斤ニ付五分

亥十月

錫・釷鉟・鉛元代本家年々帳に記事あり

一当亥年紅毛方御渡秋田銅・別子立川銅格別之欠減相立、唐方渡掛出しも相劣候付、於長崎私共名代之者御糺之上、名代共之内壱人宛登、当地掛方箱詰等見分仕、以後取〆之儀申談候様可仕旨奉申上置候所、此節名代者之内、太田佐兵衛罷登、先々以来一同打寄色々相談仕、家々箱詰幷掛方等右立会、私共義も相互見分仕候儀御座候、然ル所是迄年来仕来候目方箱詰等相替候儀も無御座、当年之所者何等之儀ニ而右様欠銅相立候事哉、色々申談見候へ共、愚案可仕様無御座候、勿論是迄相用ヒ候斤量之儀も相様候へ共、相狂ひ候義も無御座候、乍然多斤数之儀ニ付、自然掛方不同之儀も可有御座哉、依之以来者精々掛方入念、猶又先達而箱毎皆掛目方等相記候様被仰付置候間、目方相記し船請負人へも申談、聊麁抹之儀無御座候様可仕候、勿論佐兵衛儀も当所箱詰掛方皆掛等も得と見分仕候付、於長崎表水揚仕候節抔も大坂表皆掛之振合を以請取之、入念欠斤等相立不申様仕度奉存候、乍恐此段以書付奉申上候、以上

唐紅毛渡銅に欠減あり、長崎名代の者、大坂掛方箱詰を見分

箱詰等の仕法は従来と変わらず欠銅の理由判明せず

以来入念の掛方を心がける

享和三年亥十一月　六(軒)斬在印

銅座
御役所

乍憚口上

御用銅三ケ山掛渡割合を変更

一於長崎表唐紅毛船へ　御用銅三ケ山御掛渡割合之儀、先達而奉願上候所、御定数斤高割合少々違ひ御座候付、明年左之通御掛渡被成下度奉存候、右ニ付於長崎被下置候御雑用銀之儀も右斤数ニ応し双方へ御渡被成下候様、則割合左奉申上候

一唐船御渡拾万斤ニ付
　内　四万斤　別子銅
　　三万弐千斤　秋田銅
　　弐万八千斤　南部銅
　〆

一紅毛船御渡八拾万斤ニ付
　内　三拾弐万斤　別子銅
　　廿五万六千斤　秋田銅
　　廿弐万四千斤　南部銅
　〆

一御銀拾貫目ニ付　壱ケ年被下置候御雑用銀高
　内　拾四匁　筆紙墨代引

残テ九貫九百八拾六匁

此訳

七貫百廿五匁壱分四厘六毛　別段別子銅秋田銅ニ掛り候銀高割合

弐貫八百六拾匁八分五厘四毛　南部銅ニ掛り候割合

〆

右之通、明年ゟ御割合被仰付、双方へ御渡し方被成下度奉願候、何卒右之段御聞済被為成候而長崎御会所へ乍恐御掛合被成下候様奉願上候、依之以書付奉申上候、以上

亥十一月廿四日

鍵屋忠四郎
代判嘉兵衛

銅吹屋惣代
平野屋三右衛門

熊野屋彦九郎
代判仁兵衛

紅吹師
大坂屋又兵衛

泉屋吉次郎
代又右衛門

銅座
御役所

銅座より差紙

紅吹師
吹屋惣代

牢屋敷にて御用棹銅掛改

明朔日於牢屋敷御用棹銅掛改有之付、千木持参、朝四ツ時刻限無遅滞銅座へ可罷出事

十一月晦日

銅座
御役所

掛改見分の結果

乍憚口上

一御用棹銅拾七貫九百目
　此斤百拾壱斤八歩七五
右之品掛改之上、見分仕候所、長崎御用棹銅ニ相違無御座候、依之此段申上候、以上
　亥十二月朔日
惣代
川崎屋吉右衛門
富屋彦兵衛
紅吹師
泉屋吉次郎
代又右衛門
銅座
　御役所

改栄丸償銅

於牢屋敷御召上ニ相成候由、改栄丸償銅之内也

十二月

御瓦地銅臨時吹方出情につき三奉行より褒美

一今十四日仲間一同御呼出、此方又右衛門出勤候所、吟味役森善右衛門様・為川辰吉様御立会之上、被仰渡候者、御瓦地銅臨時之吹方申付候所、夫々無滞吹方出情いたし候付、御勘定御奉行様・町御奉行様・長崎御奉行様御申上之上、左之通御褒美被下置候事
　一銀八枚　　吹屋六人
　　別段銀五枚

御礼

右之通被仰渡候付、御番所・天満・御勘定・御普請・長崎地役・仲間惣代御礼申上候事

土蔵新築棟上祝儀

一此度土蔵壱ケ所新規ニ相立、十一月廿八日より取掛り、今十四日棟上いたし候付、左之通祝儀差遣ス
　一金百疋　　宇田屋幸次郎

一　南鐐一片　　棟梁
　　　　　　　　大工卯右衛門

一　銀壱両ツ、　奈良屋平兵衛
　　　　　　　　屋根屋伝右衛門
　　　　　　　　左官　勘兵衛
　　　　　　　　石大工甚兵衛
　　　　　　　　大工　儀兵衛
　〆

一　銭三百文ツ、　大工十人
　　　　　　　　　手伝小頭弐人

一　銭弐百文ツ、　家日雇廿弐人

一　銭百文ツ、　穴堀七人

一　銭百文ツ、　右人数四拾八人膳料
　〆

外ニ酒壱斗・肴遣ス

右之通、無滞相祝候事

錺り物　御酒
　　　　洗米
　　　　壱升取鏡餅四重

亥十二月十四日

唐紅毛掛改欠銅の半分を泉屋償、残りは仲間割合

一　亥年中唐紅毛掛改銅、於長崎欠銅相立候付、此度買請差下候様被仰渡候、依之右欠銅弐千弐百三拾三斤八歩買請、吹賃諸掛りもの算用之上、半通此方ゟ償、跡半通仲間割合ニ相成候事、尤

高割ニいたし候時者此方過分ニ致候様ニ相成候ニ付、右之通致候事

亥十二月

文化元年

銅吹屋仲間困窮につき銀三〇〇貫目拝借家質証文吹賃銀にて返済

文化元年子正月吉日

銅惣吹屋共江

其方共追年困窮借財相嵩難渋ニ付、拝借之義相願、無余義願筋ニ付、格別之訳を以、此度銀三百貫目拝借申渡間、返納之儀者五ケ年、延六ケ年目ゟ壱ケ年三拾貫目宛地売吹賃銀を以返納可致候、尤返納相済候迄、先達而申立候家質銅座へ差出可置候、且鉛代銀償之儀も以来差免間、其旨相心得、向後吹方可致出情候

右之趣、江戸表ゟ被仰候ニ付、申渡候

正月

一〇ケ年賦にて借用

右之通、今十一日御手頭を以被仰渡、冥加相叶重畳難有仕合奉存候、随而拝借御銀返上納之儀者、当子年ゟ五ケ年之内御貸居、向巳年ゟ壱ケ年銀三拾貫目ツヽ、拾ケ年賦地売銅吹賃銀之内を以無滞上納仕、吹方　御用向永続出情相勤可申候、勿論右返上納年季之内、万一仲間之内故障之者有之候ハヽ、其余之ものゟ聊無遅滞相弁候様可仕候、依之私共都合六人別紙引当家質證文差上置、御請印形差上候処、仍而如件

享和四年子正月

川崎屋吉右衛門
平野屋三右衛門
富屋彦兵衛

熊野屋彦九郎
代判仁兵衛
大坂屋又兵衛
泉屋吉次郎
代判仁右衛門

銅座
御役所

家質証文

差上申家質證文之事

一家屋敷壱ケ所　長堀茂左衛門町泉屋吉次郎父万十郎所持南堀江橘通弐丁目四方面屋敷
北表口四拾弐間
南表口四拾壱間壱尺
裏行西東共弐拾七間

右売券銀百四拾四貫五拾五匁

一家屋敷壱ケ所　釜屋町大坂屋又兵衛所持
表口四拾間
裏行弐拾間

一家屋敷壱ケ所　右同断
表口拾三間
裏行弐拾間

〆
右売券銀八拾七貫四百目

一家屋敷壱ケ所　新難波東ノ町熊野屋彦九郎所持
表口拾九間
裏行弐拾間

右売券銀七拾弐貫弐百目

新難波中之町富屋彦兵衛所持
一家屋敷壱ケ所　表口八間五尺
　　　　　　　　裏行弐拾間
　右売券銀三拾弐貫五百三拾六匁五分

道頓堀湊町平野屋三右衛門所持
一家屋敷壱ケ所　表口四間
　　　　　　　　裏行弐拾間

右同断
一家屋敷壱ケ所　表口弐間四尺
　　　　　　　　裏行東ニ而弐拾間、西ニ而拾九間一尺八寸

右同断
一家屋敷壱ケ所　表口拾間
　　　　　　　　裏行東ニ而拾九間一尺八寸、西ニ而拾九間六寸

〆
　右売券銀五拾五貫匁

新難波中之町川崎屋吉右衛門所持
一家屋敷壱ケ所　表口拾間
　　　　　　　　裏行弐拾間
　右売券銀三拾七貫目

合銀四百弐拾八貫百九拾壱匁五分

右者此度私共江御銀三百貫目拝借被仰付、五ケ年御貸居、向巳年ゟ壱ケ年銀三拾貫匁ツヽ十ケ年賦返上納相済候迄、為引当私共所持之地面建家共差上置申候、然ル上者自然違変有之候ハヽ右地面家屋敷共可被召上候、其節毛頭御願ケ間敷義申上間敷候、為後證仍而如件

享和四年
子正月

泉屋吉次郎
幼少ニ付
代判仁右衛門
大坂屋又兵衛
熊野屋彦九郎
紀州住宅ニ付
代判仁兵衛
富屋彦兵衛
平野屋三右衛門
川崎屋吉右衛門

町年寄・月行司の奥書

前書之通、私共丁内泉屋万十郎抱屋敷、大坂屋又兵衛・熊野屋彦九郎・富屋彦兵衛・平野屋三右衛門・川崎屋吉右衛門地面建家共、此度拝借御銀三百貫目為引当返上納相済候迄差上置申候間、外ニ家質ニ差入候義者不及申上、右地面家屋敷他へ為譲渡申間敷候、万一返上納銀違変之儀も御座候ハ、右地面家屋敷共御取上可被仰付候、依之奥書印形差上申処、相違無御座候、以上

橘通弐丁目年寄
堺屋伊兵衛
同月行司
播磨屋九兵衛
新難波東之町年寄
釜屋町兼帯
大坂屋三右衛門
釜屋町月行司
金屋庄助

新難波東之町月行司
木津屋与兵衛
新難波中之町年寄
金屋八郎兵衛
同月行司
金屋三郎兵衛
道頓堀湊町年寄
津国屋九兵衛
同月行司
嶋屋宗兵衛

銅座
御役所

一泉屋万十郎家質添一札

差上申一札之事

一南堀江橋通弐丁目四方面屋敷家屋敷壱ケ所
北表口四拾弐間
南表口四拾壱間一尺
裏行西東共廿七間

右売券銀百四拾四貫五拾五匁

右者此度私悴吉次郎并外吹屋五人江御銀三百〆目拝借被仰付候之内、為引当私所持右家屋敷奉差上候、万一返上納故障之儀御座候節者、御引上ニ相成候共申分無御座候、依之添一札差上候処、如件

享和四年子正月
長堀茂左衛門町
泉屋吉次郎同家
泉屋万十郎

銅座
御役所

拝借銀証文

奉請取銀子之事

一銀三百貫目

右者私共追年困窮ニ付、拝借之儀奉願上候所、格別之御仁恵を以御聞届被下、五ヶ年延六ヶ年目ニ而銀三拾貫目宛被下置候、吹賃之内ゟ御引取之積を以、願之通拝借被仰渡、難有奉請取候、然ル上者別紙家質引当證文奉差上候間、万一仲間之内故障之儀御座候共、右引当證文之通、家屋敷御取上、猶不足も御座候ハヽ、相残吹屋共ゟ急度返納可仕候、為後證仍而如件

享和四年甲子正月

川崎屋吉右衛門

平野屋三右衛門

富　屋　彦　兵　衛

熊　野　屋　彦　九　郎
代判仁兵衛

大坂屋又兵衛

泉　屋　吉　次　郎
代判仁右衛門

銅座
　御役所

別子立川銅下鉑等
地売方売上の件

乍恐口上

予州別子立川両御銅山下鉑・捨からミ吹立候分、地売方へ奉売上候義、去ル未年ゟ昨亥年迄五ヶ年相満候ニ付、当子年ゟハ如何可仕哉之義御尋ニ御座候、此義私方仕入銀融通ニ罷成候ニ付、年延願上度心得ニ御座候処、昨年流行之痳疹ニ而山内病人多、其上世上米穀下直ニ而人歩不寄、稼方差支候ニ付、賃増にいたし遣し候へ共、当時之趣ニ而者御用銅御定高も減銅可仕哉と一統心痛

麻疹流行、米穀下
値で稼人集まらず
御用銅も減銅か

年々記（享和二年）

対応を熟談する

仕罷在候、依之銅山方手代共呼登セ熟談可仕と奉存候、右之仕合ニ付、地売銅売上之義、先当時ニ而治定難仕御座候、御尋ニ付、此段以書付奉申上候、以上

亨和四子年二月　　泉屋吉次郎
　　　　　　　　　代仁右衛門

銅座
　御役所

口上之覚

銅吹屋仲間拝借銀返納・取締につき御尋あり

一銅吹屋共困窮ニ付、御救之儀願出候所、此度銀子三百貫目当年ゟ五ケ年置居、六ケ年目ゟ十ケ年賦返納之積を以拝借被為仰付、右返上納銀出方幷取締等之義、内々御尋之趣奉畏候

回答

此儀銅吹屋共累年困窮難渋仕、当時ニ至、必至と差迫り取続方相成兼、家業ニ相離可申哉と当迷（惑）仕罷在候処、格別之御仁恵を以、此度拝借銀被為　仰付、広大之御慈悲難有奉存候、然ル所右御銀銘々配当仕候而者数年来困窮之者共ニ付、心得違散乱仕、上納方差支ニ而ハ却而御仁恵ニ相振レ、奉恐入候御儀ニ付、御下ケ銀私方元〆仕、三百貫目之内弐百弐貫目者是迄之家質銀差戻シ、家屋敷者　御役所へ差上置候義ニ御座候、相残ル九拾八〆目之分ハ仲間共

一部を貸付、利銀を返済に充てる

一統立会之上、諸向ゟ慥成引当物取之、残ル半通りハ積立、私方取集、是も元銀之上江積貸付、惣而之利銀幷ニ元銀九拾八貫目之内を以、六ケ年目ゟ毎年三拾貫目宛上納可仕積御座候、

拝借銀過半返済後家質半分の下渡を願う

乍然右銀高ニ而者上納都合難仕候ニ付、三百貫目之内過半無滞上納相済候ハ、差上置候家質半通ニ而も御下ケ被下候様奉願上候、右を以少々宛之家質ニ差入、右銀子等を以無滞返上納仕候義、相違無御座候、左候ヘハ御置居被成下候五ケ年之間、貸付利銀追々積立、且又銘々

燃鉛代償銀御免

家質利銀不差出、其上燃鉛代償銀御免被為　仰付候儀ニ付、右旁を以融通仕、御仁恵永ク戴

候而、家業無恙相続可仕と一統難有仕合奉存候、御尋ニ付、此段内々奉申上候、以上

子二月　　　　　　　　　　　泉屋吉次郎
　　　　　　　　　　　　　　代判仁右衛門

茂左衛門町
泉屋吉次郎

西町奉行所より差紙

右者明廿三日九ツ時可罷出者也

子二月廿二日　　　西番所

長堀茂左衛門町
泉屋吉次郎
代判仁右衛門

銅屑・ゆり粕につき御尋あり、回答（『年々諸用留十番』二二二頁参照）

右御差紙到来ニ付、官兵衛罷出候所、御尋之趣、左之通返答書差出ス

乍恐口上

病気ニ付
代官兵衛

一私義今日被為成御召奉畏罷出候所、吹所銅屑ゆり粕之儀御尋ニ御座候、乍恐左ニ奉申上候

ゆり粕の説明

此儀ゆり粕と申候者、銅吹方ニ相用ヒ候土道具幷ニとぶからミと申銅之粕をから臼ニ而はたき、水ゆりニ仕、銅屑を取候跡之粕ニ而、土砂同様之捨物ニ御座候、鱣谷壱丁目和泉屋藤兵衛と申者へ遣シ来申候、同人方ニ而又々粉成候而、少々之銅気はげと申品を取留、はけ吹屋へ差遣、日雇賃取候由ニ御座候、尤右はげ吹屋ニ而はげ間吹ニ仕立、銅座御役所へ売上候義御座候、此段御尋ニ付、奉申上候、以上

はげ吹屋

はげ間吹

ゆり粕は銅気微少のため他へ請負

但、本文ゆり粕之義者私方ニ而可成丈銅屑抜取候上之事故、銅気至而微少御座候、仍之私手元ニ而人夫相雇賃銭相掛粉成候而者一向引合不申義ニ付、本文之通仕候義ニ御座候

享和四年子二月廿三日　官兵衛

右之趣、書付差出、御与力松浦兵左衛門様・田坂市太郎様御取請相済候事

差上申御請書之事

一橋家御普請御用板一三〇〇枚の調達を引請

川口役所より代金内借

御屋形様御普請御用ニ付、大坂銅座ニ而銅御買入御座候ハヽ、私引請、買入差上申度、先達而直段積りを以申上候処、来春御用高八拾目板千三百枚、私へ買入被仰付候旨、奉畏候、尤右御用高買入ニ付、大坂銅座へ罷出候趣、御勘定御奉行様へ私義御達ニ罷成候間、其旨相心得可申旨被仰聞、承知仕候、右ニ付大坂川口御役所へも兼而被仰遣候間、私罷登、川口御役所へ罷出相伺、御代金も於同所内借受取買入、尚又延立之儀も御注文之通、私引請出来次第、川口御役所ゟ御見分奉請、私手ニ而荷造、船廻し仕、江戸着之上、小普請方御役所へ相納可申候、右之通私引請被仰付候上者諸事入念取斗可申候、船廻しニ付、万一難船等有之、取失候ハヽ、御損失之積り可被成下候、仍之御請書差上申処、如件

享和三亥年十二月　泉屋与四郎

御勘定所

延板値段見積

右延板直段積り

一弐百弐拾三匁　但、百斤ニ付御定直段

一五匁　口銀

一五匁　運賃

一弐匁　江戸大坂船下賃

一八拾匁　　　　銅百斤延ちん
〆銀三百拾五匁
八拾匁板　　弐百枚也
但、拾枚ニ付拾五匁七分五り
外ニ百目板拾枚ニ付拾八匁七分五り之積り

銅買入方につき請書

差上申御請書之事

私義、先達而奉願上候銅買入方之義、御勘定御奉行所へ御懸合相済、弥買入私へ　被仰付、承知奉畏候、尤於彼地買入延立候者川口御役所へ申上、御改奉請候積可仕候

一右代金之儀、川口御役所へ申上、奉請取候積り、右心得可申旨被仰渡、承知奉畏候、則印鑑為持差出し可申候

相印

一右代金川口御役所ゟ御渡御座候節、御相印壱枚御渡被成、奉請取候、名代之者へ右相印為持差出、川口御役所へ差上可申候、右之通御受書差上候処、如件

乍恐口上

銅瓦延板出来、見分を願う

一先達而被仰付候銅瓦延板千三百枚出来仕候ニ付、御見分被成下度、此段以書付奉申上候、以上

子二月廿七日

泉屋与四郎判
代泉屋伝蔵判

一橋様川口
御役所

右御届申上候処、明日見分ニ罷越候間、明朝何レニ而も壱人罷出候様被仰候ニ付、早速人差遣し

川口役所より役人来る、すぐ荷造り封印

候処、間違先方ゟ御出有之、直様瓦板不残御改之上、荷造仕、御封印御付置被成候事

御役人　地方役　荏原与藤次様

幷御供壱人

一荷造相仕廻、絵符板中橋上槇町泉屋直蔵当、与四郎ゟ

代銀支払

一代銀之義者明後朔日相渡候様、尤江戸表ゟ内渡いたし候様被仰越候趣ニ而皆済御渡難被成、依之弐貫四拾七匁五分之内弐貫目相渡候間、請取書持参可致由被仰候事

二月廿八日

乍憚口上

秋田別子棹銅船積

一今日御用秋田・別子棹銅船積被仰渡、奉畏候、尤秋田銅弐万斤之内壱万千六百斤ハ風袋書無御座候、此段以書付御届奉申上候、以上

文化元子年五月十日　泉屋吉次郎
代孝三郎

銅座
御役所

佐渡荒銅撰分

一今二日佐州荒銅百五拾四箇撰分無滞相済、御役人左ニ

六月二日

田村七五郎様
野村由蔵様
永井三郎兵衛殿
室上集太殿
銀座　奥村嘉七殿

荒銅性合入念のため手本銅を遣されたい
例年より過銅

当年廻着荒銅之内、山とぶ包候分有之ニ付、則手本銅少シ山元へ御役所ゟ御遣し被下度申上候、右性合以来入念いたし差登候様御懸合可致候筈、尤目方之義ハ例年より過銅ニ相成り、壱箇ニ付平均弐百五六拾匁

佐渡再鍰銅を撰分

一　今三日佐州再鍰銅九拾壱箇御撰分、無滞相済、御役人左ニ

六月三日

古郡万蔵様
為川辰吉様
室上集太殿
銀座 中尾善太殿
奥村嘉七殿

再鍰銅之分、少々とぶ包有之、目方少々過ニ成ル

別子立川棹銅手当銀下渡を願う

乍憚口上

別子立川棹銅御定高七拾弐万斤之内、去ル亥年四拾四万斤、尚又当子年六月五日迄三拾万六千斤奉売上、都合七拾四万六千斤之内三拾六万斤半通り御手当銀二月晦日奉請、残三拾八万六千斤之内三拾六万斤後半通り御手当銀此節御渡被下度、相残弐万六千斤、来丑年御定数之内操越奉売上候、右之通相成候間、御手当銀四拾五貫目此節御渡被成下度、此段以書付奉願上候、以上

文化元子年
六月十一日
泉屋吉次郎
代又右衛門

銅座
御役所

乍恐口上

地売方吹残秋田棹銅の算当違を取調

御用銅地売方御預り銅高之内、亥年中吹残秋田棹銅之分、当四月之処ニ而算当違有之候ニ付、取調可奉申上旨被仰渡、一同打寄相調候処、平野屋三右衛門御預り銅之内ニ而算当相違仕候ニ付、早速三右衛門御預り銅之分見積り仕候処、多分之吹込銅ニ相見へ、尤屑銅土中埋銅等も御座候ニ付、淩吹為致度段、五月廿一日御願申上、追々取調候得共、何れ多分之吹込銅ニ罷成候段奉恐入、三右衛門義者勿論、私共義も一同御請負之儀ニ付、同廿六日以書付右吹込銅之分代銀償被仰付被下度、左候得者三右衛門吹方仕候ニ付、私共へ取置候請人其外親類共ゟ可相成丈銀子調達為致、其余之分者私共ゟ追々上納可仕候間、三右衛門不埒之吹方仕、多分之吹込銅仕候義幷私共等閑之改方仕候段、御憐愍之上、御慈悲之御沙汰被成下度、猶又納方等之義左奉願上候

平野屋預り分に屑銅埋銅交じる

吹屋仲間で代銀償

平野屋不埒と改方不備を詫びる

渡し後れの分

一当時御預ケ銅吹銅ニ積り壱万千六百六拾六斤四歩幷銅座　御役所ゟ買請人へ被為成御渡候御切手三右衛門方へ持参書替遣候渡シ後レ之分七千八百拾斤、都合壱万九千四百七拾六斤四歩可有之処、当時有銅之分吹銅ニ積り六千四百三拾七斤四歩有之、土中埋銅・屑物等淩吹仕候而者日数相掛り候ニ付、正吹銅千四百斤程之見積を以、私共引請相納候積りニ而引之、残吹銅壱万千六百三拾九斤御預ケ吹込ニ相成候分ニ御座候

埋銅淩吹の斤数不明

（紙　貼）

（貼紙）「本文埋銅淩吹之義、千四百斤程と見積り候得共、治定之所、淩吹相仕廻不申候而者難相分御座候ニ付、淩吹之上、千四百斤ゟ過銅御座候ハ、償銀之内へ相納可申候、若又不足相立候共、私共ゟ相償、差障之義ハ申上間敷候」

吹残銅代銀見積

一秋田吹残銅四万千九百弐拾五斤幷前段吹残銅共都合吹込銅五万三千五百六拾四斤ニ相成申候、

此分代銀積り左之通ニ御座候

一地売吹銅壱万千六百三拾九斤

代銀弐拾五貫九百五拾四匁九分七厘

但、百斤ニ付弐百弐拾三匁替

吹残高四万千九百三拾五斤之内拾斤有銅
一秋田吹残棹銅四万千九百弐拾五斤

代銀六拾九貫八百拾三匁五分壱厘

但、御手当銀割合共、百斤ニ付百六拾六匁五分弐厘替

さけ紙
本文秋田御用銅御買上直段ヲ以、代銀納相願候処、御手当銀六拾〆目之割合をも相加へ相願候様被仰渡候ニ付、書面之通代銀相積り申候

〆九拾五貫七百六拾八匁四分八厘

内

拾九貫目　平野屋三右衛門幷請負人親類共ゟ差出上納仕候分

三拾弐貫目　同人家質御下ケ被下候ハヽ、先達而自分家質差入置候銀高積りを以、売払代銀上納之積り

壱貫七拾三匁五厘八毛　平野屋三右衛門へ御役所ゟ御渡可被下吹賃銀相納

小以五拾弐貫七拾三匁五厘八毛

引残四拾三貫六百九拾五匁四分弐厘弐毛

償銀残高は一五年賦で上納

但、此高私共引請、拾五ケ年賦ニ上納可仕候

年々記（享和二年）

一江戸御表ゟ被仰渡、当正月私共仲ヶ間へ御銀三百貫目拝借被仰付候高六人江割、三右衛門分五拾貫目相当候処、右拝借不被仰付候已前、自分家質ニ差入在之候銀高三拾弐〆目銀主へ差戻し、其余之分者同人諸向借財之内へ差戻し候義ニ付、不残同人へ相渡御座候へ共、私共一同御請負之義ニ御座候へハ、右三百貫目返納年限ニ相成候ハヽ、被仰渡之通、無相違相残る者ゟ上納可仕候、且又銘々ゟ差上置候家質銀高之内、右三右衛門家質之分、此節私共へ御下ヶ被成下候而も引残家質銀高三百七拾三〆百目余相成、七拾三〆百目余家質銀高多御座候間、何卒三右衛門家質之分御下ヶ奉願上候、此段御聞済被成下候ハヽ、右家屋敷売払、吹込銅償方代銀之内へ前段之通、上納仕度候

平野屋分拝借銀五〇貫目

引残家質銀高

一前書吹込銅代銀償御聞済被成下候得者、私共御請負之儀ニ付、早速皆済上納可仕筈ニ御座候得共、連年困窮打続難渋至極仕、一同立行兼、御救迄も御願奉申上候程之私共義、其上三右衛門此度之仕義ニ成行候ニ付而者、同人吹方ニ掛り仲間連印之借財等多分在之、此義ハ御役所ニ抱り表立可申上筋ニ者無御座候得共、右等之段迄も相残私共引受ニ相成、旁以弥難渋相嵩候義ニ御座候間、三右衛門家質御下ヶ被成下、売払候代銀幷請人親類共上納仕候分、引残四拾三貫六百九拾五匁四分弐厘弐毛御憐愍を以、拾五ヶ年賦上納被仰付被下候ハヽ、年々十二月中吹賃銀之内を以、相納可申候

仲間連印の借財は他にも多数あり

償銀四三貫余を一五年賦上納、吹賃銀で返済を願う

前段之趣、何分奉恐入候得共、困窮難渋之私共義、幾重ニも御慈悲を以、書面之通御聞済被成下度、重畳奉願恐、以書付奉願上候、以上

川崎屋吉右衛門

文化元年
子六月

富屋彦兵衛
熊野屋彦九郎
代判仁兵衛
大坂屋又兵衛
泉屋吉次郎
代又右衛門

銅座
御役所

銅座より差紙、平野屋一件

銅吹屋中

平野屋三右衛門一件願本紙認直等有之候間、印形持参相揃、明廿六日四ツ時可罷出候、尤親類請人昨廿四日迄日延有之候間、今日中取極置、明日可罷出事

六月廿五日

銅座
御役所

増銅売上願書につき銅座の指示

泉屋吉次郎

当子年分増売上四万斤者去未年願之通、去亥年限ニ而余銅同様売上御断申上候ハヽ、其段以書付明廿九日可申出事

六月廿八日

銅座
御役所

乍憚口上

別子立川銅増銅余銅売上延長願

別子立川銅御定高幷翌年操越銅共七拾弐万斤奉売上候外増銅四万斤幷余銅之分、去ル未年ゟ去ル亥年迄五ケ年売上之義御聞届被為置、年限相満候ニ付、当子年ゟ年延御願申上度、山元へ掛合候処、

麻疹流行で稼人減り治定困難

去亥年流行之痲疹ニ而稼人共相減、銅出来方無数御座候ニ付、当節迄治定難仕候、尤当子年御定高者此節迄決算売上相済候間、先来丑年分御用銅操越之内へ御買上可被成下候、追而山元様子相

決、余銅売上年延相願候ハヽ、増銅四万斤之儀も可奉売上候間、治定之儀ハ追而可申上候、以上

子六月廿九日　泉屋吉次郎
代又右衛門

銅座
御役所

田中平七郎死去

口上

田中平七郎儀、先達而ゟ病気有之候処、養生不相叶、今八ツ時相果申候、尤葬式之儀者明三日八ツ半時千日ニ御座候、此段為御知申上置、如斯ニ御座候、以上

但、同七ツ半時分ニ御座候間、今夕内葬仕候、乍併御出被下候義ハ御無用ニ可被成下候

七月二日　銅会所

棹銅箱疵付
欠銅あり、船頭より大坂地売銅値段の倍で銀償

別子棹銅八百箱三月廿四日宝光丸積下シ之内、百三拾三箱毎ニ疵付有之候ニ付、場所ニ而願立之上、正之掛改ニ相成候処、右百三拾三箱之内欠銅百弐拾三斤弐歩四有之、船頭ゟ銀償上納相済申候、尤右償大坂地売銅直段一倍ニ而被仰付候

右之趣、長崎ゟ申来り候、追而欠銅買請差下し可申事

長崎奉行肥田頼常出迎

乍憚口上

一長崎御奉行　肥田豊後守様近々御通駕ニ付、如例大津駅迄為御出迎、代判仁右衛門差出申度奉存候、尤外用向も御座候ニ付、今日出立為仕候間、此段以書付御届奉申上候、以上

子八月九日　泉屋吉次郎
代又右衛門

銅座
御役所

杉原半切ニ御認

泉屋吉次郎

別子立川銅山稼方近来困難
唐紅毛持渡三品の一手買請は不許可

予州別子立川銅山近来稼方難引合由を以、為手当長崎表唐紅毛船ゟ持渡り候錫・鉛・釷鈏一手買請之義相願、右難相成候ハヽ、別段手当有之様申立、願書差出候得共、持渡之品一手買請之義者彼地商売方ニ相障り難相成、一躰銀高三百貫目程御用銅売上高と仕入方差引不足之趣申達候儀ハ過分之儀ニ而難取用、乍然年来相稼候儀ニ而、其上買請米上米平均直段を以致上納、弐割下ケも相止候ニ付、運上銀之内を以手当も相渡候処、右ニ而も未難引合段申立候儀も有之、且是迄請負高減し銅も無之、御用銅相納候ニ付、格別之儀を以、是迄於銅座年々相渡候手当銀九拾貫目之外、今度銀六拾貫目相増、向後年々銀百五拾貫目宛手当銀可相渡間、弥銅山稼方致出情、御用銅定数無遅滞可相廻候、勿論定数廻銅無之年者此度之増手当銀者不相渡候間、其旨可相心得候

格別に手当銀六〇貫目増額を認める

子八月

乍恐奉差上御請書之事

請書（『別子銅山公用帳八番・九番』二九七頁参照）

此度予州別子立川銅山稼方御手当銀増方被下候儀者格別之御沙汰ニ候条、一通りニ不相心得、此上弥厚心を用イ稼方出情致候様可致旨被仰渡、承知奉畏候、依之御請印形差上候処、依而如件

文化元年
子八月廿日　　泉屋吉次郎
代判仁右衛門
病気ニ付
代又右衛門

銅座
御役所

本家に留あり『別子銅山公用帳八番・九番』二九六頁参照

外ニ銅山小足谷水抜一件之義被仰渡有之、委く者本家ニ留有之事

年々記（享和二年）

乍恐奉差上御請書之事

小足谷新規水抜切開
銅山出水は阿波数郡にかかる
阿波役人見分
洪水時に被害あり
小足谷水抜切延は中止
流末村々に支障のないよう銅山稼方をおこなう

予州別子銅山ゟ流出候銅水、年来阿州川筋へ流落候之処、近来字小足谷へ新規水抜堀(掘)掛り候ニ付、右出来之上、別子立川両銅山之出水一同落合候様ニも可相成、右川筋之義者阿州領数郡へ相懸り候ニ付、田畑農業之害ニ相成候而ハ不容易旨、(蜂須賀治昭)阿波守家来申立候ニ付、先達而見分者をも差遣候処、山許ゟ阿州吉野川迄者格別里数も隔、当時之様子障候趣ニも不相聞候得共、近年別子銅山洪水之砌、川筋魚類痛浮上り、銅砂等も流落候由之処、此上新水抜出来之上者両銅山之出水一同落合候様ニも可相成と之義、無謂申立ニも無之、阿州ニ而差障り申立候上者、先新水抜切開キ之儀者相止メ、外場所へ銅水捌方之工夫も篤と勘弁いたし、流末村々之者へも相対いたし候ハヽ、無故障水抜出来可致ニ付、右之趣相心得、先小足谷水抜切延之義者相止候様可致候、且又前々者別子立川請負方も相分り有之候処、当時ハ一手相稼候ニ付、吹所等も別子山之方ニ而吹立、捨からミ等も相嵩、大雨之節流落候様之儀も有之、自ラ銅汁も可相増義ニ付、右取斗等之義も勘弁いたし、流末村々之障りニ不相成様手当いたし、銅山稼方可致候
右之趣従　江戸表被　仰出候ニ付、被　仰渡候旨、承知奉畏候、依之御請印形奉差上候処、仍而如件

文化元年
子八月廿日
泉屋吉次郎
代判仁右衛門
病気ニ付
代又右衛門

銅座
御役所

大坂城代阿部正由吹所入来

一御城代阿部播磨守(正由)様今日吹所為御一覧被為入、両町御奉行様御案内御道筋、高津社・生玉ニ而御中食、夫より孔雀茶屋・松屋町筋・九之助橋ゟ八ツ半前此方へ御着座、折節小雨降候ニ付、

吹所詰合の者

暫時御休足ニ而吹方御覧之事

四ツ時ゟ詰合

与力 田坂市太郎様

同心 吉見弥五兵衛様

銅座 馬田吉郎右衛門様
野村由蔵様

此外ニ本家へ詰合

大坂屋又兵衛殿

与力并三町人其外

富屋彦兵衛殿

本家ニ控へ有之

川崎屋吉右衛門殿

吹方御案内

麻上下 仁右衛門
又右衛門

袴羽織 官兵衛
伝蔵

右之万事都合能相済候事

大坂目付吹所一覧

一百日目付今日御立寄、吹所御一覧可被成段、昨夜中町内会所ゟ為知来候ニ付、其手当いたし待請ル

今昼時御入来

先役 坂本小太夫様
榊原隼之助様

鉑石箱差上

右新座敷へ御通し申上ル、御茶・干菓子差出ス、鉑石箱弐ツ差上、如形無滞相済候事

麻上下　又右衛門

案内方羽織袴　官兵衛

大津町御先手用達　嶋屋太兵衛

以前在番の者より振合変更の尋あり

鉑石箱差上の決まりはないと回答

但、坂本様以前御添役御在番之節、吹所御一覧被成候由、其節者鉑石箱差上不申、此度ハ新座敷へ御通し申上、鉑石差出候事、以前之振合とは相違ニ付、誰人之時ゟ右之取斗方哉相尋候様と嶋屋太兵衛へ被仰聞候ニ付、同人へ返答、右鉑石者定りて差上候義ニ而者無之、吹方之順段々相分候義も入御覧ニ候義ニ御座候、尤差掛り御出被成候　御方様ニ者用意無之故、差上不申候義も多分御座候、何も定り候義ハ無之段、及返答

『別子銅山公用帳八番・九番』二九八頁参照

別子立川銅山稼方年々難渋

御用棹銅増斤、余銅は地売方買上継続願

乍恐以書付奉願上候

予州別子立川両御銅山稼方年増難渋至極仕候ニ付、御憐愍奉願上候処、先般結構御手当銀年々被為下置、御慈悲以御蔭稼方無油断益々出情可仕と冥加至極難有仕合奉存候、然ル処去未年御銅山方仕入銀為融通、先年ゟ仕当ニ含不申下鉑幷捨からミ溜り有之候分、老幼之者へ為撰分吹上候上、此分地売方へ御買上被成下度段奉願上候処、御調之上、壱ヶ年御定高七拾弐万斤之外、別段四万斤宛御用棹銅相増、都合七拾六万斤宛奉売上候ハヽ、其余之分地売方へ五ヶ年之間御買上可被成下旨被仰渡、以御蔭御銅山老幼厄介之者共仕業相増、御慈悲之程重畳難有仕合奉存候、依之為撰分吹立候上、算当ニ不抱売上来候処、最早昨亥年中ニ而右年限相満候ニ付、山元之者共へ熟談仕候所、昨年流行麻疹ニ而稼人相減候上、他国寄人無少稼後レニ相成候得共、為冥加且ハ鋪内鉉筋

鏞内鉉筋細り下鉑捨からみ増す

相細り候ニ随ひ、下鉑・捨からミ相増、殊ニ右老幼之者共仕業ニ相離レ候而者又々難渋歎ケ敷奉存候間、御定高七拾弐万斤之外、増銅四万斤幷翌年操越銅共、是迄之振合を以売上相済候上、其余之分地売方へ当子年〆向辰年迄五ケ年之間、御買上被成下度、尤四万斤御用御増銅御手当之儀も是迄之御振合之通、此度御増手当銀とも百五拾貫目之御割合を以御渡被成下度奉存候、右年延売上願之趣、御聞済被成下候ハヽ、重畳難有仕合奉存候、以上

御用増銅手当・地売方買上の延長を願う

文化元子年
九月十二日

泉屋吉次郎
代判仁右衛門

銅座
御役所

乍恐以書付奉願上候

『別子銅山公用帳八番・九番』二九九頁参照

御手当銀増額分の下渡を願う

一予州別子立川両御銅山難渋相嵩候ニ付、奉願上候所、是迄御手当銀九拾貫目之外六拾貫目御増、壱ケ年都合百五拾貫目宛被為下置候段、難有仕合ニ奉存候、然ル上者当子年分御用銅御定高七拾弐万斤者当六月中迄売上相済候ニ付、御手当銀九拾〆目、当正月・六月両度ニ御渡被成下奉請取候、仍之此度御増銀六拾貫目之分、此節御渡被成下置、乍恐此段以書付奉願上候、以上

文化元子年
九月廿六日

泉屋吉次郎
代判仁右衛門

銅座
御役所

右之趣奉願上候処、御聞済有之、勝手ニ受取ニ罷出候様被仰渡候、明年〆ハ操越銅とも半通り相済候ハヽ、四拾五貫目と六拾貫目と御渡相成候様被仰渡候間、此段相心得可申事

乍憚口上

古銅取締
中下古銅出方なし
切屑上古銅の吹方休職
切屑上古銅吹方も泉屋・大坂屋へ仰せ付けられたい

一去ル寅年古銅御取締被仰出、中下古銅之分、泉屋吉次郎・大坂屋又兵衛、右両人ニ限り吹方被仰付、切屑上古銅之分ハ相残ル吹屋共へ吹方被仰付、吹方仕来り候、然ル処中下古銅出方無数、其上中下古銅之分者多分間吹銅御売出ニ相成候、随而是迄切屑上古銅吹方仕候者共之内休職仕、当時ニ而者三軒ニ而吹方仕候義ニ付、右中下古銅吹方仕候者と引競候時者余程吹方甲乙御座候ニ付、以来切屑上古銅之吹方、右両家へ外同様吹方被仰付被下候ハヽ、難有奉存候、右之通御聞済被成下候ハヽ、惣方差支無御座候ニ付、此段以書付奉願上候、以上

子八月五日

川崎屋吉右衛門
富屋彦兵衛
熊野屋彦九郎
代判仁兵衛
大坂屋又兵衛
泉屋吉次郎
代又右衛門

銅座
御役所

願書聞済
中下古銅は間吹銅で売出、取締のため吹方は二軒に限る
一同請印形差上

前書之趣奉願上候処、願之通、切屑上古銅之義仲間一統平均吹方可仕旨、御聞済被為　成、難有奉承知候、勿論中下之古銅者間吹銅ニ而御売出被仰付候ニ付、寛政六寅年為御取締泉屋吉次郎・大坂屋又兵衛ニ限り吹方被仰付置候義ニ付、其後者是迄之通相心得、右切屑上古銅吹方仕候共、不混様厳蜜ニ吹方仕、且吉次郎・又兵衛限り中下古銅吹方仕義ニ付、切屑上古銅を以一躰之吹方ハ平均可仕旨被仰渡、一同承知奉畏候、為其御請印形奉差上候処、仍而如件

文化元子
十月六日

川崎屋吉右衛門
代嘉蔵

富屋彦兵衛
代善兵衛
熊野屋彦九郎
代平兵衛
大坂屋又兵衛
泉屋吉次郎
代又右衛門

銅座
御役所

別子立川銅手当銀増銀を受け取る

覚

一 銀六拾貫目

右者別子立川銅是迄被下置候御手当銀之外、当子年ゟ壱ヶ年銀六拾貫目宛御増被成下、則当子年分御定高皆済ニ付、被為成御渡、慥ニ奉請取候、以上

文化元子年
十月八日　泉屋吉次郎
代判仁右衛門

銅座
御役所

紀吹師
惣吹屋中
鎰屋忠四郎

有銅改の通知

明後廿五日有銅改として御勘定方町方座方差揃、朝五ツ時泉屋吉次郎吹所向罷越候間、其段相心得、諸銅見分り能いたし置、掛方有之候共、不都合之義無之様可得相心、尤右之義ニ付、猶又相達候義有之間、不残差揃只今可罷出事

十月廿三日　　　銅座
　　　　　　　　　御役所

雨天巡延

御用銅長崎水揚時欠銅多い

夜分にならぬよう元船へ積み送る

棹銅本数を蓋横手に書き記す

以上の提案は断りたい

尚々立会之者、例之通相心得、刻限不遅様泉吉へ向可罷出事、尤雨天ニ候ハヽ、日送り之積り

今廿八日仲間一同御呼出ニ付、又右衛門出勤致候処、田中源次郎様・為川辰吉様立会之上被仰聞候者、御用銅長崎着、水揚之節、兎角欠銅相立、紛敷分者正味掛改之上、欠銅代銀位増之積

船頭の意見

ヲ以償銀為差出候処、元船舟頭ゟ願出候者、船中ニおゐて聊別条之筋ハ無之候得共、大坂吹屋

茶船に上乗

ゟ元船迄積送候節、茶船壱人之舟頭ニ候得者、此所如何敷候間、上乗ニ而も御附被下、元船へ夜分ニ不相成様御積送り被下候ハヽ、御取〆も宜段願出候間、随分尤之義ニ相聞江候間、船問屋・惣吹屋対談之上、惣方ゟ立会、差出可申様被仰聞候事

一棹銅箱詰之節、本数相改、箱之ふた横手ニ何本入と書印候様被仰渡候、其段相心得可申事

右両様被仰渡候得共、いつれも人歩相掛候義ニ付、追而相談之上、御断申上度事

乍憚口上

別子立川御用棹銅皆済

別子立川棹銅当子年分御定高七拾弐万斤幷来丑年操越銅四拾四万斤、此度廻着仕候弐百五拾丸之内弐百丸、御用棹銅都合御定高操越銅共皆済ニ相成候間、残五十丸之分者先達而地売御買上之義奉願置候ニ付、追而御下知も有之候ハヽ、右五十丸之義者増棹銅四万斤之内へ奉売上度奉存候間、此段御聞届置被成下度、以書付奉申上候、以上

残り分は増棹銅の内へ売上とする

子十一月五日　　泉屋吉次郎
　　　　　　　　　代又右衛門

銅座
　御役所

乍憚口上

廻着荒銅の見分を願う
地売御買上の件は下知なし

一別子立川荒銅弐百五拾箇今日廻着仕候、右之内百箇当子年増銅四万斤皆済相揃、百五拾箇之分地売銅可奉売上積りニ御座候、然ル所地売御買上之義、先達而奉願上置候得共、未御下知も無御座候義ニ付、此度分如何可仕哉、何卒御見分被成下候ハヽ、正味掛改仕、船頭差戻し申度奉存候間、此段以書付御願奉申上候、以上

子十二月十一日　　泉屋吉次郎
代又右衛門

銅座
御役所

銅座より差紙

御用之儀有之間、又右衛門可罷出候、若差支候ハヽ、相心得候者早々可罷出事

十二月十七日　　銅座
御役所

泉屋吉次郎

平野屋一件
銅会所控

但、又右衛門出勤仕候処、平三一件被仰渡候事、委細ハ銅会所控有之候

口上

御用棹銅箱詰見分

近日御懸改之節、御用棹銅箱詰之儀、御見分有之候様今日被仰渡候、此段左様御承知可被下候、則先日銅座へ差出候雑用書左ニ

雑用書

覚

本数改経費

一銀壱匁五分　棹銅千斤箱詰之節、本数相改候ニ付、是迄入用之外別段相懸り申候

湯折棹銅吹直吹減

一銀四分四厘六毛　出来棹銅千斤ニ付湯折棹弐拾斤吹直吹減弐歩、百斤ニ付弐百弐拾三匁替

一同壱匁壱分
三厘四弗　別段湯折銅弐拾斤、再吹賃百斤ニ付五匁六分五り弐も

〆三匁七厘六毛四弗
右之通御写置可被成、早々御順達可被下候
右申上度、以上
十二月十八日　　銅会所より

仲間一統へ褒美銀例年の通り

一今廿日仲間一統御呼出、則仁右衛門出勤申候処、例年之通御褒美銀被下置候様被仰渡、早速両御番所・天満・御勘定・御普請・長崎地役衆へ夫々御礼相廻候事
一白銀八枚　仲間五軒へ
別段白銀五枚
〆

文化二年

文化弐乙丑年正月吉日

地売大工に取り立てる
三年間は弟子大工並

一地売大工次兵衛実子当丑（空白ママ）甚七儀次郎と改、今日ゟ地売大工ニ取立遣シ、尤次兵衛跡相続ニ而者無之、別段一床前新ニ吹方為相勤候へ共、三ケ年之間、弟子大工並相心得候様申付候事
丑正月五日

『別子銅山公用帳八番・九番』三一二頁参照

乍恐口上

二月より吉次郎（友端）直判とする
印鑑

一私儀寛政三亥年九月ゟ家業相続仕候処、幼少ニ付代判ヲ以相勤来候処、去戌年拾五才ニ罷成候ニ付、私印形ニ可仕処、病身ニ而諸事行届兼候ニ付御断申上、是迄之通仁右衛門代判ニ而相勤来候得共、当年二月ゟ私直判ニ仕候ニ付、御番所様江御願申上、張紙等相済候間、以来私印判相用申候、依之別紙印鑑奉差上、右之趣御断奉申上候、以上

文化弐丑年二月十七日　　泉屋吉次郎

銅座
御役所

右之通差出候処、御聞届有之よし被仰渡候事

富屋へ古銅見調方を仰せ付ける

一今廿五日西御番所ゟ富屋彦兵衛殿此方御召ニ付、仁右衛門罷出候処、以来富彦殿見調方被仰付候事

丑二月廿五日

泉屋吉次郎
富屋彦兵衛
銭屋五郎兵衛
金屋六兵衛

乍恐口上

吉次郎直判とするも若年病身につき暫く仁右衛門に御用を代行させたい

一当月ゟ私直印形相改候上者、御用方相勤可申処、未若年之儀、殊ニ病身ニ御座候得者、御用向勤方不行届之儀御座候而ハ奉恐入奉存候間、今暫是迄之仁右衛門を以為相勤申度候ニ付、此段奉願上候、尤病気快候節ハ為見習仁右衛門召連罷出相勤申度奉存候間、何卒右願之趣御聞済被成下候ハヽ、重畳難有奉存候、以上

文化弐年丑二月廿五日　　泉屋吉次郎印

銅座
御役所

同文面ニ而　御奉行様宛ニ而銅掛り江差出候事

『別子銅山公用帳八番・九番』三一三頁参照

乍憚口上

江戸古銅吹所へ交代で詰める
当時仲間五軒のみ

一去ル寛政八辰年江戸表古銅吹所御取建已来、本人手代共年々交代仕罷在候、尤最初之砌者仲間八軒ゟ交代仕相勤候処、追々休職仕、当時五軒罷成、右之内熊野屋彦九郎儀者紀州住宅ニ付、当吹所代判を以相勤来候得共、元来仲間本人分無少御座候ニ付、紀州表江願立、是迄交代仕相勤候得共、同人義も漸々旧冬交代仕罷帰り、其上川崎屋吉右衛門儀も最早及老年、他国勤難相成、旁以当時江戸表交代相勤候本人分甚無人ニ罷在難渋仕候ニ付、当年江戸詰罷在候大坂屋又兵衛代り泉屋吉次郎義罷下り相詰可申筈之処、別子立川御銅山方段々深敷ニ相成、近年至稼苦敷御座候上、昨子年秋両度大時気ニ而一山大破損ニ相成、当地ゟ手代共迄も追々別段差下、普請等万端種々勘弁仕、大造之　御用銅御定高奉請負候ニ付、何卒稼方差支不申候様、専手配等仕罷在義ニ相聞へ、其外当地　御紅吹幷古銅見調方等之　御用多、外吹屋共と違、旁　御用向多御座候而他国難仕趣ニ而、当年之儀者同人別家手代慶蔵と申者、吉次郎名代為相勤申度奉存候、尤明年之儀者私共之内罷下り相勤可申候、勿論右慶蔵儀、銅吹方之義能相心得、慥成者ニ御座候而　御用向差支候儀無御座候ニ付、何卒当年本人代り江戸詰之儀御聞届被成下候ハヽ、難有奉存候、以上

泉屋は別子立川銅山稼方苦しい
一山大破損

大坂でも紅吹・古銅見調方など御用向多く他行は難しい

別家手代慶蔵を江戸へ派遣したい

文化弐丑年三月

銅吹屋
川崎屋吉右衛門
富屋彦兵衛
熊野屋彦九郎
代判仁兵衛
大坂屋又兵衛
代判儀兵衛

泉屋の奥書

右仲間共奉申上候通、私義　御銅山方段々深敷ニ相成、近年至稼苦敷御座候上、昨子年秋両度大時気ニ而一山大破損ニ相成、当地ゟ手代共迄も追々別段差下、普請等万端種々勘弁仕、大造之　御用銅御定高奉請負候ニ付、何卒稼方差支不申様、専手配等仕罷在、其外当地　御紀吹幷古銅見調方等之　御用多、外吹屋共と違ひ、旁々　御用向多御座候而他国難仕、依之当年江戸詰之儀者名代を以為相勤申度奉存候、此段御聞済被成下候様奉願上候、以上

泉屋吉次郎

銅座
御役所

御用銅増売上、余銅地売方買上につき請書（『別子銅山公用帳八番・九番』三一四頁参照）

乍恐奉差上御請書之事

別子立川御用銅御定数七拾弐万斤之外、下鉑・捨からみ等之内撰分させ吹立、是迄之通去子年ゟ向辰年迄五ヶ年之内四万斤宛御用銅江売上、猶余銅之分者地売方へ御買上被成下度、右ニ付而者増売上四万斤之分御手当銀も前々九拾貫目、此節別段六拾貫目、都合百五拾貫目之割合ヲ以被下置度奉願候処、此節願之通被仰渡、難有奉承知候、依之御請證文差上候処、仍如件

文化弐年丑三月

別子立川両銅山師
泉屋吉次郎
病気ニ付代
仁右衛門

銅座
御役所

灰吹代銀を改定

一　灰吹銀代銀、是迄百四拾目替之所、已来ハ百七拾五匁替ニ被仰付候事

丑三月十日

委細ハ銅会所ニ控書有之

年々記（享和二年）

別子立川棹銅増売上分の手当銀下渡を願う

乍憚口上

一別子立川棹銅四万斤、去子年中別段増奉売上候分、当月廿二日　御極印相済候間、右御手当銀割合八貫三百三拾三匁三分、何卒此節御渡被成下度、此段書付を以奉願上候、以上

丑三月廿五日
泉屋吉次郎
代又右衛門

銅座
御役所

但、是迄御手当九拾貫目、甲子(文化元年)八月六拾貫目御手当増、都合百五拾貫目之割合、百斤当り弐拾目八分三厘三毛

別子立川地売銅問屋変更（『別子銅山公用帳八番・九番』三一四頁参照）

乍恐口上

一予州別子立川地売廻し銅問屋之儀、是迄九之助町壱丁目泉屋弁右衛門引請相勤罷在候処、此度荷主泉屋吉次郎へ相対之上勝手ニ付、九之助町壱丁目泉屋真兵衛方へ右問屋之儀相譲り申度奉存候間、是迄弁右衛門仕来候通、右真兵衛ゟ相勤申度奉存候、此段何卒御聞済被成下候様、書付を以奉願上候、以上

文化弐丑年三月十日
長堀茂左衛門町
泉屋吉次郎
後見　仁右衛門㊞
是迄問屋
同　弁右衛門㊞
向後問屋
同　真兵衛㊞

銅座
御役所

銅問屋引請の届書

乍恐口上

九之助町壱丁目
泉屋真兵衛支配借屋
泉屋弁右衛門

同町
泉屋吉次郎家守
泉屋真兵衛
病気ニ付
代清七

予州別子立川地売廻シ銅問屋之儀、是迄泉屋弁右衛門年来引請相勤罷在候処、此度勝手ニ付、荷主泉屋吉次郎と対談之上、以来泉屋真兵衛へ右問屋引請相勤申候、依之双方申合、乍恐此段御届奉申上候、以上

文化弐丑年三月十一日

引請人
真兵衛印
譲り主
弁右衛門印
九之助町壱丁目
年寄
大和屋利右衛門印

御奉行様

但、御掛東　御役所田坂市太郎様

乍恐口上

九之助町壱丁目
泉屋真兵衛支配借屋
泉屋弁右衛門
病気ニ付
代清七

重病につき代人出頭

予州別子立川銅問屋譲渡之儀、今日別紙を以弁右衛門ゟ奉願上、調印仕候得共、重病ニ付得罷出不申、代私罷出申候ニ付、乍恐此段御断奉申上候、何卒　御聞済被為　成下候ハヽ、難有奉存候、以上

文化弐丑年三月十一日

清七印

御奉行様

年寄
大和屋利右衛門印

乍憚口上

又右衛門別子行、不在中は官兵衛へ仰せ付けられたい

一予州別子立川銅山方用向御座候ニ付、又右衛門儀明後十五日出立ニ而、右銅山へ罷越申度奉存候間、留主中御用向之儀者官兵衛へ被仰付被下度、此段書付を以奉願上候、以上

丑四月十三日

泉屋吉次郎
代又右衛門

銅座
御役所

乍憚口上

別子立川棹銅手当銀下渡を願う

一別子立川棹銅御定高七拾弐万斤之内、去子年四拾四万斤、猶又当丑年六月八日迄弐拾九万斤、都合七拾三万斤奉売上候間、後半通御手当銀此節御渡被成下度、相残壱万斤来寅年御定数之内江操越相成候間、御手当銀四拾五貫目此節御渡被成下度、以書付奉願上候、以上

丑七月六日

泉屋吉次郎
代又右衛門

銅座
御役所

乍憚口上

手当銀増銀分の下渡を願う

一予州別子立川棹銅当丑年御定数七拾弐万斤、当六月八日御極印迄御定高皆済仕候ニ付、御手当銀当正月・七月両度御渡被成下奉請取候、依之別段御増六拾貫目之分、昨年之御振合ヲ以、此節御渡被成下度、書付を以奉願上候、以上

丑七月十二日　　　　　　　　　　　　　　　　　　　　　　泉屋吉次郎
　　　　　　　　　　　　　　　　　　　　　　　　　　　　代又右衛門

銅座
御役所　　早速御渡相成候

乍恐書付ヲ以奉願上候

予州別子立川両御銅山之儀、往古ゟ之稼所ニ付、追々入用失墜多、其上諸色高直ニ罷成、稼方難引合候故、御手当之儀去々年已来奉願上候所、格別之御儀を以、御手当銀六拾貫目宛御増被成下候之段被仰渡、誠以冥加至極難有仕合奉存候、右ニ付而者山方懸り合之者共一同相励ミ御用銅不相欠様出精仕候之所、去秋七月・八月山元両度之風雨出水等之変事有之、一旦之儀ニも無之、打重り入用失墜大銀調達仕、御用銅相欠ケ候而者被下置候御手当銀も奉請取候儀も不相成段、兼而被仰渡之趣、掛り合之者共相心得罷在候故、昼夜稼方不怠様万端手配仕候ニ付、右変事之砌、早速諸手当山方岡向鋪内等之普請入用不相厭出情仕、其上怪我人等之手当万端夥敷物入相懸ケ、御用銅者不相欠様取斗、其上老幼之者共兼而手配申聞置候事ニ付、山方捨からみ等迄粉成吹方仕、御用銅御定数之余分迄稼方出情仕候ニ付、御手当被成下候規模も相立候儀ニ御座候得者、猶又御歎願等申上候儀恐入奉存候得共、去年両度山元難渋之儀者先年ゟも承伝不申様之変事ニ而、委細其節両度共御預所　松平立丸様(定則、伊予松山藩主)御役人中江御届申上、御同所様ゟ御勘定所御達被下置候通之儀ニ御座候、御手当之儀者定例之稼方難引合訳を以御手当被成下候御儀ニ御座候処、去年之儀者天災之儀とハ乍申、両度迄不時之変事ニ而、早速普請手当等不仕候半而者端的御用銅御定高ニも相障候ニ付、其砌出銀之儀者不相厭差働候而手抜無之様、懸り合之者共山元ニ相詰メ取斗候儀ニ御座候処、山元普請諸手当幷鉑石焚炭等出水ニ而流失仕候分も銀高之儀ニ有之、則　御銅山御掛御役

『別子銅山公用帳八番・九番』三一九頁参照

去秋風雨出水変事重なる

山元難渋につき普請手当等を願う

普請手当・鉑石焚炭流失など臨時物入嵩む

人中御見分被成下候通之儀ニ而臨時物入大銀之事ニ而、諸方稼方之手当をも操替遣ひ方仕候得共、往々右之入用償方出来不仕、向後之仕入怠候得者猶又稼方相後レ出銅相減候而者何分恐入奉存候、其節之儀両度之入用銀高四百拾貫四百九拾四匁程ニ御座候得者、年分銅山稼方ニ付而之入用多分ニも有之候得者、右臨時之物入難立戻次第ニ而差当難渋仕候ニ付、何卒右之銀高別段御手当奉願度候得共、一旦御手当願ヲも仕候上之儀ニ而何分ニも恐入奉存候、乍然当時之儘ニ而押送り困窮ニ罷成、山元稼方ニも相響候様罷成候而者銅山一躰之元立相崩レ、其節ニ至候而者難立直次第ニも奉存候間、猶又格別之思召ヲ以金高壱万両拝借被仰付候ハヽ、右利金融通を以臨時山元入用出方相償、返納之儀者十ケ年居置、十一ケ年目ゟ年分金千両宛、十ケ年ニ　御用銅御代銀之内を以返上納可仕候、勿論右引当質物之儀者御差図次第差上置可申間、願之通被仰付被下置候様、御憐愍偏ニ奉願上候、以上

金一万両拝借、一一年目より一〇年賦返済を願う

文化弐丑年七月八日　　予州別子立川両御銅山師
泉屋吉次郎

銅座
御役所

下ケ札控

下ケ札控左ニ

洪水による臨時損銀高内訳

去子七月八月両度　洪水ニ付損失高
一銀四百拾貫四百九拾四匁

主人幷
又右衛門付添差出候処、当番山田常助殿御受取被成候事

此訳
六貫弐百九拾七匁余　　焼鉑壱万五千八百貫目流失仕候分
此出来銅八千八百五拾斤

但、百斤ニ付七拾壱匁壱分六厘替

外ニ於御銅山吹方并山下ケ為登運賃、大坂表吹賃諸入用相除キ、書面之通ニ御座候

弐拾壱貫百弐拾七匁　　焼炭四万六千九百五拾貫目流失仕候分

但、御銅山ニ而蔵詰并焼込有之候分、平均拾貫目ニ付四匁五分替

風雨にて出来銅減少、依然として常躰に戻らず

百拾五貫七百六拾目　　三ケ月分 出来不足銅代

但、平日者一日ニ出来銅凡三百四拾貫目宛も出来可申処、去秋両度之風雨ニ而濡焼鉑并
焼竈吹床湿り歩付相減、一日ニ出来銅百四拾貫目程宛不足仕、八・九・十三ケ月分ニ
而銅高七万八千七百五拾斤余全損亡ニ相成申候、尤十一月以来、此節ニ至り候而も常
躰ニハ相直り兼申候

水引人夫増賃

四拾壱貫六百目　　水引人夫増賃

此訳

拾六貫目　　七月分日数五日之間増

弐拾五貫六百目　　八月分日数八日之間増

〆

但、鋪内落水強候ニ付、昼夜夥敷人夫相増、樋水為引揚、猶又樋無之場所ハ所々ニ而汲
揚候ニ付、増人夫賃銀書面之通ニ御座候

破損所普請入用

弐百弐拾五貫七百拾匁　　両度破損所諸普請入用高

但、御銅山并立川新居浜炭山破損所、去秋両度御届奉申上候ケ所普請入用高、書面之通

ニ御座候

〆如高

右者去秋以来当丑年春迄臨時損銀高、書面之通御座候、以上

閏八月六日四ツ時仲間中銅座へ御呼出シ被遊、左之通被仰聞候

余灰吹銀売方出情の指示

一余灰吹銀之儀、先達而三百五拾目増被仰渡候後、余灰吹銀之売上も無之候間、随分出情仕候而少々成共余灰吹銀有之候ハヽ、売上可仕由被仰聞候

間吹物のうち少しでも採算にあえば灰吹銀を取り出す

一灰吹銀御定法荒銅百斤ニ付足り銀七匁已下ハ不取留候処、以来七匁以下之銅間吹もの多少とも灰吹銀取出シ算当宜義も有之候ハヽ、一同申合、勘弁仕候而可申出候様被仰聞候

右之通、山口常助様・野村由蔵様御口達ニ而被仰渡候事

丑閏八月六日

乍憚口上

『別子銅山公用帳八番・九番』三二五頁参照

江戸古銅吹所名代勤の件は願下

一江戸古銅吹所詰当丑年泉屋吉次郎罷越可申処、別子立川御銅山諸用向等差支候趣を以、先達而名代勤之儀奉願候処、御聞済難被為成旨被仰渡、願書御下ケ被為成承知奉畏候、然ル上者当年

泉屋吉次郎病気につき富屋を派遣したい

右同人江戸詰として罷越可申処、先頃ゟ病気ニ御座候而、急々全快可仕様子ニ無御座候故、仲間之内富屋彦兵衛対談仕、罷越申度候間、此段御聞済被成下度、以書付一統奉願上候、以上

文化弐年
丑閏八月十三日

川崎屋吉右衛門
富屋彦兵衛
熊野屋彦九郎
代判仁兵衛

『別子銅山公用帳八番・九番』三二三頁参照

大坂屋又兵衛
代判儀兵衛
泉屋吉次郎

銅座
御役所

乍憚口上

一昨十五日私共御呼出被仰聞候者、江戸古銅吹所詰当丑年泉屋吉次郎罷下り可申処、先頃ゟ病気ニ而急々全快可仕様子無之ニ付、仲間対談之上、富屋彦兵衛罷下り度段願出候、右吉次郎病気之次第、如何之症ニ候哉御尋被為成、承知奉畏候

吉次郎の病状

此儀、同人全躰怯弱之上、先頃ゟ積気之病ニ而気を塞、眩暈之症折々差起り難渋仕候、当時之様躰ニ而者静養不仕而者全快之程隙取六ケ敷可有之由、医師申之候間、何分当年之儀者富屋彦兵衛罷下り候儀御聞届被成下候様奉願上候儀御座候、此段御尋ニ付、以書付奉申上候、以上

閏八月十六日

吹屋惣代
川崎屋吉右衛門
泉屋吉次郎
代又右衛門

銅座
御役所

『別子銅山公用帳八番・九番』三二五頁参照

富屋江戸詰の件は聞済、請書

乍恐奉差上御請書之事

当丑年為江戸古銅吹所詰泉屋吉次郎可罷越処、病気ニ付、対談之上、富屋彦兵衛可罷越段、一同願之通御聞届之旨、従江戸表被　仰越候ニ付、此段申渡

右被　仰渡候趣、一同承知奉畏候、依之御請印形差上申候、以上

丑十月十三日

川崎屋吉右衛門
富　屋　彦　兵　衛
熊野屋彦九郎
代平十郎
大坂屋又兵衛
代判儀兵衛
泉　屋　吉　次　郎
代又右衛門

銅座
御役所

乍憚口上

別子立川棹銅御定高皆済、残り地売方買上願

一別子立川棹銅御定高七拾弐万斤外四万斤、五ケ年中別段奉売上候分、都合壱ケ年七拾六万斤、此度廻着仕候弐百五拾箇之内百箇、御用銅都合如高御定高皆済相成候間、残百五拾箇此斤壱貫五千七百五拾斤地売方へ御買上被成下度、此段以書付御届奉申上候、已上

丑十月廿日

泉屋吉次郎
代又右衛門

銅座
御役所

長崎奉行肥田頼常吹所見分

一今二日長崎　御奉行肥田豊後守様吹所御入来、四ツ時銅座御出駕、夫ゟ堺筋御通行、当吹所へ被為入、直様吹場御見分相済、大座敷へ御通り、例之通御茶幷ニ御菓子差出、昼時西吹屋不残御見分被為入候事、吹方左ニ

小吹弐挺　　内壱丁形流シ
間吹弐挺

合吹壱挺
南蛮弐挺
灰吹弐挺
ユリ物　　鎊り付
〆

吹所座敷へ先乗の役人

吹所座敷江御普請西村常蔵様・長崎御普請福永喜弥太様・長崎詰山口常助様・野村八郎様、先刻御出之事
丑十一月二日

西吹屋中見分につき仲間出勤なし

但、西吹屋中御見分ニ付、仲間中出勤無之候事

銅紅吹師
銅吹屋
鎰屋忠四郎

長崎積下御用棹銅本数改は廃止、掛渡入念にすること

長崎表積下候御用棹銅本数改之儀者以来相止メ、箱詰之上、船頭へ掛渡等格別入念、猶又是迄之通吹屋川岸ゟ本船へ積送り候節、吹屋船問屋之内上乗いたし、御取締方厳重ニ取斗候様、此度於長崎表伺相済候旨申来候間、此段申渡候

本数改人足賃を下される

但、当春以来追々積下候棹銅本数改候ニ付、人足賃相懸り候分者先達而申立候通被下候事
右之趣被　仰渡、承知奉畏候、仍而御請印形奉差上候処如件
文化弐年丑十一月十一日
川崎屋吉右衛門

富屋彦兵衛
代善兵衛
熊野屋彦九郎
代平十郎
大坂屋又兵衛
代儀兵衛
泉屋吉次郎
代又右衛門

銅座
御役所

間吹大工病死、家内へ心付
間吹床明株とする

一間吹大工九兵衛儀当丑三月病死致候ニ付、早速跡代り取立可遣候処、近年ゟ片銅小吹直焊相始候ニ付、間吹床三軒ニ而間渡候得者、右九兵衛床前当時明株ニ相成候、依之家内もの難渋可致、殊ニ年来無拠相勤候ニ付、格別之含を以銀五百目心付致遣候事

南蛮大工相続、三年間は弟子大工

一是迄手伝方相勤候常次郎儀、当吹子より南蛮大工八郎兵衛跡相続申付候、尤弟子大工三ヶ年相勤候様申渡置候

不出情の手伝賃銀を引き下げる

一手伝徳兵衛・藤七・喜八、右三人仕事致方不出情ニ付、当吹子より賃銀壱分宛引下ケ申付置候事

吹大工賃銀改定

一是迄定貸之外銭相場下直ニ付、左之通相改候、尤銀定之分是迄之通

間吹百斤ニ付	大工六分	弟子四分五厘	差三分
小吹百斤ニ付	同　九分	弟子七分五厘	差四分五厘
並吹百斤ニ付	同　壱匁弐分	弟子壱匁五厘	差六分
地売百斤ニ付	同　壱匁五分	弟子壱匁三分五リ	差七分五厘
灰吹拾枚ニ付 八貫目也	同　壱匁五分	弟子壱匁三分五リ	差三拾五文

南蛮壱枚ニ付　同　六分七厘　弟子五分弐厘　差拾八文ツヽ

〆

吹子

右之通丑吹子ニ相改遣候事

棹銅本数改分斤数

丑五月六日ゟ十一月十一日迄御極印高
一別子立川棹銅五拾六万六千三百斤

丑五月六日ゟ十月廿四日迄御極印高
一秋田棹銅九万四千斤

〆六拾六万三百斤

右之通、本数相改候分、銅座へ書上候事

丑十二月

倹約のため天明七年以来大工・差へ黒米支給を停止
細工人の願により吹初に酒を下し置く

一先年ゟ天明六午年迄年取米大工中江黒米壱斗弐升、差手伝へ七升宛差遣来候処、天明七未年ゟ五ケ年之間、倹約申付候、其已来差止置候処、当年細工人共ゟ願出候者、吹初吹子ニハ如以前御酒被下置、猶又年取米之儀も是迄之通被下置候様願出候ニ付、相談之上、左之通当丑年ゟ相改申渡候

大工中
手伝頭江　黒米壱斗宛

差手伝へ　同　五升ツヽ

吹初吹子膳料

吹初吹子膳料之儀者是迄大工中へ銀弐匁、差手伝へ銭百文宛差遣来候処、向寅年吹初ゟ

大工中
手伝頭江　銀壱両宛

差手伝へ　銭弐百文宛

右之通改遣候様、丑十二月十四日小吹大工善七・間吹大工善六・手伝頭喜兵衛、三人之者へ申渡候事

但、廿六日ニ相渡候事

泉屋吉次郎
大坂屋又兵衛
熊野屋彦九郎
富屋彦兵衛
川崎屋吉右衛門

銅座より差紙

御用之義有之候条、明十五日九ツ時可罷出事

丑十二月十四日　銅座御役所

御褒美銀拝領

右ニ付、今日又右衛門罷出候処、御褒美として

銀八枚　仲間中

〆

銀五枚　同別段ニ被下

右之通被下置候段被仰渡候事、難有奉存御請申、夫々礼述

丑十二月十五日

恵比須蔵前に稲荷社を造立、正遷宮儀式

一床前ニ勧請いたし有之候稲荷之神社、此度恵比須蔵前ニ新殿致造立、今日正遷宮申上候ニ付、

朝日宮神主相控、暮過ゟ入来、御遷宮之儀式、安全長久之祈念、丹誠之執行有之事、尤神酒神供之品夫々相備、賑々敷御遷座相済、右ニ付神主へ謝礼、翌日金百疋相送り候事

丑十二月廿八日

文化三年

別子立川棹銅手当銀下渡を願う

文化三丙寅年正月吉日

乍憚口上

一別子立川棹銅御定高七拾弐万斤之内、去丑年中四拾四万斤操越奉売上候ニ付、右御定高之内半通三拾六万斤之分、御手当銀四拾五貫目、此節御渡被成下度奉願上候、尤例年操越銅之分ハ翌年ニ至御渡方ニ相成来候間、此段以書付奉願上候、以上

寅正月晦日

泉屋吉次郎
代又右衛門

銅座
御役所

紀吹大坂屋の跡役は誰が相応しいか御尋あり

熊野屋は表向紀州住宅

富屋は江戸古銅吹所詰にて留守

川崎屋は内実のところ鎰屋の出店

乍憚口上

大坂屋又兵衛義、去亥年ゟ丑年迄三ケ年之間、紀吹被為仰付候所、年限相満チ候ニ付、跡代り紀吹師之義、何れ之吹屋へ被仰付候而宜哉之段、御内々被為成御尋、承知奉畏候

此儀、熊野屋彦九郎義ハ当所ニ相詰罷在、吹場所も広ク候ニ付、同人へ被仰付候而も差支候義御座有間敷候得共、表向紀州住宅ニ付、当吹所之義ハ代判ニ而相勤罷在候ニ付、如何可有御座哉、富屋彦兵衛義ハ当時江戸表古銅吹所詰留守中代判ニ而相勤、殊ニ吹場所狭ク候ニ付、如何可有御座哉、川崎屋吉右衛門義ハ内実之所勢州鎰屋忠四郎と申者出店ニ而時々名前人相替り、

吹方ニ手馴候手代共無人、是以吹場所狭ク如何可有御座哉、大坂屋又兵衛義ハ是迄無滞相勤、本人手代共迄相心得候義ニ付、御差支之義御座有間敷と奉存候間、同人へ又々被仰付候迚可然哉、御糺吹被仰付候ニ付而者太(大)儀料幷ニ町役壱役分御免被仰付候得共、御糺吹之節、諸雑費其外御掛渡度毎立会ニ罷出、何ニ不寄糺吹師者別段御用向多ク候ニ付、手代共余慶ニ召抱候義ニ付、格別ニ相好ミ候者も御座有間敷と奉存候

大坂屋再任が適当

大儀料・町役一役分御免を願う

右之段御尋ニ付、以書付奉申上候、以上

寅二月　　泉屋吉次郎
　　　　　代又右衛門

銅座
　御役所

予州別子立川御銅山出水ニ付拝借銀願書写

別子銅山洪水につき拝借銀再願、前半は文化二年七月願書と同内容、本書二三一頁、『別子銅山公用帳八番・九番』三二七頁参照

乍恐以書付奉願上候御事

一予州別子立川両御銅山之儀、往古ゟ之稼所ニ付、追々入用失墜多、其上諸色高直ニ罷成候、稼方難引合候故、御手当之義去々年以来奉願上候所、格別之御儀を以、御手当銀六拾貫目ツヽ御増被成下候段被仰渡、誠以冥加至極難有仕合奉存候、右ニ付而者山方掛り合之者共一同相励ミ御用銅不相欠様出情仕候処、去秋七月・八月山元両度之風雨出水等之変事有之、一旦之義ニも無之、打重入用失墜大銀調達仕、御用銅相欠ケ候而者被下置候御手当銀も奉請取候義不相成段、兼而被　仰渡之趣、掛り合之者共相心得罷在候故、昼夜稼方不怠様万端手配仕候ニ付、右変事之砌、早速諸手当山方岡向鋪内等之普請入用不相厭出情仕、其上怪我人等之手当万端夥敷物入相掛ケ、御用銅者不相欠様取斗、老幼之者共迄兼而手配申聞置候事ニ付、山方捨からミ等迄粉

成シ吹方仕、御用銅御定数之余分迄稼方出情仕候ニ付、御手当被成下候規模も相立候義ニ御座候得ハ、猶又御歎願等申上候義恐入奉存候へ共、去年両度山元難渋之義ハ先年ゟ承り伝へ不申程之変事ニ而、委細其節両度とも御預所松平立丸様御役人中へ御届申上、御同所様ゟ御勘定所へ御達被下置候通之義ニ御座候而、且御手当之義ハ定例之稼方難引合訳を以御手当被成下候所、去子年之義者天災之儀と者乍申、両度迄不時之変事ニ而、早速普請諸手当等不仕候而ハ端的御用銅御定高ニも相障候ニ付、其砌出銀之義者不相願差働候而手抜無之様、掛り合之者共山元ニ相詰、取斗候義ニ御座候所、山元普請諸手当幷鉑石焚炭等出水ニ而流失仕候分も銀高之義ニ有之、則御銅山御掛り御役人中御見分被成下候通之義ニ而臨時物入大銀之事ニ而、諸方稼方之手当をも操替遣ひ方仕候得共、往々右償方出来不仕、向後之仕入怠候得ハ猶又稼方相後レ出銅相減候而者何分恐入奉存候、其節之義両度入用銀高四百拾貫四百九拾四匁程ニ御座候所、一躰銅山稼方ニ付而者年分之入用高多分ニ御座候へ共、右臨時物入難立戻次第ニ而差当り難渋仕候ニ付、何卒右之銀高別段御手当奉願度奉存候得共、一旦御手当願をも仕候上之義ニ而何分ニも恐入奉存候、乍然当時之儘ニ而押送り困窮ニ罷成、山元稼方ニも相響候様罷成候而者銅山一躰之元立相崩レ、其節ニ至候而ハ難立直次第奉存候間、猶又格別之思召を以金高壱万両拝借被　仰付候ハヽ、右利銀融通を以臨時山元入用出方相償、返納之義ハ拾ケ年居置、拾壱ケ年目ゟ年分金千両ツヽ、拾ケ年ニ御用銅御代銀之内を以返上納可仕、勿論右引当質物之義者御差図次第差上置可申間、願之通被　仰付被下置候様、先達而銅座御役所へ奉願、江戸表御評儀ニも相成候所、

手当銀増銀の直後ゆえ聞き入れ難い

増御手当も被成下無間も右様之申立難被及御沙汰被仰渡奉恐入候、然ル所右奉申上候去秋両度

之天災者前以奉申上候通、夥敷損銀ニ而前後当迷(惑)仕候義候得共、山元稼方之義者片時も難捨置、早速手当仕、御用銅御定数不相欠様手配仕候ニ付而ハ、則下ケ札ニ奉申上候通、諸入用多分相懸り候へ共、右ハ山元第一之手当ニ御座候ヘハ入用も不厭手配仕、鋪内ハ不及申、道橋普請諸小屋々迄も早速取立、仕入物等夫々ニ仕候ニ付夥敷入用ニ而、当時ニ至候而ハ右補(鋪)方誠ニ当迷仕候義ニ御座候、仍之一旦難被及御沙汰段被　仰渡候義を猶又奉申上候義も恐多御願事ニ者御座候へ共、天災とは乍申、山元開発以来無之両度之荒ニ而小屋々吹潰し怪我人等も有之、焼炭鉑石等多ク押流し、道橋破損所之儀も去年中御届奉申上候通ニ御座候ヘハ、此段被為聞召訳、山方御取立之思召を以、先達而奉願候金高壱度ニ拝借難被仰付御儀ニ御座候ハヽ、当年ゟ三ケ年ニ割合拝借被　仰付被下置候様偏奉願候、願通被　仰付候ハヽ、五ケ年目ゟ年々銅代銀を以十ケ年ニ返上納可仕候間、何卒格別之御憐愍を以願通被　仰付被下置候様、幾重ニも奉願上候、依之乍恐以書付再度奉申上候、以上

山元第一の手当

山元開発以来の大被害

三ケ年割合にて拝借を再願、銅代銀五年目より一〇年賦返納としたい

文化二丑年十一月

予州別子立川両御銅山師
大坂　泉屋吉次郎

付ケ札

去子七月
八月両度洪水ニ付、損失高

一　銀四百拾貫四百九拾四匁

此訳

銀六貫弐百九拾七匁余　焼鉑壱万五千八百貫目流失仕候分

此出来銅八千八百五拾斤　但、百斤ニ付七十壱匁壱分六リ替

洪水損失高内訳、本書二三二頁参照

外ニ於御銅山吹方并山下ケ為登運賃、大坂表吹賃諸入用相除、書面之通御座候

銀弐拾壱〆百廿七匁　　焼炭四万六千九百五拾〆目流失候分

但、御銅山ニ而蔵詰并ニ焼込有之候分

平均拾〆匁ニ付四匁五分替

銀百拾五貫七百六拾匁　　三ケ月分出来不足銅代

但、平日者一日ニ出来銅凡三百四拾〆目程宛も出来可申所、去秋両度之風雨ニ而濡焼鉑并焼竃吹床湿り寄付相減、一日ニ出来銅百四拾〆目程宛不足仕、八・九・十三ケ月分ニ而銅高七万八千七百五十斤余全損毛ニ相成申候、尤十一月以来、此節ニ至候而も常躰ニハ相直り兼候

銀四拾壱〆六百目　　水引人歩増賃

内訳

銀拾六〆目　　七月分、日数五日之間増

銀廿五〆六百目　　八月分、日数八日之間増

但、敷内落水強候ニ付、昼夜夥敷人夫相増、樋水為引揚、猶又樋無之場所も所々ニ而汲揚候ニ付、増人夫賃銀書面之通ニ御座候

銀弐百廿五〆七百拾匁　　両度破損料諸普請入用高

但、御銅山并ニ立川・新居浜・炭山破損所、去秋両度御届奉申上候ケ所入用高、書面之通ニ御座候

右者去秋以来当丑年春迄臨時損銀高、書面之通ニ御座候、以上

〆

丑十一月

江戸にて拝借銀再願につき長崎奉行宛て口上書

乍恐口上書を以奉申上候

一予州別子立川銅山之義、追々格別之御手当を以山元相続仕、難有仕合奉存候、然ル処去子年山元不時之天災ニ而不存寄損銀有之候ニ付、当七月中大坂銅座御役所へ願書奉差上候処、御当地御差下ニ相成、御評議被為　在候処、難被為及御沙汰候段被仰渡、願書御下ケ被　仰渡候趣奉承知候、然ル処右拝借奉願候義別紙奉申上候通、夥敷損銀ニ而誠ニ当迷(惑)仕候義ニ付、不顧恐再願書大坂表ニ而奉差上候積之所、彼地御逗留日数も無御座候御儀ニ付、近頃恐多御儀ニ御座候得共、別紙之趣、吉次郎出府仕御願可奉申上候所、先達而ゟ病気ニ付、私名代として出府仕、幾重ニも御願奉申上候様願書持参仕候間、乍恐此段偏奉願上候、勿論山元手当之義者一日怠り候而も以前へ立戻かたき義ニ付、入用も不厭手当仕候義ニ而、多分之諸入用自力ニ難及、不顧恐再願奉申上候儀ニ御座候間、何卒願之通、御憐愍を以被為聞召分、願之通拝借被仰付被下置候様、偏奉願上候、以上

大坂にて拝借銀の件は願下

吉次郎病気につき名代として与四郎出府し願い上げる

丑十一月　　大坂泉屋吉次郎代
　　　　　　泉屋与四郎

長崎
御奉行様

銅座宛て願書

乍憚以書付奉願上候

拝借銀は願下

一予州別子立川両銅山之義、御用銅御定高并地売出銅之分共可成丈出情相稼売上仕候所、追年諸色高直ニ而何分難引合候ニ付、先達而御願奉申上候処、御慈憐を以御手当増等被下置、冥加至極難有奉存候、然ル所去々子秋七月・八月両度之風雨出水等ニ而破損所不少有之候ニ付而ハ夥敷損失仕、外ニ可相補手段も無御座、無余儀右之始末を申上、拝借之義御願奉申上候得共、御沙汰ニ難被為及、願書御下ケ被成下奉畏候、依之色々勘弁も盡候得共、大造之損失之義ニ付、兼而他借銀等差加へ山元手当仕置候銀子も不残遺《(遣カ)》捨ニ罷成、迚も再建之義中々難及自力、ケ成之義ニ而打捨置候而ハ銅山方備も相崩、自ラ人気ニも相抱り、何角近年山模様も取直し候所、此末出銅相減、御用銅御定高ニ相響候様罷成候而ハ歎敷次第奉存候間、押而御願奉申上候義も奉恐入候得共、何分難渋差迫候ニ付、於江戸表私名代之者ゟ肥田豊後守様御役所へ別紙之通願書差出申候間、於江戸御表ニ自然御評儀も被為在、当御役所へ御沙汰之次第も御座候ハヽ、御憐愍を以偏御仁恵被成下候様、重畳奉願上候、以上

江戸表で名代が長崎奉行へ願書提出

文化三寅年正月晦日

泉屋吉次郎

銅座
御役所

右願書ニ江戸表ニ而差出候願書相添、当月晦日主人并又右衛門付添、銅座へ差出候処、野村由蔵殿御取次ニ而、暫相待候様被仰聞候ニ付、下宿ニ而相控罷在候所、無程御呼出之上、被仰渡候ハ、是迄何事ニよらす願書之義者銅座役所へ差出来候処、此度於江戸表　御奉行様へ願出候義ハ如何之義ニ候哉、以書付申上候様被仰渡候ニ付承知仕、追而御答可申上段申置、罷帰候

長崎奉行へ願書を提出した理由書を求められる

乍恐口上

損銀多く難渋、出銅に抱るためやむを得ず出願

一旦願下げの件ゆえ長崎奉行への願出は筋違

心得違につき宥恕を願う

予州両御銅山去々子年秋両度之風雨破損所多ク、諸入用為補方拝借金之儀、於江戸御表長崎御奉行様へ奉願上候義、猶又当御役所へ去月晦日同様奉願上候所、私義当所住居之儀御座候所、江戸御表ニ而再願差出候義、如何相心得候哉と御尋被為成、承知奉畏候

此儀右破損之儀ハ、前代未曾有之大風雨ニ而諸失墜夥敷、諸普請自力ニ難相叶、依之去丑年七月拝借銀之儀、当御役所へ奉願上候処、御取請被成下候上、江戸御表ニ而御評儀被為在候得共、御沙汰難被及御趣を以、願書御下ケニ相成、奉畏候、依之色々勘弁相盡候へ共、多分之損銀ニ而補方手段も無御座、十方ニ暮罷在、此儘押送り候而者弥出銅ニ相抱、難渋至極仕候ニ付不得止事、最初当　御役所へ奉願上候後之御儀ニ付、右之御手続ニ奉存、先達而御届申上置候、於江戸表ニ私名代之者ゟ御歎為申上候儀ニ御座候、此段宜御聞済被成下置、御尋ニ付奉申上候、以上

丑二月二日　　泉屋吉次郎
代又右衛門

銅座
御役所

右之通書付差出候所、御預り置被成候由、其後又々御呼出ニて御尋之次第、左之返答申上候

別紙御尋之趣、以書付御答申上候処、猶又被仰渡候者、一旦於当　御役所御下ニ相成候願之義ニ付、御手続之儘とハ違事改り候義ニ付、御作法之通、当御役所へ可願上筋ニ被思召候段、奉蒙御察当候而者全心得違ニ相当り奉恐入候、然ル上ハ以来右様手違之義無御座候様可仕候間、此度之儀ハ偏御宥恕被成下度、此段奉願上候、以上

文化三寅年
二月八日　　泉屋吉次郎
代又右衛門

銅座
御役所

右書付差出候処、岡本御氏御取次ニ而、先御預り置、追而御沙汰可有御座様被仰渡候事

乍憚口上

御用銅吹屋会所創始の経緯につき御尋

一 一昨十八日紅吹師・吹屋惣代御呼出之上、被仰聞候者、私共仲間ゟ建置候　御用銅吹屋会所と申者何ケ年以前ゟ相始り候事哉被為成御尋、承知奉畏候

銅吹屋仲間の長崎廻銅請負

此儀、銅吹屋会所之儀者正徳二壬辰年長崎　御用廻銅御差支ニ付、銀座加役銅座被　召上、向後銅吹屋共ゟ長崎へ銅差廻シ候様、於江戸表長崎御奉行佐久間安芸守(信就)様・久松備後守(定持)様御立会之上被仰付、猶又於大坂表ニ町御奉行北條安房守(氏英、西町奉行)様被仰付、長崎御用銅五百万斤之辻無滞相廻シ、右御用御請負奉申上候ニ付、同辰六月南木綿町ニ銅吹屋会所相建、船積都而銅方御用向相弁取扱仕罷在候所、

宝暦四年改称

宝暦四癸戌年十一月西横堀吉野屋町へ引移、其節相改、御用銅吹屋会所と申義、長崎御奉行様・町御奉行様へ御願奉申上、幷ニ右会所屋敷丁役御免被成下候様奉願上候処、同十一月廿五日西　御番所へ被召出、中山遠江守(時庸、西町奉行)様於御前銅吹屋会所建置候旨幷ニ丁役御免願之趣御聞届被為　成下候、

町役御免

明和(第二次)銅座以降も銅方御用は会所にておこなう

其後明和三戌年御銅座最初ゟ只今ニ至迄、銅方諸事御用向於右会所ニ相弁相続仕来り候義ニ御座候

右之通御尋ニ付奉申上候、以上

寅二月廿日　　川崎屋吉右衛門
大坂屋又兵衛
病気ニ付
代儀兵衛

銅座
御役所

オランダ人吹所見物

一　今廿三日九ツ時紅毛人吹所へ一見ニ参候段、前日銅座ゟ為知有之ニ付、夫々用意左ニ

小吹形流し　平兵衛床斗
合吹方　太兵衛
南蛮吹　茂兵衛
同　久右衛門
灰吹方　太次郎
幷ゆり物　ふさ

右之通吹方いたし置候事

オランダ商館長

紅毛人名　ヘンテレキドーフ（Doeff, Hendrik 商館長）

桟敷四軒　銭払

右ニ付見物人場所者台所格子之前ゟ西の方へ桟敷四軒取候事、床机を直し、畳を入、前ハよしすたれ掛ケ、四軒仕切之間もよしすたれニ而仕切、日覆ハよし簀を置、銭払之前之所ハ除ケ置、紅毛人腰を掛候様、床机を二脚直し置候得共、不用也

見物人

床前之明キ有之分ハ前へよし簀ヲ立囲ひ、其内へ見物人を入ル、尤宜場所へハ別家方差入、其余ハ諸々入込也、敷物手当莚之うへにうすへり敷、入込ハよきむしろ斗也

中食

一中食用意、桟敷之分屋敷向又天満・銅座ゟ参候人之手当、手提三重ニ組肴入四通り申付ル、むすひ飯・にしめ、中分下分見合ニ取斗候事

見物場所大混雑

一表入口戸を〆、手伝両人付置、手寄之手ゟ参候人斗差入候様致置候得共、風来人夥敷群集、中々存候様ニ不相成、無是非法外之人数裏へ入ル、見物場所中々不行届、立見夥敷相成、重而

之節又々其心得可有事
右之通、明キ場所不残人入込、大混雑也
一紅毛人九ツ時少過ニ来、吹所一見相済、本家座敷ニ而饗応相済、九ツ半過退出、万端無滞相済
候事

吹所案内　袴羽織　又右衛門
　　　　　　　　　官兵衛
屋敷向宛取持　同断　久八

右ニ付、家大工日雇裏手伝等、皆々手当いたし置候事
水溜池ハ西ノ方不残蓋をいたし、東ノ方斗手すりを丈夫ニいたし置候、仕切囲ハ南者馬屑入ノ
所と間吹床・東南ノ角之所、北者鉛蔵前ゟ合鎔入所迄板ニ而かこひ釘付にして立切ル事、見物
人数凡三千人程也

見物人約三〇〇〇人

大坂屋へ紅吹師を再び仰せ付ける

一今十日仲間一同御呼出ニ付、大又幷ニ仲間一統罷出候所、去亥年ゟ丑年迄三ケ年間、大坂屋又
兵衛へ紅吹師被仰付、無滞相勤候ニ付、猶又当寅年ゟ向午年迄五ケ年之間、同人へ紅吹師被仰
付候、尤請書差出シ、銅会所ニ請書之控有之候

寅五月

乍憚口上

別子立川棹銅手当銀下渡を願う

一別子立川棹銅御定高七拾弐万斤之内、去丑年四拾四万斤、猶又当寅年五月十七日迄弐拾九万弐
千弐百斤、都合七拾三万弐千弐百斤奉売上候間、後半通御手当銀此節御渡被成下度、相残壱万

弐千弐百斤来卯年御定高之内へ操越ニ相成候間、御手当銀四拾五〆目、別段六拾〆目、都合百五貫目此節御渡方被成下度、此段以書付奉願上候、以上

寅五月十九日　　泉屋吉次郎
代又右衛門

銅座
御役所

乍憚口上

合吹・南蛮吹賃銀見積

一留粕鉛吹返シ灰吹迄吹賃銀諸雑用積り書之儀被仰聞候ニ付、左ニ申上候

一弐匁七分三厘　　留粕百斤合吹方
一五分壱厘四毛　　右御増銀之割
一五匁九分五厘五毛　　南蛮吹方正鉛六拾五斤之積り
一壱匁壱分弐厘壱毛　　右御増銀之割
〆拾匁三分弐り
但、留粕百斤当り

灰吹賃銀見積

一弐匁弐分　　灰吹壱吹分
一四匁壱厘四毛　　右御増銀之割
〆弐匁六分壱り四毛
但、灰吹壱吹之当り

右之通ニ御座候、以上

寅五月廿日　　泉屋吉次郎
代又右衛門

長崎奉行曲渕景露来坂、御目見

銅座
　御役所

一長崎御奉行曲渕和泉守（景露）様今七日朝御着座候趣ニ付、夜八ツ時ゟ為御待請、下宿へ罷越居候所、京都御通行隙取、今七日昼船ニて御下向ニて八ツ時御着座、如例御目見無滞相済候事

出勤　旦那
　又右衛門

長崎奉行吹所案内時に又右衛門差添を願う

乍憚口上

一明八日五ツ半時長崎　御奉行様私方銅吹所御見分被為遊候旨被仰渡、奉畏候、然ル所吹所御案内之儀数ケ所之儀ニ付、私壱人ニ而者難行届御座候間、又右衛門差添相勤申度奉存候間、此段御聞済被成下候様奉願上候、御聞済被成下候ハヽ、難有奉存候、以上

文化三寅年六月七日　泉屋吉次郎
　病気ニ付代官兵衛

銅座
　御役所

右官兵衛持参、直様相済候事

吹方役割

一今八日五ツ半時過、御奉行様御来駕、御先キへ長崎詰御勘定村田林右衛門様・御普請役大河内久兵衛様、直ニ座敷へ御通り、御休息之上、吹方御一覧相済

御案内　旦那　麻上下
　又右衛門

吹方御案内　官兵衛　袴羽織

一合吹床　太兵衛

一小吹床壱挺形流シ　藤　七
一間吹床二挺　善　六
　　　　　　　嘉　七
一灰吹方　太次郎
一南蛮床二挺　茂兵衛
　　　　　　　久右衛門

右之通、夫々手配いたし、万事都合能相済

銅座ゟ
　横瀬藤三郎殿
　野村八郎殿
仲間
　大坂屋又兵衛殿
　川崎屋吉右衛門殿

吹方出情の褒詞

一九日仲間一統御呼出ニ而、吹方出情之御褒詞有之事

諸色高値につき吹賃増願書を提出

一諸色高直ニ付、吹賃銀難引合、仲間中及困窮、百斤ニ付銀六匁八分ツヽ、御増之願書、今七月朔日銅座表へ差出候事、委細者銅会所ニ記有之、相納り候故、控可申事、又右衛門四ツ前出勤
　為川氏へ差出ス
　御預りニ相成ル

乍憚口上

別子立川銅山水抜普請料として銀六〇〇貫目を拝借

一別子立川銅山水抜為普請料銀六百貫目拝借之儀、寛政八辰年奉願上候処、御取調之上、右半銀高三百貫目御借渡被仰付、返納之儀ハ年々被下置候御手当銀之内を以、寛政九巳年ゟ十ケ年賦

返納被仰付難有奉存候、然ル処元来拝借銀之義ハ外々江貸付利足銀を以水抜普請可仕処、融通銀少ク、右ニ付年延之儀奉願上候所、一旦年限等御取極之上ハ御趣意も相振候付、御聞済難被遊旨被仰渡、乍併御用銅御定数無滞相納、近年ハ操越銅迄年々相増、売上之儀猶又水抜普請成就之上ハ弥出銅丈夫之基ニ相成、永々御用方無滞相勤候ニ付、格別之訳合を以、去ル巳年ゟ当寅年迄十ケ年之間、年々銀三拾貫目宛拝借被仰付、十一ケ年目ゟ壱ケ年三拾貫目宛、十ケ年賦返上納可仕旨被仰渡、難有奉存候、右銀高当寅年迄三百貫目之都合拝借銀ニ相成候間、證文一紙ニ相認、奉差上度奉存候、尤寛政八辰年拝借銀三百貫目之分、返済相済候元證文并是迄口々拝借仕候證文共此節御仕替被成下度奉願上候、且又右三百貫目返納之義ハ一ケ年御定高皆済之上、被下置候御手当銀を以、来卯年ゟ一ケ年三拾貫目宛返納仕度奉存候、右之趣御聞済被成下候様、書付を以奉願上候、以上

十一ケ年目より銀三〇貫宛返納

借用証文仕替を願う

寅七月　　泉屋吉次郎
　　　　　代又右衛門

銅座
　御役所

願書聞済も銅座に見当たらぬ証文あり

右願書御聞済有之、證文仕替差出候処、御役所ニ證文相見へ不申分も有之、其訳本家ニ證置候、追而出候ハヽ、引替可申由、岡本御氏・室上御氏被申候ニ付、其儘ニいたし置候、併年賦上納之義ハ御聞済有之候事

年賦上納の件は聞済

奉差上御請書

別子立川銅山助成金一万両拝借の件

予州別子立川銅山去々子年七月・八月両度山元風雨烈敷、小家々不残吹潰シ、敷内涌水強、鉑石焚炭多分押流し、怪我人等有之、不少損銀相立候ニ付、去秋右為御助成金壱万両拝借奉願、勿論

右山荒之儀ハ松平立丸様御預所役人中ゟも江戸表へ被相届候ニ付、御取調子御座候所、近来稼方引合不申、願ニ依而増御手当等被成下候義ニ付、此度願之趣ハ御取用難相成旨被仰渡、奉畏候、然ル所何分山元不時之天災ニ而多分之損銀難及自力、品々難渋之次第不顧恐、再応拝借奉願候所、猶又御調子之上、格別之御憐愍を以願高壱万両之内弐千両御減、八千両銀ニして四百八拾貫目之高、於　当御役所三ケ年ニ御割合当寅百六拾貫目御借渡、四ケ年御借居、五ケ年目ゟ十ケ年賦銅代銀を以返上納候積、残銀三百廿〆目ハ来卯・来々辰弐ケ年ニ御割合御借渡被仰付、御借居幷年賦年限等当年御割合之通、順々相心得、銅山稼方手当弥丈夫ニ取扱、可成丈出銅相増候様、御用弁之儀誠実出情可仕旨被仰渡、逐一承知奉畏、難有仕合奉存候、仍之御請證文差上候処、如件

別子立川銅山師
泉屋吉次郎印
主人
付添又右衛門
銅座銀場ニ而被仰渡候事
真兵衛下宿迄

文化三寅年
八月九日

銅座
御役所

御勘定　大塚孝之助様
御普請　西村常蔵様
御吟味　中山利十郎様
為川辰吉様
小山蓬吾様

三ケ年割合にて借
銀

差上申拝借銀證文之事

別子立川銅山助成
金当年分

一　銀百六拾貫目也

右者予州別子立川銅山去々子年両度山元大風雨ニ而小家々々不残吹潰レ、敷内水強、鉑石焚炭多分押流レ、怪我人等も有之、不少損銀相立候ニ付、去丑秋右為御助成金壱万両拝借被下置度奉願上候処、御取調子之上、金八千両銀ニして四百八拾貫匁之高、寅・卯・辰三ケ年ニ御割合御貸渡被仰渡候内、当寅年分書面之高、慥ニ奉請取候、然ル上者返上納之儀ハ四ケ年御貸居、向午年ゟ拾ケ年賦銅代銀之内を以、十二月中迄急度返上納可仕候、依之拝借銀證文差上候処、如件

五年目より一〇年賦返納

文化三寅年
八月

泉屋吉次郎

銅座
御役所

右銀高八月十二日請取候事

寛政八辰年五月水抜普請為御手当銀三百〆目拝借仕、巳年ゟ拾ケ年分返納可致所、難渋ニ付年延奉願候処、此儀者御聞済無之、願書御下ケニ相成、別段年々三拾〆目宛拾ケ年御貸渡被仰渡候ニ付、右三拾〆目之銀子ニ而辰年拝借三百〆匁之高返済相済、改三拾〆目ツヽ、十ケ年之高證文相改左ニ

水抜普請手当銀返済年延の件は願下

差上申拝借銀證文之事

引替借銀証文

一銀三百貫目

右者予州別子立川銅山水抜普請万端入用銀為御手当、寛政九巳年ゟ当寅年迄拾ケ年之間、年々銀三拾〆匁宛拝借被仰付、書面之銀高慥ニ奉請取候、右返上納之義ハ来卯年より向子年迄拾ケ年之間、銀三拾〆目ツヽ、年々被下置候御手当銀之内を以、急度返上納可仕候、依之拝借銀證文奉差上候処、如件

文化三寅年八月　　泉屋吉次郎

銅座
御役所

古証文など残らず銅座へ差出、引替

右證文相改候ニ付、是迄之古證文幷ニ口々請取書等不残室上氏へ又右衛門ゟ差出、双方引替相済候事

大坂目付市中巡見

明十二日天気能候ハヽ、御城中御目附様追手筋御巡見ニ付、左之町々御通行被遊候、御道筋差構之もの取除、掃除いたし、御通行之節年寄町境へ罷出、人立不作法無之様可仕旨被仰渡候間、其旨承知、此廻状年寄名印ニ而早々相廻し可被申候、以上

寅九月十一日　　南組惣会所

道筋、吹所立寄の場合もあり

御道筋、順慶町五丁目ゟ同三丁目・治郎兵衛町・中橋御渡り茂左衛門町、品ニ寄ハ銅吹屋へ御入可有之哉、心得ニ知セ置可被申候、手当ニハ不及候、鱣谷壱丁目・大和町、上大和橋御渡り

右之通、町内会所ゟ差紙之写持参いたし候

九月十一日夜四ツ時過

吹所入来、案内

右用意いたし置候処、今十二日四ツ半時御入、依之新座敷へ御通シ御茶・干菓子差出ス、鉑石箱

戸田主税之助様　　御案内　麻上下 仁右衛門
　　　　　　　　　　　　　袴羽織 清七

別子立川銅地売廻し見積

乍憚口上

別子立川銅地売廻シ、当年中何程相廻り候積りニ候哉、凡之所ニ而も取調子可申上様被仰渡、承

知奉畏候

当年は六万五〜六〇〇〇斤程売上か

此儀当春凡積り八万斤程奉売上候様奉申上置候得共、其後諸国米穀下直ニ候哉、稼人集り方無数、依之諸国へ人雇等迄差遣候得共、何分稼人無数、炭木等ニ大差支難渋仕候、乍併随分出情仕奉売上度、色々勘弁相尽し候儀ニ御座候、右之仕合ニ付、当年之所地売向凡六万五六千斤程奉売上候様可相成と奉存候、猶可成丈出情可奉売上積りニ御座候、御尋ニ付以書付奉申上候、以上

寅十月廿一日　　泉屋吉次郎
代又右衛門

銅座
御役所

乍憚口上

別子立川棹銅御定高皆済、残地売方へ買上

一別子立川棹銅御定高七拾弐万斤外四万斤、五ケ年中別段奉売上候分都合七拾六万斤、此度廻着仕候弐百五拾箇之内百箇、御用銅都合如高御定高皆済相成候間、残百五拾箇此斤壱万五千七百五拾斤地売方へ御買上被成下度、此段以書付御届奉申上候、以上

寅十月廿七日　　泉屋吉次郎
代又右衛門

銅座
御役所

東町奉行平賀貞愛吹所一覧

一今四日東町御奉行平賀信濃（貞愛）守様吹所為御一覧御入ニ付、手当左ニ

一小吹床形流し

一同　本吹流し

一合床壱挺
一間吹床三挺
一南蛮床弐挺
一灰吹床弐挺
右之通用意いたし置候事、八ツ半時過御入、西御奉行御案内ニ而万事無滞相済、右ニ付四ツ時ゟ為御待請

吹所入来役人

与力衆　田坂市太郎様
　　　　大森甚五兵衛様
同心衆　吉見弥五兵衛様
　　　　小宇野文太夫様
銅座　　為川辰吉殿
　　　　野口藤三郎殿
　　　　岡本藤五郎殿

右御入来候而七ツ半時相済、御引取

乍憚口上

一当十六日私共被召出、近来古銅売上無数、如何思召候段、御尋ニ御座候

此儀私共毎月市中古手屋共幷ニ真鍮屋共繁々見廻り申候、尤不束之儀御座候而ハ私共不調法ニ相成候ニ付、無油断見廻り仕候所、紛敷義及見聞不申候、猶此上申合繁々市中相廻り、右商売人共へも心得違無之様申付、古銅集り方宜敷義も候ハヽ、可申上候、勿論紛敷義等御座候
古銅売上少なきにつき御尋
油断なく市中見廻

ハ、早速可申上候、此段御尋ニ付、以書付奉申上候、以上

寅十二月

古銅見改方
金屋六兵衛
銭屋五郎兵衛
富屋彦兵衛
代清兵衛
泉屋吉次郎
代久八

銅座
御役所

吹方出情につき褒美銀下渡

今廿三日仲間一同御呼出ニ付罷出候所、吹方出情為御褒美仲間中銀八枚、別段銀五枚被下置候事、
即日為御礼両御番所・天満・銅座掛り役不残夫々又右衛門相勤候事

手伝頭喜兵衛休息

手伝頭喜兵衛事、久々病気ニ而難相勤ニ付休息申付ル、仍之当月より為合力米壱斗五升ツヽ、差遣候事、猶又為小遣銭五〆文差遣候也、跡役手伝頭為七へ申付候事

文化四年

文化四丁卯年正月吉日

乍憚口上

別子銅山助成金当年分御渡を願う

一予州別子銅山去ル子年両度山元大風雨ニ而不少損銀相立候ニ付、右融通として御銀拝借奉願上候処、為御助成昨寅年御銀四百八拾貫目之高、寅・卯・辰三ケ年ニ割合御貸渡之儀、御聞済被仰渡候御儀ニ御座候、右ニ付当卯年分割合銀百六拾貫目之分、何卒此節御渡方被成下度奉願上

銅山方銀繰悪く難渋

候、近々銅山方上納銀可仕候処、銀操合悪敷甚差支難渋仕候間、此段御聞済被成下候様、重畳奉願上候、以上

卯正月十三日　　泉屋吉次郎
代又右衛門

乍憚口上

別子立川棹銅手当銀下渡を願う

一別子立川棹銅御定高七拾弐万斤之内、去寅年四拾四万斤操越奉売上候ニ付、右御定高之内半通三拾六万斤之分、御手当銀四拾五貫目、此節御渡被成下度奉願上候、尤例年操越銅之分者翌年ニ至御渡方ニ相成候間、此段書付を以奉願上候、以上

卯正月十七日　　泉屋吉次郎
代又右衛門

銅座
御役所

紅毛渡御用銅掛渡割合

一於長崎表、唐紅毛御用銅御掛渡之砌割合之儀、左之通

一紅毛御渡八拾万斤ニ付

内訳

三拾六万斤　　別子銅

弐拾八万斤　　秋田銅

拾六万斤　　南部銅

〆如高

雑用銀高

一御銀拾貫目　　壱ケ年被下置候御雑用銀高

内　拾四匁　半紙墨代

残り九貫九百八拾六匁

此訳

七貫九百八拾八匁八分　前段別子銅・秋田銅ニ懸り候雑用銀割合

壱貫九百九拾七匁弐分　南部銅ニ懸り候雑用銀割合

〆如高

右之通、今日銅座へ願書差出候事、委細者銅会所ニ控有之、略書ス

卯正月十七日

老中安藤信成大坂巡見道順

一御老中　安藤対馬守様（信成、磐城平藩主）今朝五ツ時松山御屋敷へ御着、同日八ツ時ゟ御出駕、淀屋橋筋を北久太郎町へ渡辺すじ座摩社へ御入、渡辺筋南久宝寺町稲荷社へ御入、佐野屋橋筋南へ灘屋へ御入、夫ゟ長堀南側を東へ、七ツ時前ニ吹所へ御入、尤町　御奉行佐久間備後守様壱丁程先へ御越、玄関前ニ而御待請、無程　安藤様御入、松之木之下ニ而御下乗、夫ゟ座敷へ御通り、例之通御茶・御菓子差出シ候処、薄茶不被召上、御菓子者御持帰り被遊候事

吹所見分

三町人

一三町人寺嶋藤右衛門殿・尼崎屋又右衛門殿、前刻ゟ御待請被成候事

委しく御尋あり

茶菓・鉑石箱

一吹方加減宜候ニ付申上候処、直様吹所へ御入、小吹形流シ・合吹・間吹・灰吹・南蛮吹・鋳り付夫々御覧之上、銅山方吹方之次第迄委敷御尋、汰り物御覧、夫ゟ御奉行様先へ御引取、安藤様又々座敷へ御通り御茶・御菓子差出、鉑石箱差上、夫より七ツ半時比御出駕、九之助橋御渡、夫ゟ瓦屋藤左衛門殿へ御立寄、高津・生玉・道頓堀南側西へ、太左衛門橋を北へ、御帰館夜ニ入候事

一前晩表四角之高張差出ス

吹所座敷詰の者

一 吹所座敷詰

東与力 田坂市太郎様
同同心衆 吉見弥五兵衛様
継上下 長崎 初村官兵衛様
同 銅座 岡本八左衛門様
同 野村八郎様
吹屋仲間 熊野屋彦九郎殿
麻上下着 大坂屋又兵衛殿

右御詰衆中者町 御奉行様先へ御出之節御出迎申上、御老中様御入之節者御出迎無之候事

出迎の手順

一御入之節、麻上下着仁右衛門御出迎、中門中ニ而麻上下着又右衛門御出迎、夫ゟ両人裏方御案内申上候、真兵衛・官兵衛・伝蔵袴羽織ニ而吹方加減見繕、右両人為相知、夫ゟ御奉行様へ申上候事、細工人共繻伴着用、かふりもの無用ニ致候事

右之通、都合宜相済候事

卯二月十三日

通常より厳重に準備する

但、此度之 御老中様別而六ケ敷、御触通毎より厳重ニ被仰渡候、是迄莚簀ニ而相囲候処板ニ而しつらひ、目張等迄いたし、其外蔵窓二階表抔も戸を〆、手伝場格子内ゟ紙を張、細工人手伝役之者斗り、余ハ為相休、厳重ニ致候

老中老年につき床几を用意する

安藤様御老年之事ニ付、新ニ几床拵へ候事

大坂城代松平乗保
吹所入来
市中巡見道順

一松平能登守様（乗保、大坂城代）、今日九ツ時前御入之事
但、玉造ゟ安堂寺橋筋谷町へ、高津北之通ゟ植木屋へ御立寄、右庭ゟ裏道高津之社、夫ゟ生玉、此所御中食、夫ゟ孔雀茶屋、松屋町筋、九之介橋ゟ吹所へ御入、吹所御一覧之上、座敷へ御通り、例之通御茶・御菓子差出ス、九ツ半時御立之事

御案内佐野（政親カ）備後守様

御待請として

与力　田坂市太郎様
同心　吉見弥五兵衛様
銅座　野口慶太郎様
　　　野村八郎様
仲間　大坂屋又兵衛殿

一小吹床壱挺　形流し
一間吹床弐挺　別子立川銅
一合銅壱挺　生野銅
一南蛮床弐挺　生野銅
一灰吹床弐挺　生野銅ニ合候出鉛

右之通、外ニ錺付等取揃、万端無滞相済候事

御案内　麻下（ママ）仁右衛門

又右衛門
袴羽織
官兵衛
伝　蔵

吹賃銀増額願

一銅吹屋仲間中、近年諸色高直ニ付吹賃銀難引合、百斤ニ付六匁八分程之損銀相嵩候ニ付、吹賃御増方之儀、願書当月廿八日銅座へ差出置候処、先御預り置被成下候様、室上御氏取次ニ而被仰聞候事

尤願書写ハ銅会所ニ有之ニ付、文略ス

卯三月廿八日

泉屋吉次郎
代又右衛門
大坂屋又兵衛
熊野屋彦九郎
代平兵衛
富屋彦兵衛
川崎屋吉右衛門
代平右衛門

去九月願下、再願

但、右吹賃増之儀、寅九月ニも願出候処、願書御下ケニ相成候処、此度又々再願申出候事

『年々諸用留十番』三七六頁参照

乍恐口上

長堀茂左衛門町
泉屋吉次郎
病気ニ付
代官兵衛

久兵衛銅盗取の容疑にて入牢

一今四日私儀御召被為　成奉畏候、則罷出候処、被為仰渡候者、私方ニ召抱候八助と申者、当時久兵衛と申、御吟味之義ニ付、御召捕入牢被為仰付候段被為仰聞奉驚入候、尤銅盗取候義無之

哉、御尋ニ付奉恐入、此段左ニ奉申上事

所持銅少々不足
性合により吹方増減あり
屑銅勘定は見積り難い

一久兵衛儀者去寅九月ゟ召抱候処、当二月同人義親類共之内相続仕度暇之義申断候ニ付、則暇差遣し候、然ル所久兵衛私方ニ罷在候内、私所持之銅少々不足ニ相成候哉、御尋ニ御座候ニ付、銅吹方之義者銅性合ニ寄、日々吹方之度増減も御座候、其屑銅并ニ土中埋銅ニ相成候得者凡積難相分義も御座候、随而屑銅之義者溜置、手隙之砌、追々粉成シ方仕、正銅ニ仕候義ニ御座候得者、勘定之儀者見積かたく御座候得共、少々不足ニ相成候様相見へ申候、右奉申上候通、見積之義ニ御座候得者難申上奉存候、御尋ニ付乍恐此段書付を以奉申上候、何分不調法之段、御赦免被為成下候ハヽ、御慈悲難有奉存候、以上

文化四卯年四月四日

代官兵衛

年寄
泉屋良右衛門

東
御奉行様

右書付留ル、追而呼出シも有之間、罷出候様被仰渡、八ツ時過右之趣、銅座御役所へも届置候事

新規土蔵普請

一鱣谷壱丁目浜へ新規ニ土蔵壱ケ所相建候ニ付、四月廿五日右町内ゟ御番所へ御願申上候而、川方・地方共御聞済之旨、被仰渡候事

仕様帳

一新土蔵八間三尺ニ四間、浜掛ケ造り、仕様帳別ニ有之、今九日吉辰ニ付釿始致シ候事、尤右祝酒肴差出候、大工五人・手伝八九人、勿論てうのはしめと板囲一緒之祝故、気を付口取生魚とにしめ差出ス

右ニ付為祝儀　　宇田屋幸治郎
中鯛弐尾　　なら屋平兵衛
いか五ツ　　大工勘兵衛
やね屋
石大工甚兵衛
如此差出候ニ付、溜メ銀壱両・紙弐折
則右之内、鯛壱尾を別段之口取ニ差遣候事

棟上祝儀

一六月廿八日棟上祝儀　大工 手伝
右祝ひ酒出ス、鯛壱尾・にしめ・酒壱斗五升差出ス、右為祝儀鯛壱尾・はも弐本、前書五人ゟ呈之、溜銀壱両、餝餅壱升取鏡餅四重、〆米八升也

浜新建土蔵の号（『年々諸用留十一番』一六六頁参照）

右鱣谷浜新建土蔵佳号　友紀様ゟ御定、文化六巳年十月御差下有之、左之通
東方
外蔵号
赤根外庫
何の心もなく只東方にあるゆへあかねさすとの言の葉にて名つくる斗ニ候

銅座宛て願書

乍憚口上

御用棹銅過銅を定め銅を償う

一於長崎表御用棹銅、唐紅毛御掛渡之砌、年々欠銅有之候処、欠銅之砌者其時々買下シ相償来候儀ニ御座候、然ル処近年者過銅定ニ相成、去ル寅年迄棹銅七千三百廿三斤余過銅ニ相成、於長崎別段除置、此後欠銅も有之節、右過銅を以相償候積りニ御座候、然ル所当時過銅至而不進之

近年銅吹屋の預り銅少ない

一三二三斤余を欠銅手当とし過銅六〇〇〇斤を地売銅融通、御用銅で差引を願う

砌ニ付御預り銅無少候処、御直売出被仰付候後ハ少斤数数口ニ御切手相廻候故、右買請人共望之目方相揃不申、左候迚延引仕候時者彼是御願申出候も奉恐入、色々と仕候得共、何分操合出来不仕、其上疵銅等も吹直し渡方仕候ニ付、弥融通相成兼難渋仕候間、長崎表ニ除置候過銅之内千三百弐拾三斤余者同所ニ備置、六千斤分ハ地売銅融通として取戻し候様仕度奉願候、右願之通御聞済被成下候ハヽ、当地ゟ差下シ候御用銅之内を以差引可仕候、左候得者右奉申上候通、諸向融通ニ相成、差支も無之、私共手操宜、一統難有仕合奉存候、自然此以後於長崎表唐紅毛御掛渡之砌、万一欠銅ニ相成候砌者右六千斤丈者所持銅之内を以其時々差下シ相償候様仕度奉存候間、何卒右之趣被聞召分、願通御聞済被成下候様、重畳奉願上候、以上

卯四月廿六日

川崎屋吉右衛門
代判平右衛門
富屋彦兵衛
熊野屋彦九郎
代判仁兵衛
大坂屋又兵衛
泉屋吉次郎
代又右衛門

銅座
御役所

四丁様銅仕様につき覚

覚

一 四丁様銅弐組
但、壱組ニ付入用銀左ニ

四丁様銅入用銀内訳

一 五拾匁　　吹銅四丁物御定増

一三拾匁　　右増之外、様銅之儀ニ候得ハ目形等合セ格合宜仕候事故、別段増相掛り申候、
　　　　　吹損し之分、不残再吹仕候義故、治定難仕候得共、凡積り申上候
一四拾八匁　右四丁銅摺合せ手間幷廿五斤之文字彫手間共相掛り申候
一拾三匁　　右百斤入箱壱、松壱寸板ニシテ　但、五拾斤二箱ニ仕候時ハ拾壱匁相掛り申候
〆百四拾壱匁
右之通ニ御座候、猶又八丁様銅ニ被遊候ハヽ、下直ニ付弁利も宜敷哉と奉存候、左候ハヽ、弐貫目ツヽニ仕、摺合手間も相掛り不申、増銀之儀者百斤ニ付弐拾匁、外ニ彫手間相掛り申候

八丁様銅にすると弁利良い、増銀値段

右之通ニ御座候、此段御尋ニ付奉申上候、以上

六月七日　　　　　　　　　　　　　　　　泉屋吉次郎
　　　　　　　　　　　　　　　　　　　　　代又右衛門

銅座
　御役所

乍憚口上

別子立川棹銅手当銀下渡を願う

一別子立川棹銅御定高七拾弐万斤之内、去ル寅年四拾四万斤、猶又当卯年六月十九日迄三拾六万四千五百斤、都合八拾万四千五百斤奉売上候間、後半通御手当銀此節御渡被成下度、相残八万四千五百斤来辰年御定高之内へ操越ニ相成候間、御手当銀四拾五貫目、別段六拾貫目、都合百五貫目、此節御渡方被成下度、此段以書付奉願上候、以上

卯六月廿日　　　　　　　　　　　　　　　泉屋吉次郎
　　　　　　　　　　　　　　　　　　　　　代又右衛門

銅座
　御役所

但、此内三拾貫目当卯年分年賦上納いたし候事

秋田鉛買請願

覚

一秋田鉛吹返シ　百斤ニ付　代三百五拾七匁替

一同鉛 無印 丸大印　百斤ニ付　代三百四拾壱匁替

右之通直段ニ而、当年廻着之分凡九万斤程奉買請度奉存候、尤敷銀差上置可申候、以上

卯七月朔日

泉屋吉次郎
代又右衛門

秋田御屋鋪
御役人中様

近来古銅出方不進の事情を御尋、古銅見改方より回答

乍憚口上

当月五日私共被　召出、御内分ニ而被仰渡候者、近来古銅出方不進ニ而生ケ物見分等も不申出、如何之訳合ニ可有之哉、存寄可申上様被仰聞、奉承知候、依之一統申談、存寄左ニ申上候

生ケ物見分は貫目掛改のみで証拠なし

一生ケ物見分之儀、生ケ物之品御座候時者荷主ゟ御届申上、御改請候儀ニ御座候、尤生ケ物品無御座候節者私共申合、時々改方見廻り候儀ニ御座候、生ケ物見分之義者、是迄御改請候節、荷主其品最寄之場所へ持出、御役人様方御改請候儀ニ御座候得共、貫目掛改而已ニ而證拠等無御座候間、以来改候品へ目印之極印打候ハヽ、仮令前之改之品ニ而店捌方無御座、年久敷所持仕候品たりとも相分候義奉存候、随而是迄生ケ物之品聊たりとも御役人様方御立会被成下候儀諸向之者共恐多、自ラ溜置御改請候義故、差支勝ニも有之様承知仕候、以来ハ私共四人之者其品掛目相改、　御役所へ時々御届申上候様仕候ハヽ、弁利も宜敷可相成哉ニ奉存候

以来は適宜役所へ届け出る

切屑銅は滞りなく売り上げる

一古銅不進之儀勘弁仕候所、古銅之内切屑銅之義ハ百斤売上ケ代り吹銅百斤御売出御座候ニ付、

古銅代り吹銅売下げまで手間かかり口銭薄いため売上不振

古銅出方増加のための提案

少も無滞売上候儀ニ御座候、此外上中下古銅之儀者百斤売上ケ代り吹銅九拾斤御売出被仰渡、右売上仕候ニ付而者吹屋へ荷物持参、貫目改并古銅斤数御届、御掛改相済候上者、御売出之節買下ケ印形御役所へ罷出、彼是荷主諸雑費も相掛り、其上古銅買取候義吹屋へ廻し御掛渡相済、代り吹銅御売出し迄日数相掛り候得ハ、右銀子歩合等も損毛ニ抱り、殊ニ無人之者抔右時々少斤数ニ而も同様差支、薄口銭ニ而売買仕候義ニ付、自ラ売上方不取締ニ罷成、旁以九拾斤之御売出ニて者内分難引合筋ニも相聞得候、何卒古銅代り吹銅之義も古銅百斤代り吹銅百斤ツヽ御売下被成下候ハヽ、出方も宜哉ニ奉存候、尤代り吹銅之儀者、御売出有之候迄古銅斤数ニ応シ、御預り銅目合出来合有之候得者、其時々内渡仕置、古銅間銀并ニ印形等其時々請取置、御懸渡之上、差出シ可申候

右之趣被成遣候ハヽ、御取締ニも罷成、古銅出方相増、不正之筋仕候者も御座有間敷奉存候、併是迄九拾斤ツヽ、御売出候処、百斤御売出相成候而者如何可有御座奉存候得共、御取締ニも相成候義ニ奉存候間、此段存寄申上候、以上

右ノ下へ下ケ札

江戸では斤数に応じ売出、余銅も売り下げる

江戸表之儀者古銅而已ニ而代り銅九拾斤御売出御座候得共、斤数ニ応し月々当所より御売出御座候上、有余銅之儀も割合を以御売下ケ御座候へハ、当所之儀前断之通被仰付候共、双方差支之筋御座有間敷奉存候

卯四月九日　銭屋五郎兵衛

金屋六兵衛

富屋彦兵衛
泉屋吉次郎
代又右衛門

銅座
御役所

勘定所より内々に鉛六万斤調達の指示

御代官笹山重兵衛様御内小林源左衛門様、六月廿七日御出、仁右衛門ニ被仰付候ハヽ、此度江戸表御勘定所ゟ御内々被仰越候趣ニ而、鉛六万斤程市中ニ而調呉候様御頼ニ御座候処、大造成斤高ニ候得ハ、市中ニ而難調趣、又右衛門ゟ断申候処、小林様被仰聞候ハ、何分御勘定所ゟ被仰出候事故、弐三万斤位ニ而も相調呉候様達之御頼ニ御座候、仍之無拠諸方聞合候処、何方も注文多く中々市中ニ而者壱万斤位も調ひ不申、色々勘弁いたし居候処、秋田鉛当月二日御札入御座候由承り候ニ付、右之趣小林様へ及御相談ニ候処、幸之儀ニ候得ハ入札致呉候様御頼、早速久八、山下平兵衛殿方迄相尋候処、当年中一手ニならてハ札入難相成申候ニ付罷帰り、一統相談仕候処、当年者諸方共注文多く市中払底之由尋候故、一手ニ入札可致様相談相決候ニ付、左之通凡壱ヶ年九百箇余之積り

注文多く調達は困難
秋田鉛入札の情報

入札

一秋田鉛吹返し鉛　百斤ニ付　代三百五拾七匁替
一同鉛　無印
　丸大印　百斤ニ付　代三百四拾壱匁替
〆

落札

右之通入札いたし候処、落札ニ相成、仍之早速小林様へ申上候処、今三日御同人御出ニ付、又右衛門御面談申候処、御同人被仰聞候者、御心配被下、落札ニ相成り大慶いたし候、右鉛之義早速江戸表へ御窺申上、御下知有之候迄預り置呉候様御頼ニ付、又右衛門御答申上候、右鉛之儀者早

勘定所の指示あるまで鉛を預り置くよう依頼あり

速銀子差出シ荷物請取候事故、御下知御座候迄相待候儀も難相成申上候処、至極尤成儀ニ候得共、御勘定所御下知無之内ハ金子難差出間、其方より御世話被下、金子御工面、荷物御請取被下度、歩合之儀者如何様共可相成被仰候ニ付、一統談合之上、右之通御請申上候、左之通書付差出

鉛代金は当方が工面

鉛吹返し代など諸経費

覚

一秋田鉛四万斤
　吹返し百斤ニ付
　　三百五拾七匁
無印・(大)印百斤ニ付
　　三百四拾壱匁
棹吹直し百斤ニ付
　　拾五六匁位
荷造り壱箇ニ付
　　五分
船賃水揚壱箇ニ付
　　弐分五厘
右之通ニ御座候、以上

右書付、六月晦日仁右衛門持参

『年々諸用留十一番』二二一頁参照

鉛買請指上申一札之事

一秋田吹印鉛、百斤ニ付代銀三百五拾七匁替

一同丸大印鉛、百斤ニ付代銀三百四拾壱匁替
一同無印鉛、百斤ニ付代銀右同替

御蔵出鉛代銀を納める

右之通直段を以、当卯年為御登鉛廻着高凡九百箇余皆済、買請申候処実正也、右為敷銀此節銀拾貫目相納申候、然ル上者当時御蔵所有之候吹印・丸大印鉛取合五百三拾三箇之分、此節御蔵出鉛代銀指銀ニ相納可申候、猶又残り鉛者廻着之上、御差図次第御蔵出鉛代銀差銀ニ相納可申候右之趣相極メ申候上者、後日ニ相違仕間敷候、為其指上申一札仍而如件

文化四卯年
七月二日
泉屋吉次郎
病気ニ付
代判又右衛門

秋田御蔵屋鋪
御役人中様

秋田鉛吹返し代銀の下渡を願う

覚

一秋田鉛弐万斤
此訳
吹返シ鉛壱万斤
代三拾五貫七百目　但、百斤ニ付三百五拾七匁替
（丸大印
無印　鉛壱万斤
代三拾四貫百目　但、百斤ニ付三百四拾壱匁替
外ニ
一三貫目　鉛弐万斤、棹吹賃吹減共

但、百斤ニ付拾五匁ツ、
一百五拾匁　鉛弐万斤、荷造賃・川船賃・水揚共
〆　但、百斤ニ付七分五りツ、
合七拾弐貫九百五拾匁
右之通ニ御座候、尤直段之儀者私方へ買請之儘、無口銀ニ而御請負申上、殊ニ相場物之儀ニ御座
候間、代銀早々御下ケ被成下候様仕度奉存候、以上

文化四年
卯七月三日

大坂銅吹屋
泉屋吉次郎印

大坂代官
笹山重兵衛様
御役所

小山平吉殿

秋田極上品
鉛元直段三百七拾五匁
棹形吹立候ハヽ、百斤ニ付拾五匁
百斤ニ付荷造り賃七分五り
〆三百九拾匁七分五り
凡壱万斤丈ハ可相成哉

乍憚口上

古銅取次人より古銅売上方につき御尋、回答

一（ママ）昨廿三日私共御呼出御尋被遊候者、先達而存寄申出候古銅売上方之儀、古銅持参之節、切屑銅

同様八歩通ニ而も相渡遣可申哉之儀、古銅取次人ゟ売上候儀者如何可致哉、御尋ニ御座候

古銅は取次人・吹屋中の弁利よい方から売り上げる

此儀古銅売上方之儀者、取次人幷吹屋中ゟ其向々弁利宜方ゟ是迄之通売上方可然奉存候

古銅代り吹銅の内渡を願う、帳面を作成

一古銅持参候節、代り吹銅切屑同様八歩相渡遣候ハヽ、弁利宜奉存候、乍然御預り銅無少吹銅目合等も不相揃、差支候時者随分吹方差急キ、且売上主之内ニも代り吹銅格別不差急ものも可有御座、是等之所を見斗ひ、其時々差支ニ不相成吹銅繰合、吹屋売上幷ニ取次人ゟ吹屋へ相廻り候分も同様八歩通ニ不限、内渡致遣候得者双方差支ニ不相成哉ニ奉存候、尤御売出迄ニ内渡仕候分者別段帳面拵置、其荷主ゟ請取書印形取置、有銅御改之節ハ右帳面を以御覧ニ入可申候

古銅売上斤数を調べ割符する

売出は年二回

一代り吹銅之儀、切屑同様御売出ニ相成候得者宜御座候得共、自然有余銅御売出ニも相成候儀ニ御座候得者、私共四人中へ御売出被成下度奉存候、左候得者其向々古銅売上斤数取調、夫々割符致遣候、請取印形取之、御役所へ差上可申候、尤御売出之儀者壱ケ年両度十二月より五月中迄六ケ月分六月ニ御売出、六月ゟ十一月中迄十二月ニ御売出被成下候様仕度奉存候

生ケ物見分、極印を打つ

一生ケ物見分之儀者極印打ニ相成候様被仰付可被下候

右之趣御尋ニ付、以書付奉申上候、以上

卯七月廿五日

銭屋五郎兵衛
金屋六兵衛
富屋彦兵衛
泉屋吉次郎
代又右衛門

銅座御役所

棹鉛斤数・代銀請取高書き上げ

覚

一竿鉛壱万斤　　　　　吹賃共
三九替　代三拾九貫目
一同五千斤　　　　　　同断
三七五替　代拾八貫七百五拾匁
一同六百弐拾五斤　　　同断
三七々六替　代弐貫三百六拾匁
一同五千五百斤　　　　同断
三九替　代弐拾壱貫四百五拾匁
一同三千斤　　　　　　同断
同替　代拾壱貫七百目
一同八百七拾五斤　　　同断
同替　代三貫四百拾弐匁五分
是迄〆弐万五千斤
代九拾六貫六百七拾弐匁五分
一同六千五百斤　　　　同断
四二三五替　代弐拾七貫四百六拾弐匁五分
〆三万千五百斤

代銀百弐拾四貫百三拾五匁

又

壱貫八百六拾弐匁三厘

但、壱歩半口銀

弐百三拾六匁弐分五厘

但、三百拾五箇荷造賃

壱箇ニ付七分五りツ、

壱貫目　小山御氏へ直渡

合銀百廿七貫弐百三拾三匁弐分八厘

内

六拾六貫目　金千両代請取

残六拾壱貫弐百三拾三匁弐分八厘　不足

但、八月ゟ壱ケ月五朱利足定

右之通ニ御座候、以上

卯八月

鱣谷壱丁目
泉屋又右衛門

小山平吉殿

鈴木市兵衛殿

證文之事

鉛代銀取替

一此度竿鉛三万千五百斤、此代銀百弐拾六貫弐百三拾三匁弐分八厘、貴殿御取次を以御買入被下、荷造り之上、追々泉屋真兵衛方へ御渡可被下候ニ付、右鉛代銀高之内へ六拾六貫目其元へ相渡、残銀六拾貫弐百三拾三匁弐分八厘不足ニ相成、外ニ銀壱貫目別段借用仕、都合六拾壱貫弐百三拾三匁弐分八厘、貴殿ゟ御取替被下候処実正也、然ル上者於江戸表中橋上槇町泉屋直蔵方ニ而

鉛半分到着次第江戸中橋店へ代銀を下げ渡す

鉛半通り壱万五千七百斤余同所着次第御渡可被下筈、相残鉛半通り之儀ハ右残銀高ニ当八月ゟ

残分は利銀付

銀壱貫目ニ付壱ケ月五匁宛之利足相加へ、元利之高直蔵殿へ相渡候上ニ而残鉛引替請取可申候、万一難破船有之候とも代銀之儀者我々共ゟ相弁、其元へ少シも御損毛相掛申間敷候、右約定之趣急度相違無御座候、為後證仍而如件

文化四卯年八月　　小山平吉印

鈴木市兵衛 在府ニ付無印

泉屋又右衛門殿

長崎奉行江戸発駕

長崎御奉行松平図書頭(康英)様七月廿三日御江戸表御発駕被遊、尤東海道御通行御座候由、江戸古銅吹屋ゟ申来り候

八月五日　　但、七月廿一日出之書状、八月五日ニ着ニ而、銅会所ゟ書状相廻ル

大坂目付宛て覚

覚

御用棹鉛蔵納のさい直蔵立会のうえ札本数を改める

一此度御用鉛弐万斤買調方之儀被仰付承知仕候、右ニ付竿吹方当月廿五日迄ニ荷造共皆済可仕候、尤貫目相改荷造等私方ニ而相仕立候ニ付而者、江戸表着之上、御蔵納之砌、同所中橋上槇町泉屋直蔵と申者へ立会被仰付、右荷物中札本数等相違無之、自然欠過等有之候ハ、同人方ゟ相弁

候様可仕候、以上

文化四年卯八月　　　　　　　　　大坂銅吹屋

笹山十兵衛様　　　　　　　　　　泉屋吉次郎

御役所

荷物中札

中札

△壱　　　　印

正味拾六貫目　　九拾五本

箇之外

絵符板の記載

△壱番

絵符板

船頭之名前

皆掛貫目

番付

宛名　　出所

〆

鉛代銀下渡の通知

以手紙得御意候、弥御安康珍重之御事ニ御座候、然者此間真兵衛殿へ得御意候通、鉛代銀明十六日御金蔵ゟ相渡り候間、直々御渡可申候、別紙案之通、請取書御認、銀持人御連御壱人朝五ツ時追手御金場へ御越候様奉存候、外ニ竿鉛弐万斤之預り書付、是又案之通御認、御持参可有之候、

棹鉛預り書を持参すること

右之趣可申進旨被申付如此ニ候、以上

八月十五日

年々記（享和二年）

追而御越候節、御役宅へ御立寄有之候様いたし度候、以上

小林源左衛門

泉屋仁右衛門様
又右衛門様

御用竿鉛代銀請取証文

請取申銀子之事

合銀七拾弐貫九百五拾目者　常是包

右者此度御買上御用竿鉛弐万斤之代銀、書面之通被成御渡奉請取候、銀子請取證文仍而如件

文化四卯年
八月十五日

大坂茂左衛門町
銅吹屋
泉屋吉次郎印

篠山十兵衛様
御役所

棹鉛預り証文

覚

一秋田竿鉛弐万斤也　但、弐百箇

右者此度御買上竿鉛、書面之通被成御預、慥ニ奉預候、廻船御積之節、御差図次第差上可申候、

為後日預り證文仍而如件

文化四年
八月十六日

大坂茂左衛門町
銅吹屋
泉屋吉次郎印

篠山十兵衛様
御役所

銅座宛て詫状

乍憚口上

昨日者御手頭を以御尋之趣、具ニ承知奉畏候

棹鉛吹方は隠密の仰付ゆえ銅座へ届け出ず

此儀、篠山十兵衛様ゟ御用ニ付、竿鉛吹方之儀御隠密ニ被仰付、外々へ者決而沙汰仕間敷旨、厳敷被仰付候義故、右之処へ相泥何之弁も無之、当御役所へ御届不申上、吹方御請仕候義、最初ゟ御届不申上段、御書付を以御察当之趣奉驚入候、重畳不念之段奉恐入候、以来心得違無之

不念高免を願う

様可成丈入念可申候間、此節之義者何分御高免被成下度奉願上候、此段書付を以御断奉申上候、以上

卯八月廿一日　　泉屋吉次郎
　　　　　　　　代又右衛門

銅座
　御役所

紅毛鉛買請願

乍憚口上

近年は秋田・仙台細倉等より鉛買入あり差支なし

一地売荒銅ニ差交候焊鉛之儀、近年者秋田鉛御買入御渡、且又去寅年御渡仙台細倉鉛等も御座候ニ付、御差支之筋者無御座候得共、鉸物荒銅廻着相増候節者不少入用も有之儀ニ御座候、随而

紅毛鉛買請の仰付を願う理由

当節紅毛鉛壱万六千五百斤余も持渡候趣承及候ニ付、先例も御座候間、私共へ買請被仰付被下度奉願上候、尤紅毛鉛之儀者和鉛ゟ者性合宜敷候儀ニ付、秋田鉛百斤弐百八拾目替之上ニ今百

和鉛より性合よい

目相増、都合三百八拾匁替ニ而買請可仕候、此訳者近年廻銅不進之上ニ鉸物荒銅別而無少、鉸

鉸大工仕事なく離散、鉸物荒銅増加時に差し支える

大工吹仕事無之、多ク者手透勝ニ而有之候得共、人数等相減候而ハ他国へ離散仕、鉸物荒銅相増候節、俄ニ御差支ニ罷成候而者難相成、無拠其儘ニ用意仕置候ニ付、雑用而已相掛、困窮之私共難儀仕候間、種々勘弁を盡し候処、右紅毛鉛御渡方ニ罷成候得者、含銀有之候市中鉛を見込買調、右代りも相応之直段ニ而紅毛鉛を引取仕候へハ和鉛直違有之、右余情を以、間吹物荒銅之内含銀有之候品鉸吹仕候得者鍰大工手職も取続、私共勝手ニも罷成候間、壱万六千五百斤

鉛一〇〇斤につき冥加銀七匁宛

程之出灰吹銀為冥加鉛百斤ニ付出灰吹銀七匁宛無代ニ而上納可仕候、右願之通被仰付候得者乍恐御用立ニも罷成、私共費も無数難有可奉存候、勿論灰吹銀鉸取候鉛者鉸物荒銅焊鉛ニ相用候ハヽ、鉛之用意も手厚ク罷成、万一秋田鉛廻着無之年柄ニ而も御差支ニ不相成哉ニ奉存候、願之通御聞済被下候ハヽ、先例之通長崎表名代之者へ鉛御渡被下、代銀之儀者当　御役所へ早速上納可仕候、依之此段書付を以奉願上候、以上

卯八月廿七日

川崎屋吉右衛門
代判平右衛門
富屋彦兵衛
熊野屋彦九郎
代判仁兵衛
大坂屋又兵衛
泉屋吉次郎
代又右衛門

銅座
御役所

付札

下へ付札写左ニ

多斤数鉸吹の場合は九匁宛上納

本文出灰吹銀七匁宛之上、可相成丈出方出情仕候様被為　仰聞、奉畏候、此義間吹物荒銅之内、多斤数鉸吹方仕候ハヽ、出灰吹銀取出し方も可有御座、乍併諸雑用過分ニ相掛候ニ付、難引合候得共、今弐匁出情仕、都合九匁宛上納可仕候

古銅取締方につき御尋あり

古銅取締方存寄申上候処、御聞届可被成下ニ付、取斗方之儀可申上様被仰聞、左ニ申上候

一生物見分之儀、溜次第御届申上候、向々御極印打被仰付候様相成候ハヽ、是迄御見分請候品未売

生ケ物見分極印

捌不申所持之分再御改、是又御極印打可然奉存候、御極印之儀、御役所御入用を以丸キ形チ三分位長サ三寸五部位四挺、新規被仰付候様仕度候

代り吹銅切手を内渡、請取印形を改め帳面に記す

一諸向𛀁古銅持参之砌、吹屋𛀁御届申上、代り吹銅差急キ候者望吹銅出来合有之候ハヽ、古銅ニ応し相渡置、決算上納仕候間、買主印形切屑銅同様ニ被成下、御切手内渡之吹屋へ一紙ニ御売出し可被成下候、尤時々代り吹銅相渡シ候度毎請取印形取置之、月々御改之節受取帳面を以御勘定可仕候

古銅取次人

一古銅取次人売上候分者代り吹銅前書吹屋之通相渡候得共、決算買請之儀吹屋同様被成下度候、時々代り吹銅取次人へ内渡之節者取次人𛀁吹屋へ印形取置可申候間、代り吹銅御売出之儀者吹銅吹屋へ御切手御出し可被成下候

古金屋

一有余銅御売出幷ニ生物之品へ御極印打之儀、前書之通古金屋共へ相達可申儀ニ候得共、家数之儀ニ而難行届奉存候間、古金屋年寄より向々へ相達候様被仰渡候ハヽ、可然様奉存候、此外新銅を以小細工職之者共へ者吹屋𛀁向々へ相達置候様可仕候

京都・堺の古金屋・銅職

一京都幷ニ泉州堺古金屋其外銅職之者共江者御役所𛀁被仰渡候様仕度候

有余銅は年二回売り出す

一年々有余銅之分、壱ケ年両度御売出被成下、見調方四人之者へ買請被仰付候ハヽ、古銅売上高ニ割合売渡、買請印形取之、代銀前以諸向𛀁取立置、一手ニ吹屋𛀁上納可仕候

右之通、御尋ニ付以書付奉申上候、以上

卯八月

金屋六兵衛
銭屋五郎兵衛

銅座
　御役所
　　　　富屋彦兵衛
　　　　泉屋吉次郎

覚

四丁様銅入用銀内訳（本書二六九頁参照）

一 四挺様銅弐組、此入用銀内訳
一 百目　吹銅四丁物御定増
一 六拾匁　右増之外、様銅之儀ニ候得者目形等合、格好宜仕候故、別段増相懸り申候
一 九拾六匁　右四丁銅摺合手間幷ニ廿五斤と申文字彫手間とも相懸り申候
一 弐拾六匁　右百斤宛入箱弐ツ
〆弐百八拾弐匁
右之通ニ御座候、以上
　卯九月三日　　泉屋吉治郎
　　　　　　　　代又右衛門
銅座
　御役所

長崎会所で用いる様銅四丁物出来

一 銅座ゟ長崎会所へ相用ヒ候様銅四丁物ニ而弐組被仰付、八月十九日皆出来ニ付、御普請役吉川幸七郎様・地役野村八郎様御立会、後銅分銅ニ而掛調いたし、雛形幷ニ雑用左ニ記

様銅の図

長サ
壱尺弐寸　［弐拾伍斤］　但し、四方ニ㊉之極印打
幅六寸
厚サ壱寸三分　百斤箱ニ入、箇造致ス

雑用銀内訳

雑用

一五拾匁　　　　　　吹銅四丁物定例増
一三拾匁　　　　　　右増之外、様銅之儀ニ候得ハ、目形等合セ格好宜仕候事故、別段増相懸り、吹
　　　　　　　　　　損し之分不残再吹仕候見込
一四拾八匁　　　　　右四丁銅摺合手間幷ニ廿五斤と申文字彫手間共相掛り申候
一拾三匁　　　　　　右百斤入箱壱、樅壱寸板ニシテ水縄付
〆百四拾壱匁
　　但、地銅者銅座ゟ請取、弐組分雑用銀弐百八拾弐匁

古銅見改方より銅座宛て請書

差上申御請書之事

古銅取締初発の趣意に反する提案

一近年古銅出方不進ニ有之、幷ニ生物見分等も稀ニ申出候ニ付、如何之訳ニ候哉之段相尋、存寄申出候ケ条之内、生ケ物少斤数之分者古銅見改之者斗り罷出相改、荷主連印之書付差出可申との ケ条、左候而者取締方ニ拘り可申、且又古銅百斤売上候代り吹銅百斤御売下ケ被下度との儀も申立候得共、古銅百斤代り吹銅百斤売渡候而者吹減丈ケ売出相増候事ニ候、右二ケ条共初発被仰渡候趣意ニ振レ難取用候

生ケ物見分極印

一生ケ物見分之儀、是迄者改済候分極印無之、改有無之目印無之、難相分取締不宜候ニ付、以来者改之極印打候間、其旨可相心得、将又生ケ物少分之斤数時々役人罷出候儀大造ニ相心得、自ラ溜置見分を請候様罷成候ニ付而者売捌方不勝手之筋も有之間、少斤数之分たり共申出次第銅座ゟ見分として罷出候之間、立会之者共者是迄之通可相心得候

少斤数でも見分をおこなう

一近年古銅至而不進ニ有之、古銅之内切屑銅之儀者、百斤売上代り百斤売下候ニ付、売上斤高も

古銅売上の旧来仕法

相応ニ有之処、古銅之儀者百斤売上代り吹銅九拾斤売出、右売出候ニ付而者吹屋へ荷物持参、貫目改并古銅斤数相届掛渡相済候上、売出之節買下印形銅座へ罷出、彼是荷主諸雑費相掛り、其上古銅買取り後、吹屋へ廻し掛渡相済、代り吹銅売出候迄彼是日数相掛り候得者右銀子歩合等之損毛ニ抱り、殊ニ無人之者抔右時々少斤数ニ而も同様之手数相掛り、薄口銭ニ而売買致候儀ニ付、難渋ニ存、万一心得違不取締之筋も可有之哉、且又九拾斤之売出ニ而者内分難引合筋ニも相聞候間、

年二回宛古銅売上斤高に応じ売上人へ割合売下

以来之儀者古銅吹立有余銅之分引分ケ置、壱ケ年両度斗古銅売上、斤高ニ応し売上人共へ夫々割合売下ケ遣し、古銅出方相増候ニ准、有余銅買請高も可申、

古銅出方を増すため仕法を改める

勿論是迄者古銅売上吹銅買請候迄者前書之通品々手数日合等相掛り候間、以来者古銅出方進ミ之ため古銅溜り次第古銅売上、取次人并ニ諸向ゟ売上候分とも吹屋方へ引請させ、猶又荷主共銅遣ひ方寛急をも承糺、至而差急候者共へハ見斗御預ケ銅之内を以、斤高ニ応し即刻内渡いたし遣、其余之分も成丈差急為相渡、追而代り銅売下ケ之節、差引ニ相立、荷主共へ夫々代り銅皆済無相違請取候段、連印之書付取之、差出候ハヽ、差支も無之、勝手ニも可相成、

余銅売下は古銅見改方よりおこなう

且有余銅売下之儀者古銅見改方四人之者共へ相渡遣し、古銅売上斤高ニ応し売上荷主共へ夫々割合売渡させ、無相違請取候、印形書付取之、見改方之者ゟ可差出候

古銅売上方出精

右之趣申渡候上者、古銅売上方心之及候丈出精いたし、諸事厳密ニ取斗、紛敷儀等無之様心を付、万一不正之取扱致候儀見聞およひ候ハヽ、密ニ可申立事

前書之通被仰渡、逐一承知奉畏候、依之御請印形差上申処、仍而如件

文化四年卯九月

古銅見改方
銭屋五郎兵衛

金屋六兵衛
富屋彦兵衛
泉屋吉治郎
代又右衛門

銅座
御役所

大切沢銅山までの道法

羽州大切沢銅山迄大坂ゟ道法之儀、御尋ニ御座候得共、遠国之儀委細不相分候得共、凡左ニ

大切沢銅山

大坂ゟ羽州庄内酒田湊迄凡陸地弐百六拾里斗、酒田湊ゟ銅山迄凡三拾里斗と承伝申候

海上之儀、下ノ関迄下り、夫ゟ北海乗渡候ニ付、委細不相知候得共、凡酒田まて六百里斗、同所ゟ銅山迄三十里斗と承伝申候

別子銅山までの道法

別子銅山

大坂ゟ伊予国新居浜迄七十五里、新居浜ゟ銅山迄凡五里斗、至而嶮岨ニ御座候

海上之儀、陸地同様ニ御座候由

右之通ニ御座候、以上

九月廿九日

古銅取締につき銅吹屋仲間一札

仲間中堅一札

一近年古銅出方至而不進在之、此度御取締御仕法被仰出候ニ付、銘々相互ニ励合、左之通堅相守可申候

定法を遵守

一古銅者勿論、何事不寄、御定法相背、内分不正之取扱致間敷候、万一不筋之儀於見聞者不捨置、

急度相糺、早速御上へ可申出事

古銅代吹銅内渡帳

一荷主ゟ古銅持参候ハヽ、直様箇数并ニ凡員数古銅代吹銅内渡帳へ即刻控置可申候、已来古銅持運候を及見、不時ニ相調候節、右控帳ニ相洩有之候ハヽ、不正ニ可申立間、銘々此旨無相違可相心得事

中下古銅は泉屋・大坂屋限り

一中下古銅之儀者泉屋・大坂屋両家ニ限り候事故、自然外吹屋へ持参候ハヽ、早速当家より右両家へ相達可申、万一当家ニ差置、届後レ相成候ハヽ、不正ニ相立候事

古銅細工切屑・拵切屑は古銅の扱い

一切屑銅之内、古物細工切屑并拵切屑等者全古銅ニ付、堅切屑銅ニ請入申間敷事

一古銅入交り切屑銅并古銅欠等在之、荷主了簡ニよつて持帰候節者、行先相糺、為売上可申事

一古銅売上代り吹銅内渡之儀被仰渡通り銘々内渡、成丈ケ出情いたし、諸向差支不申様相弁遣シ可申事

取締見分を実施

一以来為取締不時相廻り可申候、其節床家并蔵所者勿論、何方ニ而も見廻り候者之差図次第明渡し見分請可申事

右之通申合取締候上者相互ニ励合、不正ケ間敷儀者勿論、万端御定法被仰渡通、無異失急度相守可申候、万一不正之取扱致候ハヽ、いか躰被仰立候共、其節申分無御座候、為其申堅一札依而如件

文化四年卯十月

泉屋吉次郎
代又右衛門
大坂屋又兵衛
熊野屋彦九郎
代判仁兵衛

乍恐以書付奉願上候

富屋彦兵衛
川崎屋吉右衛門

『年々諸用留十一番』一八〇頁参照
諸山出銅劣り合吹・鉸吹・灰吹の細工人手隙となる

一追年諸山出銅相劣、其上鉸吹方ニ相成候荒銅別而相減候ニ付、合吹方・鉸吹方・灰吹方ニ相掛り候細工人共手隙勝ニ而多人数困窮仕候ニ付、不得止事、私共ゟ夫々助情致遣し、御用御間欠ニ不相成様召抱置候得共、追々私共儀も手薄ニ罷成困窮仕、右之者共へ助力致遣候儀も難相成、此末如何可相成哉と朝暮歎ケ敷奉存候、依之種々勘弁仕候処、御定法荒銅百斤ニ付灰吹銀七匁以上者鉸吹方ニ相成、七匁以下者間吹物ニ相成候得共、何れも灰吹銀四匁ゟ五六匁程ツヽ相含有之候得共、間吹物ニ相成候ニ付、燃捨り候灰吹銀年々余程有之、不益ニ相成候儀、私共職分冥加ニ不相叶儀ニ奉存候、乍併灰吹銀取留候ニ付而ハ、御定法間吹賃銀之外、燃鉛其外諸雑費余程相掛り償方無御座候、右ニ付懸(愚)案仕候者、毎月商売人方へ御売出御座候吹銅之内月々家別七百斤宛私共仲間へ御売渡被成下候様奉願上候、尤先年直御売出前ハ私共仲間へ御売下銅も御座候ニ付、商ひ口銭等も御座候得共、銅吹屋共銅買下候而者紛敷様被思召候哉、御直売以来御売下不被下、殊ニ廻銅者無少旁困窮仕歎ケ敷奉存候、右ニ付此節願之通買下ケ御免被成下候ハヽ、私手元ニ而者一切取扱不仕、別家外家業致居候者共方ニ而取扱為致、当地職方ニ而器物諸品ニ仕立させ、望之者へ売渡遣候ハヽ、諸向差支之筋も無御座哉ニ乍恐奉存候、右御免被成下候ハヽ、売捌候口銀余情を以間吹物ニ相成候荒銅之内壱ケ年凡拾万斤程鉸吹仕、諸雑費者私共ゟ相償、灰吹銀荒銅百斤ニ付五匁宛之見込を以、年々五貫目宛為冥加無代銀ニ而上納仕度奉存候、

荒銅吹方につき定法

吹屋助成として毎月家別吹銅売下を願う

荒銅買下御免を願う

別家外家業の者が取り扱い器物に仕立て売り渡す

灰吹銀見込、冥加として無代上納

細工人臨時助力となるので五ケ年試吹方を願う

左候ハヽ乍恐御国益ニも罷成、且者私共職分冥加ニも相叶、細工人共手業相増、困窮之助情罷成難有奉存候、右願通御聞済被成下候ハヽ、細工人共臨時助力之処相輔、私共難渋之融通ニ可相成哉と奉存候間、先五ケ年試吹方仕、相当ニ引合候ハヽ、追々余灰吹銀上納仕候様仕度奉存候、乍恐右之始末御勘考之上、願通御聞済被成下候ハヽ、難有奉存候、以上

文化四卯年十月

川崎屋吉右衛門
代判平右衛門
富屋彦兵衛
熊野屋彦九郎
代判仁兵衛
大坂屋又兵衛
泉屋吉治郎

御奉行様　壱通
銅座御役所　壱通

十月十日御番所へ差出、出勤
大又　富彦
右同日　銅座へ差出、出勤
大又　川吉代平右衛門　泉吉代又右衛門
大津山利藤太様　野村由蔵様　御取次

町奉行所・銅座双方へ願書提出の理由につき御尋

追而御呼出ニ付又右衛門罷出候処、由蔵様被仰候者、御勘定方御尋ニ者、当役所へ差出、又々御番所へ差出候儀者如何之儀ニ候哉御尋ニ御座候、此儀者是迄銅買下之儀者何れも御番所へ向差出来候儀ニ付、此度も右様ニ仕候、何も子細之有之儀ニ而ハ無御座段申上候処、右ニ而相済、願書

ハ先御預り置被遊候様被仰渡候事

乍憚口上

別子立川棹銅御定高皆済

一別子立川棹銅御定高七拾弐万斤外四万斤、五ヶ年中別段奉売上候分、都合壱ヶ年七拾六万斤、此度廻着仕候弐百五拾箇之内百箇、御用銅都合如高御定高皆済相成候間、残百五拾箇此斤壱万五千七百五拾斤地売方へ御買上被成下度、此段以書付御届奉申上候、以上

卯十一月廿七日

泉屋吉治郎
代又右衛門

銅座
御役所

（裏表紙）
「吹所」

年々帳
（文化五年）

（表紙）

文化五戊辰年

年々帳

（縦 23.8cm，横 16.5cm）

（表紙裏）「取調済」

（中表紙）「文化五戊辰年

年々帳」

文化五戊辰年

文化五年

銅座より差紙
（『年々諸用留十一番』一八四頁参照）

明十四日申達儀有之間、朝五ツ半時無遅滞可罷出事

泉屋吉次郎

泉屋盛之丞

大坂屋又兵衛

富屋彦兵衛

　　　　　　　　　　泉屋吉次郎
　　　　　　　　　　　病気ニ付
　　　　　　　　　　　代又右衛門
　　　　　　　　　　同　盛之丞
　　　　　　　　　　大坂屋又兵衛
　　　　　　　　　　富屋彦兵衛
　二月十三日
　　　　　銅座
　　　　　　御役所
右之通御差紙ニ付、今十四日(ママ)

盛之丞（友聞）改名
吹方相続願聞済

四ツ時出勤いたし候処、於銀場被仰渡候、盛之丞事吉次郎と改名いたし、兄吉次郎病気ニ付吹方相続願出候趣御聞済有之間、以来吹方紛敷事之無之様致出情可申、猶又銅山方拝借等も有之儀ニ付、追而継印可請取間、其旨可被相心得、右伺之上、申渡之候

　　　御勘定　山本雄三郎様
　　　御与力　田坂市太郎様
　　　御普請(脱アルカ)
　　　同心　吉見弥五兵衛様
　　　長崎　吉野七三郎様
　　　　　為川辰吉様

町年寄呼出を失念

但、今日者町年寄御呼出御失念ニ付、口達ニ而被仰渡、追而一同又々御呼出、其節請
　印形御請取被成候由

口達
　　　　　　　　　　　　　　　　　銅吹屋共

古銅売上取次人共へ

古銅代り吹銅代値増

古銅売上代り吹銅代、是迄掛札直段百斤ニ付弐百弐拾三匁之外弐拾七匁、此度直増申付候、都合弐百五拾匁ニ而売下遣候ニ付、上中下古銅買入代ニも直増申候処、暫取調ニ而申渡延引致候間、其旨相心得、夫迄古銅売上代銀渡方相延候而者差支可申間、先是迄買入代之当りを以渡置、今廿日ゟ売上之分ハ、斤数ニ順し此度之直増銀追而渡し遣可申候事

辰二月

仲間連印

切屑銅・古銅値増

覚

銅座へ御呼出之上、被仰渡候御請書左ニ

切屑并上中下古銅之分、是迄売上来候直段之外、百斤ニ付弐拾弐匁宛御直増被仰付候間、其方共一統申合、猶又売上方出情可致事

請書

差上申御請書之事

切屑銅　百斤ニ付、代銀百九拾七匁

上古銅　百斤ニ付、代銀百八拾六匁

中古銅　百斤ニ付、代銀百七拾七匁

下古銅　百斤ニ付、代銀百六拾八匁替也

売上来候処、以来百斤ニ付銀弐拾弐匁ツヽ、御直増被仰付候間、仲間一統申合、出情仕候様被仰渡、承知奉畏候、依之御請印形差上申処、仍而如件

文化五年辰三月十四日

休山の問屋中へ稼方再開へ向け山元様子書提出を指示

休山之問屋中此度不残御呼出之上被仰付候

名前数々

右者近頃迄大坂銅座へ廻銅在之、其後廻銅無之候、右者出銅無数候故歟、又者出鉑も相応ニ有之候得共、銅座之買入直段難引合、休山いたし候事ニ候ハヽ、此節諸山とも出銅為進直増被仰付候義ニ付、直増被仰付候ハヽ、稼方相始候哉、山元様子書面を以委細可申聞事

辰四月十五日

右之通、銅座御役所ニ而被仰聞候

泉屋真兵衛

別子立川銅稼方出精を申し遣す（『別子銅山公用帳　八番・九番』三六八頁参照）

予州別子立川荒銅

右銅之儀者御用銅売上ケニ付、品々御手当有之、右之余勢を以、御用銅御極高之外者地売廻売上候儀ニ候得共、此度出銅進ミ之ため山方一統ニ直増被仰付候間、右銅も是迄買入直段幷両度直増銀共百斤ニ付百六拾九匁六分弐厘之処、拾匁相増、都合百七拾九匁六分弐厘之内弐厘切捨、以来百七拾九匁六分宛ニ買入候間、稼方弥出情可致旨、山元へ可申遣候

辰五月

棹銅積渡船見分のところ欠斤なし

八箱は破損、手持分と引き替える

乍恐口上

此度野田屋伝兵衛船春日丸へ別子立川棹銅五百箱御積渡相成候処、船主共之内怪敷儀承知仕、私病気ニ付代官兵衛幷ニ船問屋共一同本船へ罷越見分仕、皆掛等相改候処、高五百箱之内弐拾五箱之分縄掴釘等相寛ミ、右之内八箱ハ損し強候故、正味懸改候処、欠斤も無之、少も別条之儀無御

座候ニ付、右八箱之分ハ私方へ引取置、此節御用銅出帆御差急キニ付、先達而御極印打渡有之候内八箱と先引替、都合五百箱相揃申候、尤右損八箱之分、御極印御消印之儀御改を請候様可仕候、此段御届奉申上候、以上

極印消去の改

辰五月十四日　　泉屋吉次郎印

銅座

御役所

棹銅積渡時費用

覚

一弐拾匁八分　人足十五人十一日之夜ゟ十三日之夜四ツ時迄賃銀

一拾弐匁　壱人前八分ツヽ、右拾五人飯料

一壱匁弐分　廿五箱舟積之節、浜出シ賃

一拾弐匁四分　壱箱ニ付壱匁五分五リツヽ、箱八ツ

一九分　釘弐百本代

〆四拾七匁三分

辰五月十四日　　泉屋吹所

外ニ箱之蓋・らうそく代ハ此方よりいたし申候

船問屋へ書付遣ス

友端死去の届書

乍憚口上

一私兄良縁儀、先達而ゟ病気ニ御座候処、養生不相叶相果申候、右ニ付明三日ゟ来五日迄表戸〆

吹方相休申度奉存候間、此段以書付御届奉申上候、以上

辰六月二日

泉屋吉次郎
代又右衛門

銅座
御役所

吹賃銀増方仰付

今十三日御呼出ニ付、銅座御役所へ又右衛門出勤致候処、先達而願置候吹賃直増之義、荒銅・古銅共百斤ニ付吹賃銀三匁ツヽ、御増方被仰渡候、委細ハ銅会所ニ写有之事

六月十三日

『別子銅山公用帳八番・九番』三七三頁、『年々諸用留十一番』一八二頁参照

吹屋共困窮につき吹賃銀増を願うも聞き届け難い

銅紦吹師
銅吹屋共

近年諸山廻銅格別相減候上、諸色高直ニ相成難引合候故、近年及困窮、吹職退転之吹屋共借財等をも当時之吹屋共引請候ニ付、品々難渋之趣申立、吹賃銀増願出候得共、吹賃之儀者諸色直段之高下ニ寄、其時々可取斗筋ニ無之、初発ゟ其見込も可有之儀ニ而難聞届事ニ候得共、追々廻銅相減候上、退転之吹屋共借財等も引請相弁、年々困窮相募候段相違も無之、数年来吹方無滞相続致候事ニ付、格別之訳を以為手当鍰銅・間吹銅・古銅共平均百斤ニ付吹賃三匁宛増銀差遣候間、吹方弥致出情、聊疎略無之様可致候

格別の訳を以て平均三匁宛吹賃銀増

右之通格別之訳を以、吹賃銀増方申付候条、此旨難有存一同出情可致候

辰六月

請書

右之通格別之御儀を以、此節吹賃御増方被仰付候間、一統申合、弥出情可仕旨被仰渡、奉畏候、難有仕合奉存候、以来被仰渡候趣相守、弥吹方出情可仕候、仍而御請書差上候処如件

文化五年辰六月十三日

川崎屋吉右衛門
江戸詰ニ付
代判平右衛門
富屋彦兵衛
熊野屋彦九郎
江戸詰ニ付
代判仁兵衛
大坂屋又兵衛
泉屋吉次郎
忌中ニ付
代又右衛門

銅座
御役所

鍰物吹賃銀内訳

吹賃銀割合

合吹弐匁七分三リ　元積り
又　八分四リ弐毛　御増
弐匁七分
弐匁
三匁辰年
〆七匁七分之割
南蛮九匁壱分六リ弐毛　元積り
又　弐匁八分弐リ五毛　御増割
灰吹弐匁弐分　元積り
又　六分七リ八も
地売拾匁八分七リ八毛　元積り

又　三匁三分五リ五も　御増割

合銀三拾弐匁六分七リ　鍰もの

間吹物吹賃銀内訳

間吹四匁三分五リ三も　元積り

又　三匁四分四リ四も　弐匁七分
弐匁
三匁

〆七匁七分割

〆七匁七分九リ七も

又　拾四匁弐分三リ三も　前段
地売吹賃

合銀弐拾弐匁三厘　間吹もの

辰六月

右之通ニ割合相成候、古銅吹賃右ニ順ス

御蔵出棹銅割合左之通

御用棹銅蔵出高割合

一御用棹銅高五拾万斤

内

拾弐万五千斤ツヽ　泉屋
鎰屋
〆

五万斤ツヽ　泉屋
大又

熊彦
富彦
川吉

〆如高

閏六月廿九日初日
一拾六万斤

此分　七万五千斤　泉吉
四万五千斤　鉛屋
壱万斤ツヽ　大又
熊彦
富彦
川吉

〆

同晦日
一拾七万斤

内　弐万斤ツヽ　西四軒
五万斤　泉吉
四万斤　鉛屋

〆

七月朔日
一拾七万斤

内　弐万斤ツヽ　西四軒
五万斤　泉吉

〆　四万斤　鍵屋

一人足六人ツ、

一莚百枚ツ、　西四軒

一米縄拾貫目ツ、

〆　外ニ釘・金槌

一人足拾人ツ、

一むしろ弐百枚ツ、　泉吉

一米縄廿〆目ツ、　かぎ屋

〆

御蔵出棹銅御極印帳付見本

何月何日御極印
一御蔵出棹銅何百箱

但、壱箱ニ付、正味百斤入

此内何拾箱破箱ニ付、新箱ニ取替、御見分請候分

右者御蔵出棹銅御極印帳付方也

銅座宛て請書

奉差上御請書之事

細工人助力のため銅売下の願書提出も叶わず

一近年諸山不進銅鍰吹方手隙勝ニ而多人数之細工人共及困窮候ニ付、間吹物銅之内拾万斤宛壱ヶ年鍰吹方仕、此灰吹銀五貫目宛無代ニ而上納可仕ニ付、月々私共家別七百斤宛御売渡被下度旨奉願上候所、銅売下ケ者去ル巳年御差止相成候儀ニ候得ハ、此度願之趣者迚も御取用ひ難被為

成段被仰渡、願書者御差返被為成、奉請取、右被仰渡候趣承知奉畏候、依之御請書奉差上候処
如件

文化五年
辰四月

川崎屋吉右衛門
代判平右衛門
富屋彦兵衛

銅座
御役所

長堀茂左衛門町
泉屋吉次郎
手代壱人

東町奉行所より差紙

右功者成もの明後二日五ツ半時可罷出候事

辰七月廿九日

東番所

長堀茂左衛門町
泉屋吉次郎
代官兵衛

東町奉行宛て口上書

乍恐口上

仙台通用銭打砕方につき御尋あり

一今二日被為遊　御召被　仰渡候者、仙台通用銭凡弐万貫文程打砕方之儀、私方ニ而被　仰付候而者出来候哉御尋被為成、承知奉畏候

回答

右仙台銭砕方之儀者、平日銅方ニ相用候鉄杵之臼ニ而打砕候得者出来可仕候、乍併御吹方手明之節、追々ニ仕度奉存候、右諸雑費之儀者試砕仕候上、差積り奉申上度奉存候間、先千貫文御下ケ被成候得者、相様シ候上、追而委細可奉申上候

右之趣御尋ニ付、以書付奉申上候、以上

文化五辰年八月二日

官兵衛

御奉行様

右之文言之通相認、銅座へも御届申上候、奥書ニ左之通

銅座へも届け出る

右之通東御番所様へ奉申上候、此段以書付御届奉申上候、以上

辰八月二日　泉屋吉次郎
代官兵衛

銅座
御役所

東町奉行所より差紙

右者明四日四ツ時、東地方御役所へ可罷出候事

辰八月三日　長堀茂左衛門町
泉屋吉次郎
代官兵衛

仙台銭砕方を仰せ付けられる

右御差紙ニ付、四日四ツ時官兵衛罷出候処、仙台銭砕方之儀被　仰付候間、来ル七日八百五拾九貫三百拾弐文御渡被遊候間、試砕仕候上、委細之儀可申出旨被　仰渡候

仙台銭受取高

覚

八月七日
一仙台銭八百五拾九貫三百拾弐文　南仲間
此正味六百五貫九百匁　両替屋中
此叺数八拾六枚　行司
石灰屋藤兵衛

同日
一同三拾貫文　右同断
此正味弐拾壱貫百五拾匁

此吹数三枚

乍恐口上

長堀茂左衛門町
泉屋吉次郎
代官兵衛

試砕、予想外に堅く砕方に手間取る

一当月四日御呼出之上、仙台銭砕方之儀被仰付、即当月七日南仲間両替屋中ゟ銭八百八拾九貫三百拾弐文、此貫六百弐拾七貫五拾匁持参仕候ニ付、慥ニ請取、右之分早速試砕取懸り候処、存外堅キものニ而、漸々昨日迄ニ砕方皆出来仕候間、則左ニ奉申上候

一仙台銭八百八拾九貫三百拾弐文

此貫六百弐拾七貫五拾匁

内

三貫百拾匁　　銭さし拾〆文ニ付掛目三拾五匁

砕減

弐貫六百四拾匁　　砕減

〆五貫七百五拾匁

差引残六百弐拾壱貫三百匁

但、銭千貫文ニ付砕揚正味六百九拾八貫六百匁余当り

雑用銀内訳

此雑用

一七匁弐分　　銭切ほとき手間四人、賃銀飯代共壱人分壱匁八分宛

一三拾弐匁四分　　砕賃拾八人、右同断

一四匁四分五厘　　銭運ひ手間幷ニ皆掛拾貫文ニ付五厘宛

一六匁弐分壱厘　砕揚正味掛改拾〆目ニ付壱分宛
〆五拾匁弐分六厘
但、銭千貫文ニ付雑用銀五拾六匁五分壱厘当り
右之通、実当正入用相違無御座候ニ付、此段書付を以奉申上候、以上
文化五辰年八月十一日　官兵衛
御奉行様

吹方御用向又右衛門転役、跡役半蔵
乍憚口上
一是迄吹方御用向又右衛門へ為相勤候処、此度転役申附、跡代半蔵へ為相勤申度奉存候間、以来御用向同人へ被仰付被下度、此段以書付奉願上候、以上
文化五辰年十一月四日　泉屋吉次郎
銅座
御役所
右願書、吉次郎・又右衛門・半蔵、袴羽織ニ而持参致候所、小南彦五郎様御取次を以披露ニおよひ、早速相済、罷帰ル

文化六年
役所類焼時入用材木代銀不足高
乍憚口上
一先達而御役所御類焼之節、御囲入用材木幷ニ品々調方被仰付、夫々直段減方為致候様被仰付、代銀御渡被成下候処、少々不足ニ相成、左ニ奉申上候
一銀八百廿四匁六分七リ　材木代
山田屋治兵衛払

内三歩引　減方被仰付候ニ付、如斯

正ミ七百九拾九匁九分三リ

一銀四拾八匁五リ　釘代　大和屋藤兵衛払

内三歩引　右同断

正ミ四拾六匁六分

一銀三拾六匁三分五リ　釘代　泉屋半右衛門払

内三歩引　右同断

正ミ三拾五匁弐分五リ

一銀弐拾四匁　戸代　明石屋嘉兵衛払

此分引方難仕候

一銀九匁壱厘六毛　縄代　俵屋藤兵衛払

右同断

合銀九百拾四匁七分九リ六毛

内八百九拾六匁七分六リ七毛　先達而奉請取候

差引残弐拾壱匁弐リ九毛　不足

右之通ニ御座候、不足之分御渡被成下候様奉願上候、以上

巳三月十七日
泉屋吉次郎
代半蔵
銅座
御役所

吹屋仲間へ褒美（『年々諸用留十一番』一四七頁参照）

一今五日仲間一統銅座へ罷出候所、被仰渡書付之写

銀三枚
紀吹師
泉屋吉次郎
大坂屋又兵衛

銀弐枚
吹屋
熊野屋彦九郎
富屋彦兵衛
川崎屋吉右衛門
南部銅吹屋
鍵屋忠蔵

出火時銅座へ馳付

右之者共、去十一月大川町ゟ出火之節、早速銅座へ馳付、格別出情いたし、諸書物持運ひ、焼跡取片付等いたし、俵物役所江銅座引移候ニ付而も人歩差出、致出情候之趣相聞、一段之事ニ候、依之為手当為取之候

右之趣被仰渡候ニ付、申渡候
巳四月
乍憚口上

別子立川棹銅手当銀下渡を願う

一当巳年中別子立川棹銅御定高七拾弐万斤、当四月廿二日迄ニ皆出来仕候ニ付、御手当銀半通り之分四拾五貫目御渡被成下度、此段以書付奉願上候、以上
巳四月廿七日
泉屋吉次郎
代半蔵

『別子銅山公用帳八番・九番』三八七頁参照
地売銅値増は困難
荒銅一二万斤差廻
年一〇万斤以上の売上には別段助成

請書

銅座
御役所

別子立川御用銅之外、地売銅売上之分去辰年ニ而年銀(限)相満ニ付、猶又当巳年ゟ丑ノ年之間売上方可致処、兼而手元難引合候間、銅百斤ニ付銀拾匁ツ、直増相願候得共、地売銅直増之儀者去春被仰付間合も無之、難相成筋ニ候、乍然品々申立候次第無謂儀ニも不相聞、殊更去辰年中諸向地売銅不達之砌、致出情、廻方相増候訳も有之条、願之通当巳ゟ向酉年迄五ケ年之間、御用棹銅増売上四万斤者勿論、其余地売廻し之分者前々廻銅高ニ復、一ケ年当り凡荒銅拾弐万斤程宛差廻候之様可相心得候、左候ハ、毎歳暮ニ至、廻銅方相揃候迄、拾万斤以上之売上ニ相成候ハ、格別之訳を以右銅壱万斤ニ付銀壱貫目宛之当り、別段為助成可被下間、得其意弥稼方出情可相励候、尤自然拾万斤以下相廻し候ハ、助成銀之不及沙汰候

右之通、江戸表江伺之上申渡

巳五月

右之通被仰渡、難有奉承知候、然ル上者以来之義者別而出情仕、成丈廻銅相増候様可仕候、依之御請書差上申候、以上

文化六年巳五月　泉屋吉次郎

銅座
御役所

御立会

御勘定　奥山亀三郎様
御普請　北条源八郎様
与力　田坂市太郎様

同心　吉見弥五兵衛様
長崎吟味　中山利十郎様
長崎請払役　辻　六平次様
地役　為川辰吉様
〆

銅座焼失再建につき人足

銅座御役所御類焼、今般新建御役所へ来ル五日御移ニ付、人足左ニ被仰付候

一人足弐拾六人　銅吹屋中
　内　六人　泉屋
　　四人宛　四軒
但、軽子落(荷)ひ棒とも持参、数十三之積り
右之通、御差紙到来之事

覚

杓子銅代銀書上

一銀四匁六分五厘　杓子銅三百斤、箱詰・釘・縄共
　但、壱匁五分五リ宛
一銀壱匁弐分　右箱詰之上、莚包ニ仕候荷造賃
　但、壱箇ニ付四分宛
〆五匁八分五リ
右之通ニ御座候、以上

十一月三日　　　　　　泉屋吉次郎
　　　　　　　　　　　　代真八
銅座
　御役所

差上申御請書之事

拝借銀返納年延を願う（『年々諸用留十一番』一八三頁参照）

吹屋の困窮を考慮し三五年賦とする

一去ル子年拝借銀三百貫目、同年ゟ去辰年迄五ヶ年延、当巳年ゟ拾ヶ年賦返納之積被仰付候処、近年廻銅別而無数吹賃手薄之上、追々休職候仕（ママ）候吹屋共借銀引請幷納難仕儀ニ付、猶又当巳年ゟ向申（ママ）年迄五ヶ年延之義奉願上候処、最初拝借銀之義者格別之御仁恵を以被仰付、其後吹賃増等之御手当も被仰付候義ニ付、旁御取用難被下義候へ共、廻銅無数、其上休職之吹屋共多分之借銀引請之義者相違も無之旨被為聞召分、格別之御義を以前断拝借銀当巳年ゟ向卯年迄三拾五ヶ年賦返納被仰付候付被仰渡難有奉承知候、依而請書印形奉差上候処、仍而如件

文化六巳
　十二月十九日
　　　　　　　　　銅吹屋
　　　　　　　　　　川崎屋吉右衛門
　　　　　　　　　　　　代貞蔵
　　　　　　　　　　富屋彦兵衛
　　　　　　　　　　熊野屋彦九郎
　　　　　　　　　　　　代徳兵衛
　　　　　　　　　紅吹師
　　　　　　　　　　大坂屋又兵衛
　　　　　　　　　　　　代儀兵衛
　　　　　　　　　　泉屋吉次郎

文化七年

杓子銅出来の期日

乍憚口上

一長崎御入用杓子銅三千斤いつ頃出来可申哉之義御尋被為成奉畏候、然ル所来ル十五日ゟ十七日

年々帳　（文化五年）

迄定（例）側休日ニ御座候ニ付、廿二日迄皆出来仕候様可仕候、右御尋ニ付、以書付奉申上候、以上

午正月十三日　泉屋吉治郎
代藤助印

銅座
御役所

杓子銅荷造賃見積

右荷造賃積り書左ニ

覚

一銀四拾六匁五分　杓子銅三千斤、箱詰・釘・縄共

但、壱匁五分五リ宛

一銀拾弐匁　右箱詰之上、莚包ニ仕候荷造賃

但、壱箇ニ付四分宛

〆五拾八匁五分

右之通御座候、以上

午正月十三日　泉屋吉次郎
代藤助印

銅座
御役所

大野白目見分

越前大野白目一件

一今日私共両人外御用在之罷出候処、泉屋半蔵之方へ着仕候越前大野白目百斤入拾五箇幷ニ八貫五百匁入四箇、拾貫百匁入壱箇、都合弐拾箇、同人於借蔵御役人中様御立会被遊、右白目之義者銅を白目ニ取拵候品ニ而者無之哉与得見分仕可奉申上候段被仰付、則箇毎打折相改候処、全

白目ニ相違無御座候、紛敷品とも相見へ不申ニ付、此段以書付奉申上候、以上

文化七午
七月十九日

吹屋惣代
熊野屋彦九郎
代平兵衛 印

紉吹師
大坂屋久兵衛
代伊右衛門 印

銅座
御役所

大野銅外廻着分につき御尋

乍憚口上

今日私義御呼出し之上、昨十四日大野銅四箇廻着御届申上候、右外ニ何ニ而も廻着仕候品無之哉被為成御尋、右銅四箇之外〈印白目五箇同時廻着仕候旨奉申上候処、右白目之義是迄如何致候哉、幷此度廻着五箇之外以到着之分所持無之哉之段御尋ニ御座候、此義山許ゟ差送り候度毎預り置、望人有之節売払、仕切代銀山許へ差遣シ候儀も有之、望人無之節、相応之直段之仕切致遣シ、私勝手之節売払候義も御座候、右此度廻着五箇之外、以前ゟ売残千斤余所持仕候、右両様共何時ニ而も御見分等被為成下度奉願上候、此段御尋ニ付、以書付奉申上候、以上

売残分所持、見分を願う

午七月十五日

大野銅問屋

問屋
泉屋半蔵

銅座
御役所

泉屋半蔵より東町奉行宛て口上書

乍憚口上

鱣谷壱丁町
泉屋半蔵

一私今日被為御召成罷出候処、私問屋仕候大野銅幷白目之儀御尋被為成、左ニ奉申上候

銅到着次第差図の吹屋へ差し廻す

一 銅之儀者着仕候度毎銅座御役所へ早速御届ケ申上、御差図之吹屋へ相廻し候儀ニ御座候、当月十四日伏見山崎町車屋多左衛門ゟ銅四箇差送り着仕候ニ付、其趣銅座御役所へ御届ケ申上候処、御差図ニ付、泉屋吉治郎方へ差廻し置キ申候

銅問屋が白目の売払も依頼される

白目を望む人ない場合は預り置く

一 私義銅問屋仕居候ニ付、白目売払之義も相頼来り、是迄売捌遣し候儀ニ而山本ゟ差送り候節預り置、望人有之節売払、仕切代銀山本へ差遣し候儀も有之、望人無之仕切差急キ候節者相応直段ニ仕切致遣し、私勝手之節売払候義も御座候、当月十四日右車屋太左衛門ゟ△印白目五箇廻着仕候処、此節ニ而望人無之、荷物封之儘預り置御座候

残り白目を所持、山本へ仕切済

一 右此節廻着仕候白目五箇之外、是迄売捌残り白目百斤入拾五箇所持仕居候、此方山本へ仕切差遣し相済候儀ニ御座候

一 △印　荷主越前大野城家　綿屋伊右衛門
一 △二印 丑印　右同断　本上屋長右衛門
一 △廾印　右同断　岩井屋儀兵衛
一 △∴印　荷主越前大野領面谷村　尾崎喜八郎

右印之外一切不奉存候

大野中嶋村鉛も売捌

右ハ御尋ニ付、書付を以奉申上候、以上、尤白目幷銅座御役所へ売上候銅之外、大野中嶋村鉛岩井屋儀兵衛幷福井御領粟田部新屋三右衛門ゟ引請、売捌仕候儀ニ御座候処、右鉛山之義故障

鉛山は差留、稼止他にかね類一切引請なし

之筋有之由ニ而、御領主従当四月頃御差留ニ相成稼止、当時相廻り不申候、此外かね類一切引
請候儀無御座候、以上

文化七年
七月十九日

問屋 泉屋半蔵
月行司 泉屋清兵衛

東
御奉行様

御尋あり、東町奉行へ回答

乍憚口上

鱣谷壱丁目
泉屋吉治郎家守
泉屋半蔵

大野藩主御代替り

一越前大野銅山之儀ニ付、御尋被為成候趣、乍恐左ニ奉申上候
一御領主様ハ土井式部少輔（甲斐守、利器）様と承り候処、近来御代替りニ付、当時如何御唱被成候哉、聢と
承り及不申候
一大野と申候者則御城下町ニ而、越州福井ゟ九里程奥ニ而御座候

銅・白目・鉛代仕切算用

一岩井屋儀兵衛儀者当六月朔日頃出坂仕、同十日頃罷帰り申候、本上屋長右衛門・綿屋伊右
衛門・尾崎喜八郎代徳兵衛、右三人之もの同月廿日頃出坂仕、同廿七・八日頃罷帰り申候、
右四人もの出坂之節、当盆前銅代・白目代・鉛代等仕切算用致し遣し候儀ニ御座候

面谷村

一右大野銅山村字ハ面谷村と唱申候

用達

一土井様当地御用達之儀者河内屋彦兵衛と申もの相勤居候趣承り伝へ申候
右者御尋ニ付、乍恐書付を以奉申上候、以上

文化七午年
七月廿日

問屋
泉屋半蔵
泉屋清兵衛

東
御奉行様

銅座へも届出

右之通、銅座御役所へも相届ケ候事

御掛り与力
田坂市太郎様

白目勝手売捌、奉行所へ届け出る

白目之義者紛敷品ニ無之間、勝手ニ売捌可申候、尤右売払候節、丁内付添ニ不及、御番所御届ケ
可申上候様被仰付候事

紣吹師
泉屋吉治郎
大坂屋又兵衛
代伊右衛門

銅座より差紙、銅性合見分

明廿二日銅性合見分在之間、五ツ時無遅滞銅座へ可罷出事

午七月廿二日

銅座
御役所

乍憚口上

大塚屋荷物見分の結果

一今廿二日大塚屋善兵衛方ニ有之候荷物四箇見分仕候様被仰付、則御役人中様御立会之上、相改

大野銅

候所、越前大野銅と相見へ申候ニ付、此段以書付奉申上候、以上

午七月廿二日

大坂屋又兵衛
代伊右衛門印

泉屋吉治郎
代官兵衛印

銅座
御役所

右四箇正味掛貫目左ニ　大塚屋善兵衛
八貫三百匁　五ツ
七貫八百匁　三ツ
九貫五百匁　三ツ
八貫九百匁　三ツ
〆三拾四貫五百目
外ニ古銅皆掛弐箇
拾七〆八百目
拾七〆六百目
〆

秋田吹返し鉛入札の結果

秋田吹返し鉛入札之控
一吹返し鉛五百箇
此方入札三百拾匁　大久へ申遣ス
但シ泉屋真兵衛名前
右大久より落札しらせ之控

落札

一三百三拾八匁五分　金六落札
二番
一三百廿八匁　余

年々帳（文化五年）

一三百拾五匁弐分《三番》

〆

七月廿七日夕かた

銅座より呼出

八月八日従銅座問屋真兵衛・半蔵、明九日五ツ時罷出候様申来候ニ付、半蔵儀者長崎御奉行大津表へ御出迎ニ参候ニ付、官兵衛罷出候、被仰度左之通（渡）

銅座御買上鉛一手吹を仰せ渡される　荷主仕切銀子取替

一銅座江鉛一手ニ御買上ニ付、此方へ不残吹方被仰付、其外鉛荷主仕切銀子御差図次第取替可相渡旨被仰渡候ニ付、左之通相認、八月十一日友聞付添官兵衛書付持参いたし候

覚

棹鉛・昆布流鉛

一此度従諸山当地江廻着仕候荒鉛幷潰シ鉛共不残御買上之上、棹鉛・昆布流鉛ニ而御買下ケ被仰出候ハヽ、右吹方之儀、私方一手吹被仰付度、則吹賃左ニ奉申上候

吹賃内訳

吹賃内訳左ニ

一壱分　炭代
一八厘七毛　木代
一弐分弐リ五毛　大工賃
一壱分壱リ三毛　差賃
一五厘　手伝壱人割方
一壱分弐厘　大工・差・手伝飯代割
一壱分弐厘　水揚懸渡出入仲仕幷手伝賃

一　壱分　　　ス灰土代

一　五厘　　　吹子并革代

一　壱分　　　鉄道具并鋳形代

〆壱匁六厘五毛

但、百斤吹立正入用ニ御座候、此外手代弐人給金・飯代・筆紙墨・渡世料等者別段ニ被下置度候事

廻着鉛は月二度懸渡、二十五日切で勘定仕立

一時々廻着鉛之分一ヶ月両度銅御懸渡シ之振合ヲ以、御懸渡被仰付、毎月廿五日限荒鉛ゟ棹鉛又者昆布流ニ勘定仕立、吹賃銀御渡被成下候様仕度候事

諸鉛買上代銀取替、利足・蔵敷代

一諸鉛御買上代銀之儀者、御仕切書表銀高御差図之通、鉛問屋并荷主江私方ゟ相渡申候ハヽ、右利足并為蔵敷鉛御買下ケ代銀百目ニ付銀弐匁凡銀高ニ応シ被下置度候事

印形証文

一御買上鉛者、印形證文差上御預申上、買請人江渡方其外御差図次第取斗可仕候

極印

一御売下ケ棹鉛・昆布鉛共吹立之上、私方極印ヲ打、相渡可申候

右之通被仰付候ハヽ、何時ニ而も御請負可仕候、以上

文化七午八月十一日　　　泉屋吉治郎印

銅座
御役所

銅座取次

右致持参候処、御取次

森善右衛門殿

野村由蔵殿

古銅見廻、家々所持古銅書き上げ

御預置由被仰付候ニ付差置、罷帰ル

乍憚口上

一去廿六日・廿七日古銅見廻り仕候処、家々所持古銅有之、封印付、夫々町内之者江預ケ置候処、左之通

十月廿六日見廻り分
一古銅七箇　九之助町弐丁目　河内屋長兵衛
此貫目七拾五貫四百目

同日見廻り分
一同　八箇　金田町　銭屋久兵衛
此皆掛六拾九〆三百目

右同断
一同　三箇　北久宝寺町弐丁目　金田屋徳兵衛
此皆掛弐拾壱〆五百目

右同断
一同銅三箇　心斎橋心斎丁　河内屋清兵衛
此皆掛ケ拾五〆百五拾目

十月廿六日右同断
一同銅壱箇　車町　河内屋清右衛門
此皆掛拾弐〆百目

右同断
一同銅壱箇　古金屋市郎兵衛
此皆掛ケ壱貫六百目

右同断
一同銅壱箇　　塩町四丁目
　　　　　　　河内屋彦三良
　此皆掛ケ八〆三百目
但、此者義者古銅所持仕候間、改呉候様同分（人ゟカ）申来り、罷越相改、右書面之通りニ御
座候
十月廿七日見廻り分
一同銅弐箇　　橘通り六丁目
　　　　　　　古金屋藤兵衛
　此皆掛弐拾弐〆三百拾匁
右同断
一同銅壱箇　　南堀江三丁目
　　　　　　　播磨屋久兵衛
　此皆掛ケ七貫目
右同断
一同銅壱箇　　橘通り八丁目
　　　　　　　嶋屋孫兵衛
　此皆掛ケ九貫四百目

古銅売値引き合わずやむなく所持する者あり

右之者共之内ニ者銅器物ニ携り不申古銅売買斗仕、是迄銘々ゟ売上代り銅買請候儀者不仕者も有之、常々古銅買集置、器物商売之者江売捌、相応之口銭取候義ニ而、此節売直段難引合無拠所持仕候罷在、全不正之取扱可仕心得ニ而隠置候義ニ者無之由申之候、実々相違も無之様奉存候得共、此段御届ケ奉申上候、以上
　文化七午十月　　古銅見調方
　　　　　　　　　銭屋五郎兵衛
　　　　　　　　　金屋六兵衛

富屋彦兵衛
泉屋吉治郎
代半蔵

銅座
御役所

別子銅似寄りの品所持、町内の者へ預け置く

乍憚口上

昨廿七日私義古銅見廻り罷越候処、橘通り六丁目古金屋藤兵衛ト申者方、予州別子銅似寄之品平銅拾八貫六百目・床銅拾貫八百目幷何共不相分屑銅拾四〆目所持仕候ヲ見当り候ニ付、封印付、丁内之者江相預ケ置申候、此段御届ケ奉申上候、以上

午十月廿八日　泉屋吉治郎
代半蔵

銅座
御役所

○一丁半空白。

古金屋所持銅につき御尋あり

定宿　小宿

手舟　臨時雇舟

船中にて盗み取られた銅か、厳しく仰せ付けられたい

一御番所半蔵罷出候処、田坂市太郎様被仰候、古金屋藤兵衛方ニ有之候別子御用銅似寄之品者、泉屋喜兵衛より買取候由、泉屋喜兵衛者与州新居浜明神丸船頭文七より買取候由、泉屋喜兵衛儀舟宿ニ相違無之哉、明神丸舟幷文七と申者有之哉御尋被成、半蔵申上候者、泉屋喜兵衛儀私定宿ニてハ無之、小宿と申者ニ御座候、定宿者土佐屋四郎兵衛と申者ニ御座候、明神丸舟之儀手舟ニ無御座候、臨時雇舟ニ仕候義も有之、文七と申者先年相果候趣、承及候旨申答候、成程文七儀相果候段申立候、定而右銅与州銅舟中ニて盗取候歟散銅ニも有之哉、本人死去故不相分事ニ候、右懸り之者とも此儘ニ不相済、追々厳可被仰付候、今日其方答之趣、書付を以追而呼出し候節可申上と被仰付候事

銅山御用達名目と苗字御免を申し渡す

一二月十六日五ツ時、友聞幷半蔵付添仲間惣代熊野屋彦九郎殿銅座御役所へ罷出、友聞麻上下ニて銅座銀場へ被召出、御勘定・御与力・御普請・御同心・長崎吟味・為川等列座、一ト間隔敷居際迄罷出、此度銅山御用達名目幷苗字御免之儀手頭書之通り御勘定様より被仰聞、一旦引退、直ニ右席へ罷出、列座へ御礼申上、其後御玄関畳之上へ罷出、御役人烈（列）座、請印形御取被成、畢而吹屋惣代熊野屋彦九郎内玄関被召出、右之旨被仰達候

御手頭書

与州別子立川銅山師
銅紏吹師
泉屋吉次郎

其方儀、予州別子立川両銅山元禄年中より相稼、長崎御用銅無欠断売上、近来定数之外増売致地売方へも拾万斤程宛年々売上候段、山方取締も宜敷出情之事ニ付、猶山方取締之ため格別之訳を以銅山御用相勤候内、銅山御用達名目幷苗字御免被　仰付候、然る上者猶又銅山方取締方等大切ニ相守、出銅相進候様出情致、地売銅之方も可相増候、且唐紅毛渡銅箱名書も以来苗字可相認候、御料・私領銅山見分等之節、自分入用ニて可罷越候儀、其時宜ニ随ひ追而可申渡候、尤右之通　御用達名目苗字　御免ニ付、其方者勿論、手先之者ニ迄決て権威ヶ間敷儀無之様、堅可相慎候
右者牧（牧野忠精、老中）備前守殿御伺之上、奉行衆被仰渡候旨申来り候ニ付申渡候

未二月

但、西之内半切紙ニ認、御渡有之候

請書

奉差上御請書之事

此度銅山為取締御用達名目幷苗字御免之儀奉願上候、則今般格別之御儀を以、願之通　御免被成下冥加相叶難有仕合奉存候、随而右願之節当未歳より御用銅御定高幷増売上之外、年々地売方拾五万斤宛売上可申旨申上候儀ニ付、右願　御免之上者別而稼方出情仕、前文高無相違売上候様可仕、将又御料・私領銅山見分等之節、自分入用ニて罷越候儀御願申上処、時宜ニ随追而可被　仰渡旨、是又奉畏候、段々結構被　仰付候ニ付、前段之次第無違失相心得、決て権威ヶ間敷儀無之様可仕候、依之御請印形差上候処、仍如件

住友吉次郎

文化八辛未歳二月十六日　住友吉次郎印

銅座
　御役所

御立会御役人名前

御勘定　杉浦市郎兵衛様
御与力　田坂市太郎様
御普請　河野権次郎様
　　　　小池雅助様
御同心　吉見弥五兵衛様
長崎吟味役　河野伴左衛門様
〆銅座地役　為川辰吉様

諸国出銅不進、諸山銅問屋へ手当銀

吹銅・間吹銅・鍰銅値増

古銅代り吹銅・切屑銅なども値増

○この部分に「奉差上御請書之事」とあるが、紙を貼り抹消されている。

一近年諸国出銅別て不進ニて地売銅払底ニ付、追々直増も有之候処、銅買請人者多分ニ相成、廻銅今以不相進者、山元普請其外稼方不行届故ニて可有之哉と相聞候ニ付、格別之儀を以、廻銅進之為諸山一統へ正銅百斤ニ付銀五拾目ツヽ、当分御手当として被下候ニ付、其段諸山銅問屋へ申渡候、然上者難引請銅山ニても相稼、追々廻銅も相増可申ニ付てハ其方共歩通り不相抱、元引高をも売下ケ遣候様相成候得ハ、勝手之筋ニも可相成、随て右山元へ御手当被下候丈者地売直段も相増候儀ニ付、是迄銅座懸札直段之外、吹銅・間吹銅・鍰銅百斤ニ付銀五拾目相増、以来売下ケ候間、得其意、不正之売買致間鋪候事

一古銅代り売出し吹銅代りニも地売銅同様相増有之候事故、切屑幷上中下古銅買入代ニても別紙之通直増申付候

右之趣江戸表より被仰出候間、申渡も銅買請人共者勿論、銅方ニ携候者可令承知候

文化八辛未年二月廿日

銅買請人
惣連印
大坂ハケ吹師
京都同断
江戸仲買惣代
銅吹屋中
紦吹師

銅問屋提出の請書

奉差上御請書之事

諸国廻銅値増して買入

一近年諸国廻銅別て不進ニて地売銅払底ニ付、去辰年銅百斤ニ付夫々性合ニ随、七八匁より弐拾目迄直増買入之積り、諸山問屋へ申渡、売出直段之儀百斤ニ付弐拾七匁相増候処、銅買受人者多分ニ相成、廻銅今以不相進者山元普請其外稼方不行届故ニも可有之哉と相聞候ニ付、格別之儀を以廻銅進之為諸山一統へ二月廿日以後廻銅之分者別紙之通当分御手当被下旨、以来稼別て致出情、廻銅相増候様、山下へ申遣シ、無益之入用等不割懸、物毎正路ニ出情可致候

廻銅出情の指示

右之趣江戸表より被仰出候ニ付、山元并稼人共申遣、宜出情可致候、以上

前書之通被仰渡、逐一難有承知奉畏候、尤右御直増銀之儀者多分之御手当ニ相当候間、是迄之外ニも稼場所普請等無手抜様取斗、可相成丈出銅相増候様、山元稼人ともへ具ニ申遣、右承知之趣、請書取之、銅座へ可差出候旨、被仰渡奉畏候、依之御請印形奉差上候所如件

文化八辛未歳二月廿日

銅問屋連印

廻銅分手当

一予州別子銅四拾七匁　　一大野銅四拾六匁六分

一羽州大切沢床四拾六匁四分　　一羽州大切沢平四拾八匁弐分

〆

切屑銅・古銅値増につき請書

差上申御請書之事

一切屑銅并上中下古銅代、是迄懸札直段之外別紙之通り直増申付、右代り吹銅代りも是迄直段之外百斤ニ付五拾目相増、都合三百目ニて売下ケ遣し候間、仲間一統申合、尚又売上方可致出情候

右之趣江戸表より被仰出候間申渡候、不洩様可申通候事

前断之通被仰渡、逐一承知奉畏候、依之御請印形差上申候所、仍而如件
文化八辛未年二月廿日
銅買請人
三郷銅細工人
京大坂ハケ吹師
同大坂古銅取次人
惣吹屋中
糺吹師
銅座
御役所

値増銀高書き上げ

御直増銀左之通
一切屑銅
上古銅　百斤ニ付
此吹銅九拾七斤五歩
此直増銀四拾七匁八分
外ニ九分五厘七毛　口銀
但、吹銅百斤ニ付売上弐歩口銀五拾目ツヽ直増銀ニ相当ル
切屑間銀三拾三匁弐分
上古銅間銀拾四匁弐分
一中古銅百斤ニ付
此吹銅九拾弐斤壱歩

此直増銀四拾五匁壱分
外ニ九分弐毛　　口銀
間吹間銀四拾弐匁九分
吹銅間銀弐拾五匁九分
一下古銅百斤ニ付
此吹銅九拾斤弐歩
此直増銀四拾四匁弐分
外ニ八分八厘四毛　口銀
間吹間銀五拾弐匁八分
吹銅間銀三拾五匁八分
〆
一吹銅百斤ニ付
此代銀三百目
一間吹銅百斤ニ付
此代銀弐百八拾七匁
一切屑百斤ニ付
此代銀弐百六拾六匁八分
一上古銅百斤ニ付
此代銀弐百五拾五匁八分

一〇〇斤あたり代銀書き上げ

一中古銅百斤ニ付
此代銀弐百四拾四匁壱分
一下古銅百斤ニ付
此代銀弐百三拾四匁弐分
〆
右之通御座候
口上
昨朔日銅座より大坂屋又兵衛様御呼出、去午年ニて紉吹師年限り相満、尚又当未年より来亥年迄五ケ歳之間、前例之通被仰付候、右ニ付今日御番所へ御届書差出ニ相成候、此段為御知申上候、以上
閏二月二日
銅会所

大坂屋を紉吹師に再び仰せ付ける

乍憚口上
一昨六日古銅見廻仕候処、長堀平右衛門町名田屋猪太郎三拾石船へ古銅躰之品積入候を見請候ニ付、右改候処、古銅ニ相違も無御座、尤右内丁内大和屋喜市と申者より京柳馬場大黒屋真蔵へ之送り状有之、則古銅四箇之内拾四貫目入壱箇・九貫七百目入壱箇・九貫三百目入壱箇・拾壱貫六百目入壱箇、町内へ預置申候、此段以書付を御届奉申上候、以上
文化八辛未年三月七日
古銅見改方
銭屋五郎兵衛
金屋六兵衛
代万兵衛

古銅躰の品を積入につき改、送状あり

町内へ預け置く

富屋彦兵衛
代善兵衛
住友吉次郎
代藤助

銅座
御役所

古金屋一件処分、本書三二六頁参照

過料　欠所

去文化七年午十月古銅見廻り之節、橘通六丁目古金屋藤兵衛方ニ別子似寄之銅有之、其旨銅座御役所へ相届候所、御調ニ相成、右藤兵衛者勿論、買先泉屋喜兵衛御預ニ相成候処、当未四月藤兵衛儀三貫文過料、右銅召上られ、泉屋喜兵衛三貫文過料口銭欠所ニ被仰付候、尤右売主与州船頭金子屋雇文七と申者ニ候処、去辰年死去致、諸事不相分ニ付、右之通手軽ニ相済候由、右召上銅此方へ御預被成候、請取書左ニ

預り銅高書き上げ

覚

一正味平荒銅九貫四百五拾目
一同　荒銅八貫八百九拾目
一同　床荒銅拾壱貫百五拾目
一同　屑荒銅拾四貫五百二拾目
〆四箇
右之通慥ニ奉預候、以上
　文化八辛未四月廿日
住友吉次郎
代半蔵　印

右之節御立会之同心左ニ

立会役人名前

天野仙之丞殿
平山民蔵殿
同所銅座地役　野村八郎殿
同　筆者　小山兵十郎殿

御召上屑銅引方

乍憚口上

一橘通古金屋藤兵衛より御召上被為成候屑銅引方左ニ奉申上候、以上

一屑銅拾四貫五百五拾目
此代九拾斤九部　但、百斤ニ付吹減九拾斤
此吹銅九斤壱歩

吹減多い時ははけ吹師へ吹方仰付を願う

右之通ニて私共へ請入可申候、乍併吹減多分ニも罷在候ハヽ、ハケ吹師ニても吹方被仰付被下度、此段以書付を奉申上候、以上

文化八辛未五月二日

川崎屋吉右衛門
代貞蔵
紥吹師　住友吉次郎
代藤助

銅座御役所

○見開き分空白。

御召上屑銅吹賃銀

覚

御召上
一屑銅拾四貫五百五拾目
此斤九拾斤九歩

此吹賃銀七匁八厘七毛　但、間吹迄百斤ニ付七匁七分九リ七毛ツヽ
又目壱匁三分三厘八毛　但、間吹銅九斤四歩小吹吹賃拾四匁弐分三リ三毛ツヽ
〆銀八匁四分弐リ五毛
右之通御座候、以上
文化八辛未五月十日　住友吉次郎
代藤助
銅座
御役所
乍憚口上

御召上銅は性合悪く御定法にては請け入れ難い

古金屋藤兵衛より御召上銅之内、百八拾四斤三歩者別子准シ、九拾斤九歩者下ハケ屑ニ准シ候様相見へ候へとも、何れも性合甚相劣候ニ付、右御定法ニて者請入候儀難渋仕候、依之両方平均見積りを以左之通

吹減・吹賃銀平均見積

一荒銅百八拾四斤三部
一屑銅九拾斤九歩
〆荒銅弐百七拾五斤弐歩
此吹銅百八拾壱斤六歩
但、百斤ニ付三拾四斤減之積
此吹賃銀四拾八匁九分弐厘八毛
但、百斤ニ付十七匁七分七リ九毛之積
右之通ニて請入候様仕度奉存候、此段御尋ニ付、以書付申上候、以上

文化八辛未五月十四日

熊野屋彦九郎
代半兵衛
住友吉次郎
代半蔵

銅座
御役所

覚

御召上銅吹減・吹賃銀書き上げ

一荒銅弐百七拾五斤弐歩
此吹銅百八拾壱斤六歩
但、百斤ニ付三拾四斤減
此吹賃銀四拾八匁九分弐厘八毛
但、百斤ニ付十七匁七分七リ九毛
此内訳
一別子似寄荒銅百八拾四斤三歩
此吹銅百七拾三斤弐歩
但、百斤ニ付六斤減
此吹賃銀四拾目六分壱毛
但、百斤ニ付弐拾弐匁三厘
一屑銅九拾斤九歩
此吹銅八斤四歩
但、百斤ニ付九拾斤八歩減

此吹賃銀八匁三分弐厘七毛
但、百斤ニ付九匁壱分六厘
〆如高
右者古金屋藤兵衛より御召上銅吹減吹賃銀ニて御座候、以上
文化八辛未五月十四日
熊野屋彦九郎
代半兵衛
住友吉次郎
代半蔵
銅座
御役所
覚
長崎会所入用
一棹銅七百斤
此吹銅六百九拾三斤
此鍰銅七百拾四斤四歩
同
一棹銅弐百九拾斤
此吹銅弐百八拾七斤壱歩
此鍰銅弐百九拾六斤
〆鍰銅千拾斤四歩
鍰銅吹賃銀
此吹賃銀百四拾三匁八分壱厘
但、吹銅迄百斤ニ付拾四匁弐分三厘三毛ツヽ
内

銀五拾七匁壱分八毛　但、棹銅迄吹方仕候ニ付、鍰銅ゟ棹銅迄之吹賃百斤ニ付五匁六分
五リ弐毛ツヽ

残銀八拾六匁七分弐毛

此分返上納可仕候

右之通御座候、以上

文化八辛未六月廿四日　住友吉次郎
代半蔵印

銅座
御役所

乍憚口上

地売銅蔵御預を仰せ渡される
相応の明蔵なし
泉屋・大坂屋の明蔵を片付けて預る
積替雑費など臨時入用下置を願う

一当月十八日私共御呼出之上、被仰聞候者、地売銅御預高之内、別段蔵所へ相備御預可奉申上段被仰渡、承知奉畏候、右ニ付早速打寄相談仕候所、差懸外ニ相応之明蔵等も無御座候ニ付、住友吉次郎御預之内、吹銅弐万斤同人蔵所之内壱ケ所取片付、引訳ケ別段相備、西四軒之御預之内より八万斤別段引訳ケ、大坂屋又兵衛蔵所壱ケ所取片付、都合吹銅拾万斤仲間共立会封印仕、御預奉申上度奉存候、尤右蔵所へ積替雑費運送入用等臨時ニ相懸り候儀ニ付、何卒百斤ニ付八匣宛被下置度奉願上候、乍憚此段御聞済被成下候ハヽ、難有奉存候、此段以書付奉願上候、以上

文化八辛未十二月廿一日　川崎屋吉右衛門
代平右衛門
富屋彦兵衛
熊野屋彦九郎
代仁兵衛

大坂屋又兵衛
住友吉次郎
銅座
　御役所

口上之覚

加賀亀谷銅山見分問掘

一加州様御領内亀谷銅山之儀、私へ稼方　御免被仰付候儀ニも御座候ハヽ、一応見分之儀奉願上候、算当ニも相候ハヽ、冥加銀差上、先問堀(掘)仕度、尤愈相稼候ニ至候ハヽ、御運上銀等御定之上、永続仕候様引受申度奉存候、若又　御直稼候て大坂へ荒銅御差廻ニ相成候ハヽ、右銅ニ永野鉛又者都而御産物類私別家とも名前を以問屋相勤、万端私へ引請、差略を以聊ニても御不益不相立様取捌仕度奉存候、右之段宜敷御申上被成下候、以上

引受を希望

別家を問屋とする

文化八辛未十二月　　銅山御用達
　　　　　　　　　　住友吉次郎

中村吉五郎殿御取次を以、加州様御屋鋪へ差出し候

○半丁分空白。

文化九年
鉛屋より銅座宛て請書

文化九壬申歳

奉差上請書之事

南部銅一手吹

此度盛岡銅山之内、御用銅御売上之外、捨からミ銅吹立、壱ケ年五六万斤程ツヽ、当未年より向亥年迄五ケ年之間、地売方へ御買上被仰付候ニ付、右銅之分私へ一手吹被仰付度候、於江戸表南部役人願之通御聞済相成候段被仰渡、重畳難有奉畏候、然上者右銅廻着性合御見分之上、吹減御定法相立候ハヽ、其節御定之吹減吹賃を以、吹方聊不取締之儀無之、厳密ニ取斗、何時ニても御差図

性合見分のうえ吹減定法を定められたい

盛岡銅吹師

次第御差支無之様、銅吹立可申候、依之御請印形奉差上候所、依而如件

文化九壬申年五月

盛岡銅吹師
鎰屋忠蔵
代判重兵衛
同 直太郎
代判喜兵衛

銅座
御役所

吹屋仲間より請書

前書之通、鍵屋忠蔵へ被仰付候間、私とも仲間一同承知可仕旨被仰渡、奉畏候、依之御請印形奉差上候所、仍而如件

文化九壬申年五月

川崎屋吉右衛門
江戸詰ニ付
代判林兵衛
富屋彦兵衛
病気ニ付
代久兵衛
熊野屋彦九郎
病気ニ付
代仁兵衛
大坂屋又兵衛
住友吉次郎
病気ニ付
代藤助

銅座
御役所

銅座より差紙

糺吹師
惣吹屋

年々帳（文化五年）

盛岡銅捨からみ見分

明廿日盛岡銅捨鍸地売廻之分初廻着ニ付、致見分候ニ付、朝五ツ時前鍵屋忠蔵方へ向印形持参可罷出候事

文化九壬申年八月十九日　銅座御役所

右御呼出ニ付、今六日出勤左ニ

川崎屋吉右衛門　代徳兵衛
富屋彦兵衛　代久兵衛
熊野屋彦九郎
大坂屋又兵衛
住友吉次郎　代藤助

願書本文銅会所ニ相記在之

捨からみ・荒銅は鉛屋、他は吹屋仲間へ吹方仰付

前書之通奉願候所、御取調之上、南部森(盛)岡御用銅并此度地売方売上被仰渡右捨鍸荒銅ニ限り鉛屋忠蔵へ吹方被仰付、其外都て吹方之儀者以来とも私とも仲間ニ限、是迄之通被仰付置被下度段、願之趣被為御聞置候間、被仰渡難有承知奉畏候、仍之継添御請印形奉差上候所、如件

『別子銅山公用帳十番・十一番』三三頁、『大阪市史』触四二五四参照

銅座の切手にて吹屋中より受取

近来古銅を買取、真鍮ニ吹直候物有之由相聞、大坂銅座追々相減不取締ニ付、向後真鍮地銅鉒鉼とも銅座より職人へ相渡吹立させ、仲買を取置、其者へ相渡売出させ候間、仲間之者より買取可申候、勿論銅座買取度者申出次第、売切手ニ相渡間、代銀者銅座へ差出、切手を以吹屋ともゟ真鍮可受取之候、仲買へ者銅座より売口銀相渡候ニ付、直買人へ者口銀不相渡候事

京都の真鍮売場

一於京都も室町御池上ル町為替御用達奥田仁左衛門・秋田銅山問屋百足屋仁兵衛を売場ニ相定、大坂銅座同様取斗売渡候事

伏見の真鍮吹方

一伏見ニ者前々より真鍮吹方職人共是迄之通吹方致候間、買請方前条之通可心得候事

右之通相定候間、於国々所々急度相守、四（ママ）ケ所之外ニて向後真鍮致間鋪候、若於相背者其品取上急度可申付事

右之通被仰渡候間、町々末々迄入念可相触候

文化八辛未十二月　南組　惣年寄

文化九年か

諸国荒鉛払底、大坂銅座一手買入（『大阪市史』触四二五五参照）

諸国荒鉛近来払底ニて直段高下有之趣相聞候ニ付、向後国々之鉛山方ゟ大坂銅座へ一手ニ買入、御用ニ相成候外者同所より望候者へ可売渡候間、代銀差出、売切手を請取、大坂長堀住友吉次郎方ニて可請取候、且又只今迄稼方山々者勿論、此以後新規之鉛山掘開候分とも外々へ不相渡、大坂銅座へ可相廻候、買入方ハ売主より御銀差出ニ不及、即座ニ代銀可相渡候、尤大坂問屋へ相廻来分者只今迄之通り相渡、着船之上、問屋ともより銅座へ売上候様可致候、是又代銀即座ニ相渡、山許仕切書も相渡候間、問屋より払方相違有之ニおゐて者銅座へ可申立候

大坂問屋廻着分は銅座へ売り上げる

右之通国々所々ニて急度可相守候、銅座之外ニて荒鉛引受、吹方致候ニおゐてハ其品取上、急度可申付事

右之通従　江戸表被仰渡候、以上

文化九壬申十二月　南組　惣年寄

鉛形状・目減高など書き上げ

覚

年々帳　（文化五年）

一尺鐇物延弐貫目　一日前手間銀五匁四分
　内壱寸ゟ壱寸九歩迄、弐匁五分以上　但、壱貫目ニ付減三拾目
一同弐匁三分金壱貫八百目　目減右同断
一同弐匁　金壱貫七百目　同　四拾目
一同壱匁五分金壱貫四百目　同　八拾目
一同上色ニて壱貫三百目　同　右同断
一巾同断壱匁金
　　弐分金壱貫弐百目　同　百目
一同　壱匁金壱貫目　同　百弐拾匁
一同　七八分金七百目　同　百五拾目
一同　六分金六百目　同　百六拾目
一板物弐寸ゟ四寸迄
　弐匁五分金以上壱貫弐百目　減　百弐拾目
一同弐匁金壱貫目　同　百三拾目
一同壱匁五分金八百目　同　百六拾目
一同四寸五歩ゟ五寸迄
　弐匁五分金以上壱貫目　同　百弐拾目
一同弐分金八百目　同　百五拾目
一同六寸ゟ七寸迄
　弐匁五分金以上八百目　同　百五拾目

一同六寸ゟ七寸迄　同　百八拾目
　弐匁かね　六百目
一同七寸五歩ゟ八寸迄　同　百五拾目
　弐匁五分金以上六百目
一同八寸五部ゟ九寸迄　同　百八拾目
　弐匁五分金以上五百目
一丸延弐寸ゟ五寸五部迄　同　百五拾目
　弐匁五分金以上五百目
一同　六寸ゟ尺迄　同　百八拾目
　弐匁五分以上四百目
〆
右之通御座候、但、此外寸尺物・紙形物御座候へ共、きまり無之候間、書印不申候、以上
文化九壬申八月
大坂廻着鉛問屋
井筒屋嘉助
明石屋小兵衛
銭屋安兵衛
播磨屋次郎兵衛
大和屋利助
播磨屋仁兵衛
銭屋多七
湊屋吉兵衛
柏屋定七

河内屋藤吉
万屋武兵衛

真鍮・鉒鈝吹賃銀書き上げ

真鍮地入
　吹銅弐貫目
　煙管性合者
　　壱貫四百三拾目
鉒鈝八百目
〆四貫弐百三拾目
　内弐百三拾目吹減
右吹賃銀八匁
　延職壱貫目ニ付三拾目ツヽ
四貫目延ニして三貫八百八拾目
延手間賃銀壱貫目ニ付弐匁七分
〆
合極上合
一間吹弐貫百六拾目
一鉒鈝五百六拾目
一真鍮屑壱貫五百拾目
壱吹分
〆四貫弐百三拾目合
　吹出しニてハ
　四貫目渡し

長鐺物

長やり物延渡三貫八百八拾目
　壱貫目ニ付三拾目吹減
長やり延手間壱貫目ニ付
　此分一日分弐貫目物弐匁七分
合極上弐匁金延手間
　此分一日前壱貫七百目物壱貫目ニ付三匁壱分九リ
　　吹賃銀壱吹分八匁
右之外注文次第ニて増御座候

極上合方割合

一極上合方釷鉧八百目
一真鍮屑壱貫三百五拾目
一間吹弐貫八拾目
〆四貫弐百三拾目
　四貫目渡し
一極上尺鐺延壱貫目ニ付代三拾七匁
一合極上延壱貫目ニ付代三拾五匁

　　口達

『大阪市史』達一三六七参照
銅座にて真鍮売出

真鍮之儀、銅座ニおゐて来ル廿四日ゟ売出候間、望之者入用之品書付、銅座幷仲買之名方ニて
勝手次第買請可申候

鉛も売出

一鉛之儀も同日より売出候間、望之者入用之品書付、勝手次第銅座へ買請ニ可罷出候事

所持分は売買勝手次第、所持高を銅座へ届け置く

一是迄持（マヽ）所之真鍮鉛之分者売買勝手次第之事ニ候へ共、所持高銅座へ届置可申候事

文化九壬申十二月

南くミ
惣年寄

右之通被仰出候間、丁内末々迄入念可相触申候事

銅座より御尋あり回答

乍憚口上

硝子地・丹地棹鉛之儀被為成御尋、奉畏候

硝子地・丹地棹鉛は増銀に及ばず

一硝子地回本形並棹鉛之儀者、増銀ニ不及申候

一丹地並鉛筏流形之儀、是又増銀ニ不及申候

上白地は諸入用多くかかる、余分の吹賃・吹減

一硝子地・丹地とも上白地之儀者並棹鉛と違、二重吹方仕候ニ付、細工人賃銀并炭木諸入用多分相懸り候間、御定例之外、吹賃ニて弐匁吹減候て壱斤ツヽ、余分相懸り儀ニ御座候、中白地之儀者右半減之増方ニ御座候

右者是迄世上仕来之振合ニ承申候間、此通ニて被仰付候ハヽ、御請負可申候、且又交内之儀者、当地御渡鉛秋田吹返し鉛無印鉛(大)鉛ニて出来申候、尤阿せ（瀬）鉛有之候節者硝子地ニ少々交吹仕候儀ニ御座候、此段御尋ニ付奉申上候、以上

文化九壬申年十二月

住友吉次郎
代半蔵

銅座
御役所

文化十年

文化十癸酉年六月十三日五ツ時、吹所小吹大工伊兵衛留坪取落怪我致并差重郎右衛門ス灰

埃両眼へ入開兼候間、東御役所届書左ニ

乍恐口上

住友吉次郎
病気ニ付
代重郎兵衛

『年々諸用留十一番』二八六頁参照

一私召抱小吹大工鱣谷壱町目泉屋清兵衛支配貸屋山城屋伊兵衛幷同差道頓堀金屋町平野屋忠五郎貸屋ざこや重三方ニ重郎右衛門と申者、今日御用棹銅吹方仕居候処、留壺取落、右伊兵衛陰茎面躰両手熱湯相掛候ニ付、早速医師外料呼寄、為致手当罷在候、且又右差重郎右衛門儀、無疵ニ御座候得とも両眼へス灰埃熱湯相掛候哉開兼申候、右両人共気分慥ニ正気御座候、宿元罷帰度相頼候ニ付、介抱人差添送遣候罷有候、此段乍恐以書付を御届奉申上候、以上

文化十癸酉六月十三日　十郎兵衛

御奉行様

右命ニ抱り候程之儀も無御座候趣、医師申聞候得とも、急変之儀難斗故、御届奉申上置候

東御番所縁側江袴羽織ニて罷出、御詰合与力衆何角御尋有之、夫々御請答申上候処、御奉行へ御達し御聞置被成相済、尤全快仕候ハヽ、其段相届候様被仰付候

但、暮半より罷出候ニ付、◇印弓張ちやうちん持参致仕候処、御用中之御門番より御役所へ出候ニ者挑灯不相成、御咎有之候ニ付、十郎兵衛返答ニ者、私とも先年ゟ挑灯持参致来候と押て答候ニ付、其儘相済候

六月十三日小吹大工伊兵衛幷差十郎右衛門留坪取落、怪我致候処、右伊兵衛儀養生不相叶、

小吹大工怪我、医師手当の届出

医師の見立

全快時に届書提出の指示

挑灯の使用是非

小吹大工死亡

六月廿四日暁相果候ニ付、御届申上候、左ニ
但、差十郎右衛門追々全快仕候ニ付、一緒御届申上候事

乍恐口上

住友吉次郎
病気ニ付
代九郎右衛門

小吹大工死亡、差全快

一先達御届申上候私召抱銅吹大工鱸谷壱町目泉屋清兵衛支配貸屋山城屋伊兵衛幷差道頓堀金屋町平野屋忠五郎貸屋ざこや重三方ニ罷在候重郎右衛門と申者、当月十三日　御用棹銅吹立居申候処、留坪取落、右伊兵衛儀陰茎面躰両手へ熱湯相掛候ニ付、早速医師外料呼寄、薬用等為致罷有候段、其節御届奉申候処、御聞置可申上様被仰付候処、右伊兵衛其節より居町住宅へ引取、療用等相加候処、日増ニ全快ニ相見申候処、元来虚弱、殊ニ暑中之折柄故、熱病差加り、急変及難渋候ニ付、尚又厚薬療相加候得とも養生不相叶、今暁六ツ時ニ果候段申越候、幷差重郎右衛門儀追々全快仕候、乍恐此段以書付御届奉申上候、以上

元来虚弱、熱病にて急変

文化十癸酉年六月廿四日

九郎右衛門

御奉行様

右之通掛り東御奉行所当番所へ差出候処、御聞済御座候事、御与力工藤小次郎・浅羽与五郎当番請取、但、帯劔羽織袴ニて御縁側出候ニ付、右伊兵衛儀怪我之始末届書之写

銅座より差紙

堺屋忠助
平野屋藤兵衛

泉屋武兵衛
同　半蔵
〆

鉛之儀ニ付相尋義有之間、明十日朝五ツ時印形持参ニて可罷出事
正月九日
銅座
役所

熊野屋所持荒鉛吹方につき口上書

乍憚口上

荒鉛を棹鉛に仕立てないと売り捌けず不正の取扱あり

熊野屋彦九郎御届申上候所持鉛之内、荒鉛之分其儘ニて者売捌難相成候由ニて、御伺之上、私吹所ニ而吹方致呉候様ニ相頼来申候間、如何可仕哉奉伺上候、尤右彦九郎所持鉛ニ不相限、願候商人とも所持荒鉛之分棹鉛ニ仕立不申而ハいつ迄も義（ママ）売捌方不相成、難渋可仕義ニ御座候、且荒鉛之分売捌方不仕而ハ新廻着鉛ニ相紛候義ニ而、自然不正之取扱仕候者出来候も難斗奉存候間、御

極印

慈悲を以、向後私へ相頼来候者有之節、御届申上候上、吹方致遣し極印打渡候様ニ仕度奉存候、此段乍憚以書付奉伺上候、以上
正月十三日
住友吉次郎
銅座
御役所

荒鉛棹吹、極印

乍憚口上
熊野屋彦九郎所持鉛之分地棹鉛吹立、極印打呉候様ニ相頼来り、当月十三日御届申上、御聞済被仰出候処、此節右荒鉛八千六百弐拾壱斤七歩私吹所へ差廻し申候間、明廿六日ゟ手透之砌吹立申度、尤吹揃上ケ御届申上候様ニ可仕候、此段以書付奉伺上候、以上

申正月廿五日　　住友吉次郎
代半蔵

銅座
御役所

鉛紲吹、吹減高

覚

一秋田吹返鉛　吹減　壱斤四歩
一但州生野鉛　同　壱斤
一秋田丸大鉛　同　八斤弐歩
一同　無印鉛　同　四斤三歩
一備中小泉鉛　同　三斤三歩
一多田鉛　同　壱斤五歩

右者先達ゟ追々御紲吹被為仰付候吹減之分、以来此辺を以吹方被仰付候ハヽ、御請負可申上候、此段以書付奉申上候、以上

文化十酉年二月朔日　　住友吉次郎
代半蔵

銅座
御役所

地棹鉛吹立の依頼

覚

一秋田鉛四千斤　泉屋義　助
同　仁右衛門
同　又右衛門
同　梅　松

一　寄鉛九拾六斤九歩　　大塚屋藤兵衛
一　生野鉛三百斤　　泉屋真兵衛
〆
右之通地棹鉛吹立呉候様ニ相頼来候間、此段以書付御届奉申上候、以上
三月廿八日　　住友吉次郎
代半蔵
銅座
御役所

『別子銅山公用帳十番・十一番』四一頁参照
別子御林山伐り尽し他領山より炭・留木を買い入れる
人寄の増賃銀のため銀繰悪い
銅代銀前借を願う

乍憚口上
予州別子御銅山御林山年々伐盡末及成木付、土佐領幷他領ニ而数ケ山買受、炭仕入幷留木等手当仕、且去年来鋪中模様相替り鉑歩付相減、打続豊作ニ付而ハ人寄無数、旁以隣国人雇ニ差出し格別増賃銀等差遣申候、右両様諸入用多処、此節専仕入時節ニ有之(候脱カ)得共手元ニ而折悪敷銀操不宜、二三ケ月之間操合難渋仕候義ニ御座候、依之別子銅代弐拾万斤程之分、御銀三百貫目当分御操銅渡被為仰付被下置候ハヽ、盆前諸仕入行届安心仕候義ニ御座候、尤以来之引例ニ者決而仕間敷候間、御聞済被成下候ハヽ、返納之儀ハ六月中迄廻銅代を以順々御引取被下候共、正銀を以返上納可仕とも御差図次第ニ可仕候、此段以書付重々奉願上候、以上
文化十酉年三月廿七日　　住友吉次郎
銅座
御役所
此書付御下ケ被成、御役所ゟ御預之姿ニて銀弐百貫目拝借　　鉛仲買共江

諸国出鉛銅座一手買、売捌仕法につき鉛仲買へ触

諸国出鉛近来不進ニ付、以来銅座江一手買入、吹方之義者長堀銅吹屋住友吉次郎方ニ而吹立売捌ニ付、其方共仲買申付候間、望之者ハ代銀銅座へ持参候ハヽ、売出し切手相渡候間、吉次郎方へ持越切手引替、鉛可請取候

右ニ付、売口銀として代銀百目ニ付銀壱匁五分ツヽ遣間、正路ニ売買可致、且諸国ゟ鉛注文申越候ハヽ、早束(速)銅座へ申出、買下無差支可相送、若不正之鉛取扱候者及見候歟、又ハ過分之鉛買請度旨申聞候者有之者遣方承糺、銅座へ申出、差図可請候

一御触以前、其方共所持鉛之分ハ是迄之通り勝手可売払、尤売候上ハ売払度ニ斤高相認可届候

右之趣申度間、得其意、鉛方之義付而ハ銅座之差配を請、正路ニ売買可致候、利欲ニ迷、不正之取扱無之様可致出情候

酉三月

真鍮仲買、見改方

見改方
大坂屋利右衛門
見改方
大和屋久兵衛
釘屋弥左衛門
和泉屋新次郎
泉　屋　義　助
同　　仁右衛門
同　　真　兵　衛
同　　又右衛門

同　半　蔵
同　卯　三　郎
同　梅　松
同　半右衛門

真鍮売買方は銅座差配

此度於銅座真鍮取扱被仰付候ニ付、其方共仲買申付候間、真鍮売買方之義ハ銅座差配可請候、

銅座の切手と引替に吹屋より真鍮を受け取る

吹屋共江真鍮吹方申付、其方共代銀銅座へ持参候ハヽ、売切手相渡候間、右を以吹屋ゟ真鍮可請取、右ニ付売候義として銀百目ニ付銀弐匁ツヽ遣し、真鍮吹立棹金ニ而即銀納を以売出候間、

形状に応じ延賃を差し加える

尺鑓幷ニ薄板巾広物等是迄吹屋へ渡来候之延賃遣、相対を以為延立、右延賃差加へ候直段を以可売出、勿論不正之真鍮取扱候者及見候ハヽ、早束ニ可申立、且売捌方可成丈出情致し正路ニ渡世可致候、且真鍮古金類ハ鉄粉等入交可有之間撰立、大坂ニて取扱候分ハ其方共ニ限り可売上候

一諸国ゟ真鍮入用之義申越候ハヽ、其段申出、注文之通品無差支可相送候

一其方共御触以前所持真鍮之分ハ是迄之通り勝手ニ可売払、尤売切候迄売払、度々斤高相認可相届候、右之趣申渡候間、得其意、心得違不正之取扱無之様ニ可致出情候

酉五月

棹鉛吹立依頼につき届書

口上

一吹返シ荒鉛三千三拾四斤壱歩

右者金屋六兵衛所持鉛棹鉛吹立呉候様相頼来り候間、此段以書付御届奉申上候、以上

五月九日　住友吉次郎
代

銅座
御役所

銅座役所より指示

昨日長崎ゟ廻着致候鈓鈃三百箇明十日掛改之上、預ケ置候間、其手当可致、尤朝五ツ時出役可致事

五月九日　銅座
御役所

住友吉次郎

粕吹鉛の見積を仰せ付けられる

性合不同、平均を以て吹減を定める

乍憚口上

熊野屋彦九郎・柳屋仙蔵ゟ相廻し候粕吹鉛見積り被仰付奉畏候、右粕吹之義ハ硝子地・丹地・白粉地其之外屑鉛上色ニ吹立候義ニ付、性合不同甲乙も可有之と奉存候得共口々相分、是ハ繁雑ニ奉存候間、都而平均を以粕吹上板鉛吹減壱斤・同下板鉛吹減弐斤と相定、請入仕候様ニ致度奉存候、此段御尋（ママ）ニ伺奉申上候、以上

文化十酉年五月廿一日　住友吉次郎
代半蔵

銅座
御役所

銅座役所より指示

鈓鈃掛改のうえ江戸廻船へ積渡

住友吉次郎

明三日鈓鈃正味掛改之上、其内壱万斤程江戸廻し廻船年寄へ相渡候間、右差札百六拾枚認方用意可有之候、尤雨天ニ候ハヽ、場所可差支ニ付、日送り之積り可相心得事

六月二日　銅座
御役所

鈓鈃諸入用書き上げ

覚

一銀五拾五匁八分六厘　　壱箇ニ付六厘宛
　但、釷鈃九百三拾壱箇水揚賃ニ而
一銀拾五匁　　　　　　壱箇ニ付五り宛
　但、釷鈃三百箇正味懸入用
一銀三拾壱匁五分五厘　　右同断
　但、釷鈃六百三拾壱箇皆懸入用
〆百弐匁四分壱厘
右之通ニ御座候、以上
　六月三日　　　　　　　　　　　　　住友吉次郎

私用上京、長崎奉行肥田頼常出迎の届書

　　乍憚口上
私義私用御座候ニ付、今晩ゟ上京仕度、且近々肥田豊後守様御通行之由ニ付、大津駅迄御出迎罷出申度候間、此段以書付御届奉申上候、以上
　酉六月九日　　　　　　　　　　　　住友吉次郎
　銅座
　　御役所

別家中へ銅売下の件、吹賃吹方は二月願書の通りとされたい

　　乍憚口上
鉛吹賃増幷諸雑売願相止、私別家共銅御売下ケ願之義御聞済被為　仰付、冥加至極難有仕合奉存候、然処鉛吹方之義、去申極月ゟ取懸り、右別家共呼寄、召遣罷有候得共、吹賃御吹方之義ハ当酉二月奉願上候義ニ付、当二月ゟ銅御売下ケ被為　成下候ハヽ、右別家共へ別段手当不差遣、於私

も難有仕合ニ奉存候、此段以書付奉願上候、以上

酉六月九日　　住友吉次郎

銅座
御役所

京都にて鉛鉑吹願人あり
性合・吹減等書付提出を指示

先達而鉛鉑吹願熊野屋彦九郎・柳屋仙蔵差出候板鉛上々方壱万斤、次之方弐斤減之積書付被差出候処、京都ニ而右同様願人有之、手本鉛五本差出し候ニ付、為持遣候性合幷ニ減等書付、明日迄被差出候様致度候、以上

六月十五日　　銅座
当番

住友吉次郎殿

乍憚口上

手本鉛を見調べる
性合・吹減の見込
御売出鉛に似ているので形を違える

一京都鉛粕吹願人差出候手本鉛性合吹減見調之義被仰付、奉畏候、右鉛性合者生野鉛位ニ相見候得共、粕気未抜盡候間、当時御売出し鉛ゟハ相少(劣)申候、吹方仕候ハヽ、百斤ニ付五歩減を以、請入候様可仕候、尤右鉛形之義、御売出し鉛ニ甚相似寄、紛敷様奉存候、可相成候ハヽ、形違仕候様被仰付候ハヽ、御取締ニ可相成哉奉存候、此段以書付奉願上候、以上

酉六月十一日　　住友吉次郎
代半蔵

銅座
御役所

乍憚口上

紀伊楊枝銅糺吹

一今十四日住友吉次郎於吹所御糺吹被　仰付候紀州楊枝銅性合之義、被為成御尋、奉承知候、右

性合は吉岡床銅に准じる

性合備中吉岡床銅ニ相唯（准）候様ニ奉存候、此段御尋ニ付、以書付奉申上候、以上

文化十酉
六月十四日

銅吹屋惣代
川崎屋吉右衛門
代判林兵衛

紅吹師
大坂屋又兵衛

同
住友吉次郎
代半蔵

銅座
御役所

銅座より差紙

住友吉次郎
大坂屋又兵衛
熊野屋彦九郎
富屋彦兵衛
川崎屋吉右衛門

申渡義有之間、明廿七日朝五ツ時印形持参可罷出事

長崎御用棹銅用意し極印を請けるよう指示

一長崎下し御用棹銅七拾弐万斤、内三拾弐万斤当時差下し用意いたし、残り四拾万斤追々下し可申、尤秋田・別子・盛岡三山ニて割合可申候、当時出来有之棹銅之分、極印請可申候

右之通被仰渡候間、御承知可被下候

六月廿六日

銅会所

増田半蔵様

銅会所より申付

銅惣吹屋

年々帳（文化五年）

羅返吹方年延願につき条件見直し

白目買請値増を願う

出灰吹銀を上納

其方共義、享和二亥年ゟ五ヶ年出白目相含候灰吹銀羅返シ吹方之義相願、引続文化五辰年ゟ五ヶ年吹方相願、去申年迄ニて年限相満候ニ付、直又（尚）当酉年ゟ向丑年迄合五ヶ年之間、是迄通り吹方致度旨相願候得共、度々願継ニも有之間、此度ハ白目買請直段相増候様、灰吹銀出方出情致候共、何れ規模ニ付候様利解申聞候処、白目直段之義ハ最初見込ゟ下落仕、増高も難相成、且亦含銀之儀も不同有之、年中之見込を以相納来候由ニ付、此度之義ハ定之外ニ弐分相増、以来八匁弐分ツヽ可相納旨申立ニ付、取調之上、願之通り申付候間、出灰吹銀年々無相違相納可申候、則請書印形申付候事

酉六月廿七日

極印済棹銅内訳

覚

一高九拾壱万弐千八百斤
　内拾八万五千斤　御舟積海上ニ有之分
　残七十弐万七千八百斤
　　内
　六月中引残り御極印相済御預り之分
　棹銅三拾壱万六千五百斤
　　内訳
　別子棹銅拾五万五百斤　住友
　秋田棹銅弐万四百斤　大又
　秋田棹銅壱万四百斤　熊彦

同　四万三千五百斤　富彦

同　五万弐千百斤　川吉

盛岡銅三万六千斤　鍵忠

〆如高

当時出来・盆前出来棹銅内訳

当時出来幷盆前迄出来之分
棹銅拾六万四千斤

内訳

別子棹銅五万斤　住友

内　弐万五千斤　当時出来

弐万五千斤　廻着次第可吹立分

秋田棹銅壱万斤　同

内　五千斤　当時出来

同　盆前出来

秋田棹銅弐万八千斤　大又

但、当時出来之分

同　弐万斤　熊彦

内　五千斤　当時出来

壱万五千斤　盆前出来

〆

同　壱万斤　富彦

内　四千斤
　　六千斤
〆如高
同　弐万斤　川吉
　内　五千斤　当時出来
　　　壱万五千斤　盆前出来
〆
盛岡銅弐万六千斤　鍵忠
　内　壱万六千斤　当時出来
　　　壱万斤　盆前出来
〆
合四拾八万五百斤
差引残り
棹銅弐拾七万七千三百斤
　但、盆後ゟ八月廿日迄出来之分也

残り棹銅内訳

　内訳
別子秋田共八万弐千三百斤　住友
秋田棹銅弐万七千五百斤宛　大又
　　　　　　　　　　　　　熊彦
　　　　　　　　　　　　　富彦

川吉
〆
盛岡銅五万五千斤　　鍵忠
〆如高

右之通、割合御撰置可被下候、以上

七月四日　　銅会所

津軽鉛糺吹

三度目の結果を吹減の定法としたい

乍憚口上

津軽鉛両度御糺吹有之処、最初之分ハ減方多ニ付、問屋ゟ今一度御糺吹之上、最初之分ハ不取用、二度目・三度目之分平均之義相願候段被仰渡、奉畏候、此儀ハ問屋申立候通り最初之分ハ減方多候様ニ奉存候ニ付、私ゟ再応御糺も奉願上候義ニ御座候、然処二度目之分ハ格別減方無数候様奉存候、二度(目脱カ)之分・三度目之分平均被仰付候義ハ迷惑仕候義御座候、何卒是迄両度之分不取用、此後御糺ニ相成分を以、御定法奉請候様仕度奉存候、此段御尋ニ付、以書付奉申上候、以上

酉七月廿六日　　住友吉次郎
代半蔵

銅座
御役所

江戸表鉛取締方引請につき願書（『別子銅山公用帳十番・十一番』五六頁参照）

鉛一手吹の趣意を踏まえ鉛方を引請

江戸表鉛御取締之儀、大坂表御振合を以引請方奉願候書付

一江戸表鉛方之儀、大坂表同様引請可申哉旨、先達御内意被　仰付候付、勘弁仕候処、江戸表之義ハ出銀御座候得共、私手元違懸隔候御場所ニ付、自然難行届御座候義も御座候而ハ奉恐入候間、一旦御断申上候義ニ御座候得共、尚亦再三勘弁仕候処、万一鉛外方へ被為　仰付候而ハ私

一手吹被仰付置候御趣意も不相立、御奉公筋も薄ク残念至極ニ奉存候ニ付、江戸表之義も大坂表之御振合を以、鉛方引請被　仰付候様仕度、依之左之通奉願上候

鉛吹減御紙は大坂の定法通り

一鉛吹減御紙之義、大坂ニ而御定法相立候分者其通を以請入可仕候、新規之分御紙吹之節者鍋床ニ而吹立、棹鉛ニ仕立、吹粕之分から臼ニ而はたきゆり立候而、実ハ吹床ニ而吹立かき上候鉛ゟかき立候粕ハ五歩付之積を以、都而大坂ニ而御紙吹之通り仕度奉存候

但、吹粕ゟ出候鉛皮幷ニ屑者歩付共不相定候事

余分は大坂廻しとすればどうか

一江戸表ニ而者白粉幷丹地仕入等ハ無之候間、見越之儀ニ者御座候得共、一ケ年市中入用高六七万斤ニ者過申間敷奉存候間、東北筋山出シ荒鉛不残御買上相成候而者、年々御売出し残ニ相成可申奉存候間、御売捌方相当江戸御買上被　仰付、其余人分ハ大坂廻し被　仰渡候ハヽ、可然哉奉存候

吹賃等も大坂の定法通り

一吹賃吹増銀等之義ハ、都而大坂御定之通ニて引請候様ニ可仕候

一鉛御買上代銀当分私ゟ立替被仰付候ハヽ、大坂御定之通り鉛御売出し代銀百目ニ付銀弐匁ツヽ被下置候様ニ仕度、勿論御売出シ代銀取立相済候上ハ、追々御下ケ被下候様ニ仕度、尤万一私手元差支候義も御座候節者、御下ケ置被成下候様ニ仕度奉存候

鉛置場所

一鉛置場所幷吹場之義ハ中橋上槇町私持店地積り候ハヽ、間口六間・裏行弐拾間地面有之候間、右地面相建申度奉存候

右之趣を以江戸表鉛方義被　仰付被下度奉願候、尤彼地之儀ハ大坂表等違仕候義も可有御座候間、此儀ハ追々取調申上候様可仕奉存候、此段宜御聞済被成下度奉願上候、以上

文化十癸酉年
八月廿三日　　　　　　　　　　住友吉次郎印

銅座
　御役所

右八月廿三日官兵衛書付持参いたし、為川氏へ相渡置申候

長崎方役人動静につき銅会所より案内

一松山惣右衛門様、九月十九日長崎御発駕在之候
一長崎御奉行、九月廿六日長崎表御発駕有之事
右之通御差紙到来仕候間、此段御案内申上候、已上

銅会所

米谷官兵衛様

乍憚口上

半蔵転役、吹方御用は官兵衛が勤める

一是迄吹方御用向半蔵へ為相勤候処、此度転役申附、跡代官兵衛江為相勤申度奉存候間、以来御用向同人江被仰付被下度、此段以書附奉願上候、以上

文化拾酉年九月十五日　　　　住友吉次郎

銅座
　御役所

右願書、吉次郎・半蔵・官兵衛袴羽織ニ而持参致候所、御当番御取次を以披露ニおよひ、早速相済、罷帰ル

乍憚口上

豊後・日向産半田鉛は性合劣る

豊後・日向より出候半田鉛之義ハ至而性合下品ニ御座候間、外鉛百斤之内壱歩通りハ難差交御座

出来棹鉛へ少し交ぜる

候得共、此間御懸渡被　仰付候ニ付、百四拾五斤分者追々吹立候、出来棹鉛之内へ少々ツヽ交候故、格別目立候義ハ無御座候、若此後多斤数出候時者吹捌方差支候間、外鉛百斤ニ付三割さし位

下棹として御定値段より引き下げ売り出す

吹立、下棹と申名目ニて御定直段より少々御引下ケ御売出し被仰付候ハヽ、国々注文有之節差向可申候、左候時者市中一統便利宜敷御座候様奉存候、尤去廿五日性合阿瀬鉛ニ相唯(准)候様ニ申上候得

吹減

共、吹減之儀者丹州当待(子持松カ)上鉛ニ相准、百斤当六斤九歩位等相見へ候間、右之訳を以請入申度奉存候、此段以書付奉願上候、以上

酉九月　住友吉次郎

銅座
御役所

釷釾諸入用書き上げ

覚

一五拾五匁八分五厘　釷釾九百三拾壱箇、水揚壱箇ニ付六厘宛
一拾五匁　同三百箇、正味掛入用壱箇ニ付五厘ツヽ
一三拾壱匁五分五リ　同六百三拾壱箇、皆掛入用壱箇ニ付五厘ツヽ
〆百弐匁四分壱厘(ママ)
外ニ当地真鍮屋渡百斤ニ付八厘宛被置下(ママ)候事

十月三日　住友吉次郎
代徳三郎

銅座
御役所

乍憚口上

天草土産白目鉛試吹
馬の歯白目
初出品につき細工用途定まらず
相場・斤量の見込

一今日御試吹被　仰付候天草土産白目鉑弐貫五百五拾匁之内、砕女仕素石荒増選際、残弐貫三百目吹方仕候処、長州・豊後の国ゟ出来候馬之歯白目凡同品ニ相見へ候処、吹味廿四匁有之、右者始て出産之品ニ御座候ニ付、何様之細工相用可然品とも治定難仕候得共、右馬之歯白目之義ハ是迄上元土器細工ニ相用候、尤右馬之歯白目時々相場高下御座候得共、此節ニ而者百斤ニ付六七拾匁位相場ニ御座候得共、一躰捌方無数候品ニ付、一ヶ年壱万斤程も相廻候而者半直段ニも相成可申哉奉存候
一右白目鉑歩付之義ハ纔成見石生鉑之儘吹立仕ニ付治定難仕候、多分焼吹仕候得者歩付宜敷哉ニ奉存候、尤歩付之儀者五六歩以上ニ御座候て者難引合儀奉存候、且山元之吹様幷諸品運送之次第等も御座候ニ付、場所見分不仕而ハ治定難申上候様奉存候

熊野屋彦九郎
代平兵衛
大坂屋又兵衛
代儀兵衛
住友吉次郎
代官兵衛

文化十癸酉十月十四日

銅座
御役所

立川村失火
地売上銅は廻着困難

乍憚口上
予州御銅山稼人住居村方之内、立川村と申処、当月十二日失火有之、折節大風にて家数六拾軒程焼失仕候ニ付、当年地売上銅山下ケ之義難出来、年内廻着仕、春廻り相成り可申様ニ奉存候間、此段書付を以御届奉申上候、以上

文化十酉年十一月廿五日　　住友吉次郎
代官兵衛
泉屋真兵衛
代幸兵衛

銅座
御役所

銅座より鉛持参の指示

覚

一阿瀬鉛壱貫目
一津軽鉛壱貫目
一越中同壱〆百四拾匁
〆
右今日銅座御役所へ為持遣候事
閏十一月五日

銅座より差紙

江戸御用銅・鋲・釘、明十日廻舟方掛渡し有之候間、掛方手代壱人可罷出事
銅吹屋中
閏十一月九日
銅座
御役所

出火馳付の届書

乍憚口上

東堀瓦屋橋少々南へ入ル西側油屋裏土蔵より出火ニ付、馳付左之通り
一九軒町
佐渡屋町
新平野町
右之通御届申上候、已上

閏十一月十六日　住友吉次郎
代官兵衛

銅座
御役所

屑吹鉛吹減につき御尋

乍憚口上

一屑吹鉛上中下三段吹減百斤ニ付何程相当り候哉、御尋被為成、奉畏候、則左ニ奉申上候

上・下二品のみ

一上粕鉛百斤ニ付　但、壱斤

一下粕鉛百斤ニ付　但、弐斤

右之通ニ御座候、尤中屑鉛者以来有(無カ)之、右弐色斗ニ御座候、以上

十二月十九日　住友吉次郎
代官兵衛

銅座
御役所

文化十一年
荒鉛元値御尋あり
鉛山と銅山の比較

一荒鉛山元直立之儀、御尋被為成奉畏候、則左ニ奉申上候
都而鉛山之儀者銅山と違、石かね鉛鉑者勿論、敷中脇石迚も別而和ク稼方骨折無之、其上歩付等も銅鉑石より格別宜敷、吹方仕候砌も只鉑吹斗ニて直様荒鉛ニ相成候ニ付、炭焼等之雑費無少ニ相掛り申候、尤場所ニより銅鉑鉛鉑相混候所者焼竈ニて焼上候得共、元来鉑性柔和ニ御座候ニ付、焼木等多分入用相掛り不申、其外ドジ鉑と相唱候而鉛鉑ニ相交、似寄之物御座候、是者用立不申、砕女ニて撰分候而者行届兼候ニ付、臼ニて砕きふるひ上、細末ニ相成候をユリ物ニ仕候得共、此雑用も格別之儀無御座候、尚又鉛伯(鉑)吹方之節者諸山共ズク鉄多分差交候得共、元来ズク鉄下直之品ニ御座候ニ付、遠方より取寄候而も又者近郷近国破鍋釜等相用ひ候ても入

ドジ鉑ユリ物代も
さほどかからず

ズク鉄

用格別之儀無御座候候(衍)、万一場所ニより運送不自由之所者如何可有御座候哉、此儀者難斗奉存候、乍併壱ケ年ニ弐三万斤ならて者出鉛不仕候山々者、鉛鉑ニ悪物之ドジ鉑ドウキシ鉑抔相交り仕成方手数余慶相懸り、割合より雑用相嵩、元付高直ニ相成申候、

北国の鉛山はユリ物不要、雑用銀かからず

都而北国奥筋之鉛山者ユリ物師等之雑用相懸り不申様承り及申候、且鎚筋ニよりユリ物師相懸り候所も御座候得共、過半鉑石之儘吹方仕候、西国筋者但州生野鉛・摂州多田山・紀州楊枝山・備中小泉山等、其外端山勿論何れもユリ物師相掛り候義ニ御座候、

生野鉛は出鉛多く諸雑費少ない

然共生野山抔者多分出鉛仕候ニ付、諸雑費無少ニ相掛り候様奉察候、前書申上候振合ニ御座候ニ付、銅鉑石取出し候と者格別元付下直ニ相成候様奉存候、尤鉛山斗之国々者外稼方も無御座候得共、銅鎚・鉛鎚連山之国々者元付下直ニて御買上高直ニ相成、

稼方便利な鉛鉑に偏り銅山方不進となる

稼方便利宜敷鉛鎚斗相稼候ニ付、自銅山方仕入不積りニ相成、銅山方追々不進御座候様奉存候、右御尋ニ付、書付を以奉申上候、以上

文化十一戌年
正月廿五日　住友吉次郎
代官兵衛

銅座
御役所

錫取締につき御尋

一此度錫御取締ニ付仕来方御尋被為成奉畏候、此義前々者阿蘭陀ゟ年々無間欠壱ケ年ニ凡弐万斤ツ、持渡候義ニ御座候て

和錫

和錫も余程出候ニ付、市中之相場拾貫目ニ付代銀凡弐百八拾目位より三百五拾目迄仕候、和錫も出方相劣、四五百目ニて相居候処、

紅毛錫入らず高値となる

近年紅毛及闕欠候ニ付俄ニ直段高直ニ相成、続て持渡無之候ニ付、追々高直ニ相成、既ニ一昨年者拾貫目ニ付凡代銀壱貫目余相成申候、昨年度以来迄右之相場居候処、紅毛七万斤余持渡、段々下落仕、去暮ニハ凡四百目

錫も軍用品ゆえ取り締まるべき
鉛同様に棹吹すると紛らわしい
唐錫は性合よい
和錫は性合不同
唐錫は値段高下あり、錫商売の者が買い置く
仲買は一〇軒位が適当か
和錫売買は口銭薄い
捌方のため直売を止めるべき
売捌仕法の提案

位ニ相成り候、右荷物不残相捌候ニ付只今ニて者凡六百目斗仕候処申事ニ御座候、然共少々ツヽ持囲ひ居候者有之事と奉存候

一鉛同様御軍用之品ニ御座候得ハ、御取締被遊候而可然哉と奉存候、尤鉛斗御取締ニて錫御取締無御座候而者錫も鉛も同様棹流ニ仕候義ニ御座候得者、甚紛敷御座候

一唐錫拾貫目ニ付吹減三斤、性合別而宜敷不同無御座候、色合少シ黒ニ御座候、和錫者色白ク性合甚不同、上・中・下御座候、吹減凡拾貫目ニ付壱貫目より弐貫目余迄御座候、唐錫多分相渡候時者和錫より直段下直ニ御座候、唐錫持渡無之時者和錫より唐錫格別直段高直ニ相成申候、此義是迄出方之模様ニより高下御座候、何れニ仕候とも唐錫無之而者諸仕成方不勝手ニ御座候、是迄市中高直ニ御座候者錫商売之者漸々五六軒限渡世仕候ニ付、何れも買持居仕候ニ付、直段高下有之、利潤多御座候処、右之者共渡世ニ相成候義ニ御座候、此度御仕法被仰出候而も仲買拾軒位ニ限り被遊候て可然様奉存候、壱ヶ年之出方和錫共凡五六万斤程之物ニ御座候、其上銀高格別高直之品ニ御座候得ハ銀高而已相嵩、薄口銭ニ相成候上、数拾軒江引分候而者是迄渡世仕候者甚難渋仕候間、此段御憐察被成下度、勿論鉛仲買数拾軒被仰付候得共、不案内之者ハ是迄迚も御役所へ買請ニ罷出不申義ニ御座候、右鉛も是迄買請不申候者者以後御差留被仰出、尤仲買之外御直売も御止被遊候ハヽ、捌方宜敷哉ニ奉存候

一御売捌之儀者壱ヶ年出方之割ニて少々ツヽ御控被遊候而御売出ニ相成候ハヽ、自捌方宜敷相成可申、其余之分ハ御囲ひ之上被遊候て万一紅毛及闕欠ニ候節、御売出被遊候様仕度奉存候、左候ハヽ御益不同も無御座候

錫吹賃

極上本折錫　壱貫目ニ付吹賃　弐匁五分五リ
上　玉錫　三匁
中　玉錫　三匁
上　棹錫　弐匁五リ
中　棹錫　同
下　棹錫　同
上引白目棹錫　同
中　同　同

右吹賃少々高直ニ御座候とも何れも再吹ニ相成申

紅毛錫は市中に多分あり

一当年御仕法御立被遊候而者不宜候様奉存候、此義者去年紅毛錫沢山ニ相渡候故、市中ニ多分御座候ニ付御買上方銀高相嵩、其上紅毛錫御手当無御座候ニ付、当秋紅毛持渡之分長崎表十ケ年落札直段ニて御引取被遊、夫より御売出ニ相成、豊後・薩摩・日向三ケ所之分外売御差留、御役所へ御買上被遊候ハヽ、可然哉ニ奉存候、尤右三ケ所之外、和錫之出所者前々より及聞不申候

豊後・薩摩・日向の錫を買い上げればどうか

錫相場

一当時相場

極上本折　拾貫目ニ付　六百五拾目
唐棹錫　五百九拾目ゟ六百目迄
和錫上　五百七八拾目
小折　六百弐拾目

玉錫上　六百目
玉錫中　五百八拾目
中棹　四百目
下棹　三百目
上引白目棹　四百五拾目
中同棹　四百目
〆

文化拾一戌年
正月廿五日　住友吉次郎
代官兵衛

銅座
御役所

鉛掘方につき御尋

乍憚口上

一鉛壱ヶ年掘方凡積御尋被為成、奉畏候、左ニ奉申上候

一白粉地　拾万斤内外
一丹地
〆
一硝子地　壱万五千斤余
〆
一漁猟方　三拾万斤内外
一鋳物方
〆
但、此分地棹と相唱申候

御用丹

鉄砲玉

漁猟方の需要

右凡積りニ御座候、白粉地之分者直段高直ニ相成候而も於潰方不同無御座候、丹地者直段余り高直ニ相成候而者、御用丹も相納候儀ニ付難引合儀も御座候様奉存候、其外硝子地・漁猟方・真鍮・唐金・鋳物幷錫差交候迄、都而地棹と相唱候分、銅より直段下直ニ相成候時者引合候儀ニ付多分差交潰方多御座候、鉄砲玉之儀者錫より外ニ相用ひ候品も無御座候ニ付、少シ高直ニ御座候而も相用ひ候得共、是等之儀者潰方無少ニ御座候、浦々漁方ハ近年鉛高直ニ相成難引合、其上身元薄者ニ御座候ニ付、大網之岩沈抔都而石瓦之類交相用ひ候、併瓦石相用ひ候而も不猟ニ御座候得共、鉛高直之処江引当候時者矢張瓦石相用ひ候而も引合候ニ付、自沈方無数ニ御座候得共、鉛直段下直ニ相成候ハヽ、右凡積りより捌方格別相増候様奉察候、右之通御座候、已上

文化十一戌年
正月　　　　　　　　住友吉次郎
　　　　　　　　　　代官兵衛

銅座
御役所

小吹弟子大工申付

文化十一戌年

二月十日、就吉辰忠兵衛悴亀松江小吹弟子大工申付候

灰吹大工死去、助役申付

同

灰吹大工太次郎死去ニ付、跡代り差立可申様、悴槌五郎幼少ニ付鉛大工為七江助役申付置候、追而槌五郎生長之上、同人取立可申之事

銭真鍮地古銅間吹のさい上鉢を差し交ぜる

乍憚口上

是迄市中御売出ニ相成候鋳真鍮地古銅間吹之義者、最初御紀吹之節ゟ間吹銅百斤之内江上鉢壱弐枚宛差交相渡来候所、真鍮御取締被仰出候後者　御役所ゟ直々御渡方ニ相成候ニ付、疵鉢性合宜

上鉢再吹賃・吹減で内損、難渋

敷処ならてハ職方請取不申候ニ付、相残間吹上鉢紂気在之、再吹不仕而者難相用ひ、吹方二重ニ相掛り、吹賃幷ニ吹減等内損相立、甚難渋仕候間、是迄之通り請取呉候様被仰渡被下置度奉願上候、乍去職方御渡方御定法振合相替候儀ニ御座候得者、中下古銅再応御紏吹奉願度奉存候得共、御紏吹も御大造之儀、容易不成之義ニ御座候得者押而御願奉申上候も恐入奉存候間、減増壱斤、

吹直賃の下置を願う

外ニ上鉢壱割通吹直し吹賃六分壱厘ツヽ、被下置候ハヽ、間吹上鉢紂気在之分不残相除、性合宜敷疵鉢之分相渡可申候、左候ハヽ、職方差支無乃双方便利能、無滞御用相勤可申候間、何卒此段被為分聞召、願之通被仰付候ハヽ、重畳難有仕合奉存候、已上

文化拾一戌年　　大坂屋又兵衛

二月廿四日　　住友吉次郎

代官兵衛

銅座

御役所

乍憚口上

和錫御買上之儀者銅鉛なとと違、壱度御紏吹被仰付候而、其御定法何迄も難相用候間、御懸渡毎不残手軽く御紏吹被仰付候様仕度奉存候、都而性合ニ寄、直段之高下御座候間、吹減はかりニ而請入方被仰付候而ハ品合之不同も相訳り不申、御益も無御座候、何印何印と御座候而も時々減違多少御座候、元来直段高直之品ニ御座候間、何方ニ請負仕候而も難渋仕候間、先手本棹錫極上・上・中之上・中・下之上・下と位訳御定被遊、夫より御買上直段御定法御立被遊候而可然奉存候、右吹方之儀者和錫廻着之上、御懸渡被仰付候ハヽ、印訳仕、直様南蛮吹にて山鋅取除、吹減幷性合御見分相済候上、御買上直段下・中・上御立被遊候様仕度奉存候、右棹錫に

和錫は掛渡毎に紏吹を仰せ付けられたい

性合により値段高下あり

南蛮吹

て御買出被仰付候ハヽ、折錫・玉錫等仲買手元ニ而勝手ニ吹方仕候、尤仲買手元ニて折錫・玉錫等仕立候儀、不取締被思召候ハヽ、何れ成とも仲買之内壱人一手ニ被仰付候ハヽ、御取締ニ者宜敷御座候、左候ハヽ、棹錫百斤ニ付三斤減之御定法ニて被仰付候ハヽ、可然哉ニ奉存候、何れ一旦棹形ニ流し性合之位相定不申候て者御定法難相立候義ニ御座候

棹鉛とし性合を定めなくては御定法立て難い

錫商売人名前

一錫商売人左ニ奉申上候

久宝寺町壱丁目　金屋六兵衛
新難波町　平野屋忠五郎
新難波町　富屋彦兵衛
心斎橋安堂寺町　泉屋又右衛門
同所　同　卯三郎
壱丁目　伊勢屋吉次郎
堺筋平野町　泉屋武兵衛
順慶町壱丁目　大塚屋正兵衛
心斎橋周防町　伊予屋平兵衛
壱丁目　銭屋卯兵衛
茂左衛門町　大塚屋善次郎

和錫の出所

和錫出所、豊後国中川家之産物之由承候、其外少々ツヽ、相廻候者豊後・日向・薩摩問屋へ着仕候由ニ御座候

錫取締で値段高下なく口銭薄くなる

錫渡世の者へ口銀仰付を願う

一錫之儀格別高下在之候ニ付、是まて渡世仕候者共多分利潤御座候ニ付、御蔭を以渡世相続仕候義ニ御座候、此後御取締ニ相成直段平等ニて高下無之、銀高而已相嵩、薄口銭ニ相成候時者右渡世之者及渇命可申候間、此義厚く御憐察被為成下度、且又錫仕業之義者都而仕成かた等伝授ニ御座候ニ付、外々ニ而出来不申故、右之者共渡世ニ相成候義ニ御座候間、御売出し代銀壱割半通口銀被仰付候様相成候ハヽ、差支も無御座、御仁恵之程一統難有可奉存候

一錫出方之義ハ五六万斤斗之事と御座候よし

錫潰方

一錫潰方之儀、器物者勿論、カイガイ相唱候て箔ニ相延、其外差ものニ相成候者鏡屋・鳴もの職・鋳物かた・大筒地等ニ相用ひ候由、別而手狭之もの御座候間、紅毛方沢山ニ相渡候時者壱ケ年潰方より余分ニ相成可申、其節ハ御蔵納ニ被遊候ハヽ、市中気配立直り、時々捌方宜敷哉ニ奉存候

和錫買上元代銀の御定法

一紅毛錫拾ケ年か廿ケ年位之落札直段平均を以、和錫御買上之元代銀御定法御立被遊候ハヽ、可然哉ニ奉存候

文化拾一戌年
三月八日　　住友吉次郎

銅座
御役所

乍憚口上

鉛取締、諸山出鉛は泉屋へ差し廻す
秋田鉛請取の場所
泉屋一手吹のため欠斤が嵩む
諸山荒鉛同様に泉屋吹所にて掛渡を願う
または役人中の立合を願う

一 去々申年極月鉛御取締ニ付、諸山出鉛住友吉次郎方へ差廻可申段、御触流御座候て諸山共不残私吹所へ相廻り　御役人中様御立会之上、御掛渡被仰付、奉請入候様仕来候処、秋田鉛之儀者先年より燃鉛御入用売上之節、吹屋共秋田蔵屋敷ニ於て請取申候ニ付、同所ニて請取候而も差支無之哉御尋被為成奉畏候、此義是迄欠斤相立難渋仕候得共、仲間家別ニ割合候而者聊之儀ニ御座候得共内損仕、無故障請取来候得共、鉛御取締後者不残私方一手請入仕、壱ケ年出高凡拾万斤余之多斤数ニても可在御座、左候ハヽ、少々宛欠目御座候而も積立候得者夥敷欠斤相嵩、且吹賃迚も取積り厳蜜之御請負ニ御座候ニ付、償方融通難出来、甚難渋仕候間、諸山荒鉛同様御役人中様御立会之上、私吹所にて御懸渡被仰付被下候様、御憐察之上、被為仰渡被下度重畳奉願上候、乍併難相成御趣意も御座候ハヽ、御役人中様秋田蔵所へ御立会之上、懸請取仕候様被仰付候ハヽ、私方よりも斤量持参之上、即時ニ掛渡仕、欠在之候節者御目通ニて是非相決、請取方仕候様仕度奉存候、左候ハヽ、差支之儀も無御座、難有仕合奉存候、此段以書付奉願上候、以上

三月　　住友吉次郎

銅座
御役所

浦賀の御切手

一 錫も鉛同様、浦賀之御切手無之候而者御江戸表通路交易御法度之趣ニ御座候

大筒地に錫を差し交ぜる

一 大筒地ニ錫差交候者新合と申候而鳴もの地ニ御座候、銅八貫目ニ極上錫弐貫目差交相用申時者至而能〆り候よしニ御座候ニ付、何れ大筒地ニ者差交不申候者不相叶義ニ御座候、御軍用之義者勿論之義、錫者随分上もの相用候方可然、尤大筒之内五拾匁筒・百目筒くらひニ者古唐かねニ錫気在之方相用候而もさけ候義者無之候得共、玉目余計ニ相成候得者何れ新合ニ不仕候而者

あしく御座候、銅斗ハ殊之外和〳〵故、鋳筒ニ可然なれども錫を差交不申ニ者〆り無之、鋳方請付不申儀ニ御座候

鐘地にも錫を差し交ぜる名切

一鐘地者唐かね相用候て銅鉛取白目之類交合候得共、是も先錫下直之砌者差交候義ニ御座候、鐘之宜敷候者只今ニても錫を差交候義ニ御座候、是を名切と相唱申候、乍併是江差交候錫者下品之方ニても宜敷御座候、普く名切と申候者極上錫相用候ニ付、只今ニて者上鳴り物同様ニ取扱仕候、右名切と申候を粉糵絹ふるひニて通し細末ニ仕候をホウシヤニ交、金物を継申候、是を

鈄

鈄と相唱申候

箔に打ち延ばす錫

一カナカイ箔ニ打延シ候錫之儀者極上錫相用ひ申候、乍併上錫ニても紅毛錫斗ニてハあしく色合少シく黒ミ御座候ニ付、箔ニ仕立候後、色黒ニ出シ候ニ付、和錫者何れとも色白く御座候故、五歩通りも差交候儀ニ御座候、左候ハヽ、色艶格別宜敷相成申候

一本折極上

　唐錫　五貫目

　和錫　五貫目

　　但、是を上の元立仕、極上之上・中・下品合仕立申候

器物錫

一器物錫之儀、極上之器物者上和錫八貫目・唐錫弐貫目差交申候、左候ハヽ、色艶よろしく、是より段々下ものニ相成候分者和錫之下品相用、上鉛も少々ツヽ差交申候

一上引白目者中錫六貫目・鉛四貫目交合し候、中引白目者中錫五貫目・鉛五貫目交合候義ニ御座候

　右之通ニ御座候、以上

文化拾一戌年
三月　　　　　　　　　　住友吉次郎

銅座
　御役所

紅毛錫
一 紅毛錫百斤ニ付
　代八百三拾目
　　内
五百九拾目　去酉十二月落札之由
五匁　長崎より大坂迄運賃
拾匁　棹吹賃凡積り
拾七匁七分　減違代三斤
三拾目　諸懸りもの見込
〆六百五拾弐匁七分
残百七拾七匁三分　弐割七歩余当

和錫上棹錫
一 和錫上棹錫百斤ニ付
　代八百目
　　内
六百五拾目　和上荒錫百斤代
吹減多い
七拾八匁　壱割弐歩減平均之所
拾目　棹吹賃

弐拾目　　　　諸掛もの見込
〆七百五拾八匁
残四拾弐匁　五歩七之当り
和錫下棹錫
一和下物棹百斤ニ付
代五百五拾目
内
四百弐拾目　　和下錫百斤代
吹減少ない
三拾三匁六分　八歩減
拾匁　　　　棹吹賃
弐拾目　　　諸懸りもの
〆四百八拾三匁六分
残六拾六匁四分　壱割四歩当
右之通ニ凡積りニ御座候、和錫上もの者吹減多分御座候、下物者吹減無少ニ御座候、唐物之儀
天草の事情は不詳
肥州天草御関所御運上抔者相懸り不申候哉、此義者不案内ニ御座候、先達申上候吹賃とハ、此方下直ニ御座候者棹吹まて之義ニ御座候ニ付、前書之通り御座候、尤折錫・玉錫等仕立候ハ、、先達申上候通ニ相成申候
豊後産荒錫買入値段
一中川家之産物荒錫之義者五ケ年宛請負仕候由、上・中・下平均ニて百斤ニ付六百目余位ニ買入候様承り申候、乍併御勝手御用も相勤候義ニ付、右之通下直ニ御座候哉、此段難斗御座候

文化拾一戌年三月　　住友吉次郎
代官兵衛

銅座
御役所

御鉄砲方へ鉛を渡す

今二日あせ鉛百拾五貫目・越中鉛百拾五貫目、御鉄砲方相渡申候御役人名前左ニ

御鉄炮方同心
伊木太三郎殿
坂倉弥市右衛門殿
伊藤長左衛門殿
西村彦右衛門殿
〆

右之御役人中御立会之上、組別御渡左之通

鉛渡し先内訳

一鉛八拾壱貫九百目　玉造御組百人
一同八拾壱貫九百目　京橋御組百人
一同八貫五百七拾八匁五分　東御番頭十九人
一同八貫五百七拾八匁五分　西御番頭十九人
一同弐拾四貫五百七拾目　河内組三拾人
一同拾六貫三百八拾目　荒川組弐拾人
〆弐百廿壱貫九百七匁

銅座宛て願書

乍憚口上

真鍮方入用鈓銒

欠高あり

内損弁納代銀を願う

以来は長崎での立会御免を願う

真鍮方御入用鈓銒長崎表より御差登ニ付、同所詰合候私名代佐兵衛へ立会被仰付、彼地ニおゐて御蔵所右佐兵衛へ御渡被為成、惣高六万斤慥ニ奉請取、追々当地へ相廻り都合皆着仕、不残懸調子仕候処、欠高三拾九貫八百三拾六匁ニ相成候、元来高直之品代銀ニ積り余程之銀高ニ相成候、甚難渋仕候、乍併一旦名代立会奉請取候義ニ御座候得者、此方内損仕弁納可仕候間、何卒御憐愍を以長崎表落札直段を以、代銀ニ償被仰付被下候ハヽ、難在仕合奉存候、尤以来之処、長崎表ニて立会之御免之儀奉願上候、何卒可相成儀ニ御座候ハヽ、当地ニ而御役人中様御立会之上、是迄之通御預り奉申上候、出入請払勘定仕立、聊たり（脱アルカ）御奉公筋之儀相勤可申存心ニ御座候、此段以書附奉願上候、已上

文化拾一戌年三月　　住友吉次郎代官兵衛

銅座御役所

秋田鉛懸請取雑用につき御尋あり、回答

乍憚口上

秋田鉛懸請取雑用壱箇ニ付三分五リ之内訳御尋被為成、則左ニ奉申上候

一　鉛百斤ニ付雑用
　　銀三分五厘
　　　内
　壱分三厘　　但、壱分弐リ壱文増之訳、百斤ニ付舟賃
　弐分弐厘　　手伝八人賃銀幷他所出増銀・手代手伝弁当料・支度雑用・舟共其外色々

右之通御座候、此雑用纔成儀ニ御座候得者秋田屋敷より相償候而も格別之儀無御座候ニ付、右蔵

所ニおゐて請取候様成行候ハヽ、都而南部・津軽等も御国産之儀、引例ニ申候義候而者御触通ニも違、且臨時失脚等相懸り、甚難渋仕候間、此段御憐察被成下度、万一秋田屋敷限蔵所ニおゐて請取候義ニ御座候ハヽ、先願書可申上候通、御役人中様御立会之義奉願上候、此段書付を以奉願上候、

秋田屋敷での鉛請取は役人中立会とされたい

已上

文化拾一戌年
四月廿二日　住友吉次郎
代官兵衛

銅座
御役所

鉛請取につき銅座宛て口上書

乍恐口上

一秋田御屋敷蔵所ニ而鉛御渡相成候ハヽ、斤量私方ゟも持参仕、貫目相改申度旨申上候処、秋田御屋敷江御聞合被下候処、差支無之段被仰聞、奉承知候

秋田屋敷より吹所引取の諸経費

一同所ゟ右鉛私吹所迄引取候船賃・人足賃・弁当料・諸雑費、鉛百斤ニ付三分五リツヽ、相懸り候積りニ付、御渡被下度旨申上候処、尚又秋田問屋を以御屋敷御役人中江御談被下候様、右之内船賃壱分三厘幷人足増賃斤量其外掛改入用之品幷弁当・積廻し候船賃之割合弐厘、都合壱分五リツヽ、秋田ゟ御差出被成候由、人足賃幷(弁脱カ)当料者日数ニ応し相懸り可申ニ付、早朝ゟ取懸り、懸請取斤高相増候ハヽ、諸雑費相減可申段被仰聞、承知仕候、乍然懸請取日限相極候節、俄ニ雨天等罷成候而者人足幷弁当手当も不用罷成、右之外へも庸立難申上、入用も相懸り候ニ付、鉛百斤ニ付三分五リツヽ、拾万斤積三百五拾目諸雑費相懸り候段申上候得共、御時節柄之義も有之候ニ付、格別御利解被仰聞候間、右之内百目程者私ゟ相償候様可仕候得共、重而之儀ハ申上候通

一部を住友で負担

諸雑費の下渡を願う

諸雑費の内訳

諸雑費被下度奉存候、尤万一日数相懸り入用相増候節者可相成義ニ御座候ハヽ、銅座御役所ゟも少々御出方被成下度奉願候

一　銀三百五拾目　（鉛拾万斤
懸請取諸雑費

内

百五拾目　（秋田方ゟ
御出方之積り　〆

内

百三拾目　（鉛拾万斤吹賃
但、百斤ニ付壱分三リ宛、人足八人宛　〆

八匁　二日分増賃

拾弐匁　（斤量其外積廻し船壱艘宛
二日分弐艘舟賃

百目　人足弁当料私ゟ相償之分

小以〆弐百五拾目

残銀百目　但、鉛五万斤　一日ニ請取候ハヽ、此代銀者入用無御座候ニ付、可成丈出情仕、銅座御役所御出方無之様可仕候得共、万一日数相懸り、人足賃・弁当料相増候ハヽ、此内少々御出方奉願候

右之趣を以、於秋田御屋敷蔵所鉛懸請取可仕候、已上

右之割合を以、鉛斤高ニ応し御渡可被下候、尤一日鉛五万斤程宛懸請取候積り御座候、以上

文化拾一戌年
五月八日　住友吉次郎
代官兵衛
銅座
御役所

備中小泉銅紏吹につき銅座宛て願書

乍憚口上

滴銀

一備中小泉銅八箇廻着之分、御紏吹無之見積りニ而請入被仰付候様奉申上候処、則今日御差紙被仰付畏奉承知候、然ル処天明二寅年七月御紏吹被仰付候節者、滴銀九拾四匁五分四リ五毛ニ相成、夫ゟ中絶ニ而此度廻着仕候義ニ而、右滴銀之所難斗、其上外似寄之准シ銅も無御座候ニ付、右之儘仕入仕候而、万一滴銀不足仕候時者償方無之、奉恐入候、何卒右之分御紏吹被仰付候ハヽ、顕然之上、奉請入候様相成、難有仕合奉存候、此段御聞済被成下度奉願上候、以上

文化拾一戌年
五月廿四日　銅吹屋惣代
住友吉次郎
代官兵衛
銅座
御役所

倹約定（『泉屋叢考』第二三輯一四〇頁参照）

定

根本の銅山は遠丁深鋪

御用金等の負担が嵩む

公私諸事倹約を指示

倹約者前々ゟ被立置候処、年限過去り、近年世帯方万端無益之失墜多ク相成候、然ル所当地根本之銅山方者次第ニ遠丁深鋪ニ、炭木ニ至迄他領遠所ゟ買調、且又去年已来鉑石歩付不宜、既ニ地売銅も相減シ、元付直段格別高直ニ相当、其余諸家用達金元利相滞、去秋者御用金被仰出、鉛立替銀等ニ而内間銀六ケ敷罷成候間、只今迄之通ニ而者取続之程無覚束不案気ニ存候ニ付、自今已後改而五ケ年倹約相立、自分向諸賄も格別令省略候心得ニ候間、家内一統者不及申、諸店幷末家ニ至迄、音信・贈答・吉凶・饗応・衣服・飲食・造作相省キ、公私諸事倹素相守、無用之失費

相減候様、諸店者其店限ニ令省略、本家者諸役場ニ而銘々懸り之勘弁相盡、些少之事たり共、老分之者江申談候様可被致候、縦令其被申出候品難相用候共、其忠志者可令感悦候間、情々熟思之上、存寄無遠慮可申出候

文化拾一戌年
六月　　　　　　　　吉次郎

倹約仕法（吹所）

御倹約ニ付、御仕法左之通

一膳料　壱人前百文ツヽ、大工弐匁宛

一手取米升数応し七懸ケ

一扶持米壱斗

一大工手伝病気見舞
　八分ゟ以上之手伝斗
　七分之間ハ見舞無之

〆

右之通、御仕法相立候事

鉛買上仕法につき立替銀下渡願

乍憚口上

一鉛御仕法ニ付、御買上鉛代銀私ゟ立替仕、右為口銀御売出鉛代銀百目ニ付銀弐匁宛被下置候旨先達而被仰渡難在仕合奉存候、是迄無滞相勤来候、然処最初凡積り者年々出方鉛追々ニ売捌ケ大抵拾万斤内外之御持鉛ニ而、右丈ケ之立替銀相勤候儀と存、御請申上候処、御仕法後諸山出方多候上、捌方不宜、御持鉛相嵩、立替銀も右ニ准シ罷在候而凡積り相違仕候間、此段疾御願可申上存候へ共、御仕法後ゟ間も無之義ニ付、可成丈他借操替ニ而なりとも相勤申度差控居申

諸山鉛出方多く持鉛嵩む

年々帳　（文化五年）

別子銅俄に歩付劣り莫大の臨時入用銀

銀繰難渋のため立替銀一部下渡を願う

鉛代立替銀下渡を願う

廻着鉛多く立替難渋の現況

候内、昨年夏頃より与州御銅山鉑石歩付俄ニ相劣、銅元代格別高直ニ相当り候ニ付、敷中普請等も色々手段相盡し、右ニ付臨時入用銀莫太ニ相懸り、其上去秋本店者勿論、江戸持店二所とも相応御用金相勤、諸家当座用立銀者米穀捌方不宜由ニ而返済年延ニ相成、旁以銀操不宜内間心（必カ）至と難渋相廻り候儀ニ御座候、然ル処無程北国出鉛相廻り候時節向ひ候間、種々勘弁仕見候へ共、立替仕候有銀無御座難渋仕候間、是迄立替仕候三百貫目之外者御下銀被成下候様奉願上候、此段甚以歎ケ敷心外之之（衍）至ニ御座候へとも、其節ニ至り差支候て者奉恐入候間、早々御沙汰被成下度奉願上候、何卒右之旨御聞済被為成下候ハヽ、右御用向無滞相勤、難在仕合奉存候、依而乍恐以書付奉願上候、已上

文化拾一戌年
五月　　　住友吉次郎
代官兵衛

銅座
御役所

一鉛代銀御立替之儀段々相嵩、甚々差支難渋仕候ニ付、去ル五月三百貫目之外御下ケ銀被成下候様奉願上候処、鉛代銀立替渡方之儀、私存寄申上、御請罷在候義ニ付、御売出銀溜り次第不限多少御渡可被下候間、其余者銀操合仕、是迄之通御用向弁仕候様被仰聞、奉承知候、然ル所先願書ニも奉申上候通、売捌方無数候上、廻着鉛者追々相嵩、別而北国奥筋鉛出方多、就中秋田鉛之儀者格別出方多ク御座候由相聞、其上鉛御買上直段宜候ニ付、諸国ニ而も出情相稼出追々相進可申と奉存候、旁以廻着多く御座候ニ付而者御買上も相増、売捌と引積候得者弥御持囲ニも相成、私自力ニ而立替之義も難出来積り立ニ付、前以此段奉申上候、何卒先達而奉願上候通、

立替銀下渡なければ御用向を断りたい

三百貫目之外御下ケ銀不被成下候而者差支候ニ付、恐入義御座候得共、右御用向御断申上度奉存候、再応此段奉願上候、已上

文化拾一戌年六月十四日　住友吉次郎印

銅座
御役所

乍憚口上

堺真鍮屋へ渡す吹銅の形を変更

昨十三日私共惣代御呼出し候上、被仰聞候堺真鍮屋御渡ニ相成吹銅、是迄真鍮方江御渡ニ相成候中平銅ニ而者間ニ合不申、地売方吹銅目合ニ紛不申、中平銅目方ゟ軽目ニ形申合可申上様被仰付、承知仕候、右是迄御渡方ニ相成候中平銅者百斤ニ付凡八拾本程相成候ニ付、堺真鍮屋御渡ニ相成候分者矢張是迄中平銅之形を長サニ而五歩斗、幅にて弐三歩斗り、七歩小平銅と唱へ吹方仕度奉存候、左候得者百斤ニ付百弐(拾脱カ)三本ニ可相成哉奉存候、此段御尋ニ付、以書付奉申上候、以上

七歩小平銅

文化拾一戌年六月十四日　仲間惣代　熊野屋彦九郎　代半兵衛

銅座
御役所

細棹銅を持参

右之趣、難間合義ニ付、細棹銅五拾八匁半兵衛持参被致候事

此分熊野屋ゟ戻り

乍憚口上

秋田鉛請取方雑用銀の見積

一秋田鉛請取方雑用一日ニ弐万斤宛請取候積りを以、鉛百斤ニ付三分五厘ツヽ、相懸り候様、先達而奉願上候処、右者一日ニ五万斤も請取候ハヽ、雑用相減可申候ニ付、御役所ゟも出方無之候

様相成可申、御時節柄之儀精々致出情受取可申段、御利解被仰渡、奉畏候、則雑用内訳左ニ奉
申上候

内訳

一秋田鉛五万斤
　此請取一日分雑用百斤ニ付弐万斤宛、内訳
一壱分五厘　舟賃・人足賃増雑用舟共
　　　　　　秋田屋敷ゟ出方之分
一壱分　　　人足弁当料
　　　　　　私方ゟ出方之分償
〆

右割合を以、御差図之日限秋田蔵所へ請取可罷出候趣被仰渡、奉承知候、乍併万一急留ニ請取
旨日数相懸り、人足賃・弁当料相増候ハヽ、其節又々奉願上候間、雑用少々御出方奉願上候、此
段御請奉申上候、以上

　文化拾一戌年六月廿七日　　　　住友吉次郎
　　　　　　　　　　　　　　　　　代　官兵衛

　銅座
　　御役所

七月十八日被仰渡候事
増三割下屑壱吹ニ付　三〆百廿目
同四割下屑壱吹ニ付　弐貫九百七拾目
〆

銅座宛て願書

乍憚口上

秋田無印鉛性合見分
性合劣り内損、難渋至極
今回廻着分は糺吹出来ず内損とする
以来糺吹仰付を願う

一秋田無印鉛四万六千四百斤去七月晦日奉請入候、右性合見分仕候処、是迄相廻り候無印鉛より性合相劣候様相見候ニ付、七百斤内糺仕候処、百斤当六斤四歩吹減相立、定例四斤五歩引去得（候脱カ）者弐斤斗之内損難渋至極ニ御座候、右者ズク山気多く御座候ニ付、一円銹腐相廻り、見付者格別相減申候間、此度廻着之内ニ而御糺吹被仰付被下度奉存候へ共、荷物勝手ニ解候上、代銀御仕切等も相済候儀ニ付、今更御糺吹も難申上、致方も無御座候、此歩之分ハ内損仕、奉請入候間、以来相廻り候ハヽ、糺吹被仰付被下度、此段以前奉願上候、御聞済被成下候ハヽ、難有仕合奉存候、以上

文化拾一戌年八月六日　住友吉次郎
代官兵衛

銅座
御役所

別子銅山鉑石性合劣り多分入用かかる
手元難渋につき代銀内渡を願う

乍憚口上

近来予州別子御銅山鉑石歩付相劣候ニ付、鉑嵩掘取吹床相増、御定数都合仕候ニ付、定例之外仕入銀格別多分入用ニ御座候而、此節仕入銀為替申来、臨時之儀ニ付、折節手元差支難渋仕候儀ニ御座候、何卒此節銅代銀弐百貫目御内渡被為成下候ハヽ、急速之間ニ合セ候間、仕入方無滞難有仕合奉存候、返上納之儀、来十一月・十二月奉売上候銅代銀を以、御差引返上仕候様仕度奉存候、此段以書付奉願上候、已上

文化十一戌年九月四日　住友吉次郎
代官兵衛

銅座
御役所

乍恐奉願上候

江戸本所古銅吹所詰番交代
富屋病気につき悴を派遣
住友より藤四郎を差添
住友出店の者が勘定に立ち会う

一江戸本所古銅吹所勤番川崎屋吉右衛門、文化七午年五月ゟ詰越ニ罷成候ニ付、在所表安否も承度候間、交代仕度旨申越候所、富屋彦兵衛罷越候順番ニ御座候得共、同人義去巳年以来ゟ病気ニ而遠足難仕難渋仕罷在候、右彦兵衛悴誰何廿才ニ相成、吹方之儀も追々手馴罷在候間、仲間本人勤同様、此者古銅吹所詰右吉右衛門と交代被仰付被下候ハヽ、難有仕合奉存候、左候ハヽ、住友吉次郎方ゟも身元慥成藤四郎と申者名代差添、為相詰申度奉存候、尤是迄も真鍮方御兼帯ニ相成、銅幷御銀等格別多分御預り奉申上候而、仲間一同御請負仕候儀者勿論之儀ニ御座候得共、猶又格別入念仕候、住友吉次郎出店詰合相心得候者月々銀子勘定立会相改、聊不束之義無之様可仕候間、何卒格別之思召を以、親子勤御免被成下候ハヽ、御用方無滞相勤、一同難有仕合奉存候、此段乍恐御聞済被為成下候様、重畳以書付奉願上候、以上

文化拾一戌年

川崎屋吉右衛門
富　屋　彦　兵　衛
熊野屋彦九郎
大坂屋又兵衛
住　友　吉　次　郎

銅座
御役所

東町奉行宛て口上書

乍恐口上

住友吉次郎
病気ニ付
代恒三郎

小吹大工怪我、介抱の届書

一私召抱小吹大工ト半町利倉屋源蔵支配貸屋備後屋藤七并同差右同人支配借屋天満屋新左衛門と申者、今日御用棹銅吹方仕居候所、形はセ留坪取落、右藤七陰茎面躰両眼手江熱湯相懸り候ニ付、早速医師外料呼寄、為致手当罷在候、且亦右差新左衛門義無疵ニ御座候得共、両眼江ス灰・埃・熱湯相懸り候哉、開兼申候、右両人共気分正気慥御座候、宿元罷帰度相頼候ニ付、介抱人差添送り遣罷在候、此段以書付御届奉申上候、已上

文化拾一戌年
九月十六日　恒三郎

御奉行様

医師の診断

右命ニ抱り程之義も無御座候趣、医師申聞候得共、急変之儀難斗故、御届奉申上置候

東御番所江袴羽織ニて帯劔、縁例（側）江罷出、御詰合与力衆何角御尋有之、夫々御請答申上候処、御奉行御達し御図置被成相済、尤全快仕候ハヽ、其段相届候様被仰付候

奥印之儀被仰付候へ共、是迄奥印不仕、一名ニ而差出し候趣申上候ニ付、御聞置被成候、相済

銅座へも事故報告

乍憚口上

一私召抱小吹大工ト半町利倉屋源蔵支配貸屋備後屋藤七并同差右同人支配貸屋天満屋新左衛門と申者、今日御用棹銅吹方仕居候処、形はセ留坪取落、右藤七陰茎面躰両眼手江熱湯相懸り候ニ付、早速医師外料呼寄、為致手当罷在候、且又右差新左衛門義無疵ニ御座候へとも、両眼江ス灰・埃・熱湯相懸り候哉、開兼申候、右両人共気分正気慥ニ御座候、宿元罷帰り度相頼候ニ付、

介抱人差添送り遣罷在候、命抱り程之義も無御座候得共、町御奉行様江御届奉申上候ニ付、此段以書付御届奉申上候、已上

文化拾一戌年
九月十六日
住友吉次郎
代官兵衛

銅座
御役所

灰吹銀の性合不同につき銅座宛て請書

奉差上御請書之事

一昨四日一同御呼出之上被仰聞候者、出灰吹銀近来不同在之候ニ付、其時々追々被為仰渡置候処、当月相納候灰吹銀住友吉次郎相納候分者不相変仕候得共、外四軒共相揃性合不宜、既ニ当六月性合不宜候ニ付、以来格別入念吹方仕候様精々被仰付候処、其後迚も無相義、(ママ)就中此節相納候分品合不宜、吉次郎相納候分と者位九匁程相劣り候段、如何之義訳候哉、当六月被仰渡候以来間もなく右之通全心付方等行届不申候様被為思召上候、随而明和四亥年被仰渡候通、壱貫目ニ付代り銀壱貫弐百九拾八匁余より相劣り候節者勿論之義ニ候得共、尚又以来者明和六丑年被仰渡候壱貫三百廿五匁より相劣り候共、吹直し相納候様可仕旨厳敷被仰付、兼て大工共江も情々申付、吹方入念吹方致候様仕、(衍カ)万一吹損位相劣候節者早速吹直シ相納候様可仕旨被仰渡、逐一承知奉畏候、依之御請形奉差上候処、(印脱カ)仍而如件

仲間四軒の出灰吹銀性合良くない理由を問い糺す

入念の吹方を誓い吹損分は吹き直す

文化拾一戌年十月
川崎屋吉右衛門
富屋彦兵衛
熊野屋彦九郎

大坂屋又兵衛
銅座　　　　　　　　　　住 友 吉 次 郎
　御役所

怪我の小吹大工死去

九月十六日、小吹大工藤七幷差新左衛門形はセ留坪取落、怪我致候処、大工藤七義養生不相叶、十月六日暁六ツ時相果候ニ付、御届申上候、左ニ

差は全快

但、差新左衛門義、追々全快仕ニ付、一緒ニ御届申上候事

東町奉行所へ届書

乍恐口上

住友吉次郎
病気ニ付
代恒三郎

一先達而御届奉申上候私召抱小吹大工卜半町利倉屋源蔵支配貸屋備後屋藤七幷同差右同人支配貸屋天満屋新左衛門と申者、先月十六日御用棹銅吹方仕居候所、形はセ留坪取落、右藤七義陰茎面躰両手江熱湯相懸り候ニ付、早速医師外料呼寄、薬用等為致手当罷在候段、其節御届奉申上候処、御聞置之趣被仰付、全快之上、御届可申上様被仰付候処、右藤七義其節ゟ居町住宅江引取、療用等相加候処、日増ニ全快相見へ申候処、元来虚弱痼疾有之候故、熱病差加り急変及難渋候ニ付、猶又厚薬療相加候得共、養生不相叶、今暁六ツ時相果候段申越候、幷差新左衛門義者追々全快仕候、乍恐此段以書付御届奉申上候、以上

文化十一戌年
　十月六日　　　　　　　　恒三郎

御奉行様

東御番所江袴羽織帯劔ニ而縁例(側)罷出、御詰合役人中ゟ何角御尋ニ付、夫々ニ御請答奉申上候処、直様御奉行江御達し、御裏下り候、尤町代代(貸カ)主両人相添、御役所門前江右両人共被待置、名代壱人役所江罷出候事

銅座へも届書を提出

乍憚口上

一先達而御届奉申上候私召抱小吹大工卜半町利倉屋源蔵支配貸屋備後屋藤七幷同差右同人支配貸屋天満屋新左衛門と申者、先月十六日　御用棹銅吹方仕居候処、形はセ留坪取落、右藤七義陰茎面躰両手江熱湯相懸り候ニ付、早速医師外料呼寄、薬用等被為手当罷在候段、其節御届奉申上候処、御聞置之趣被仰付、全快之上御届可申上様被仰付候処、右藤七義其節ゟ居町住宅江引取、療用等相加江候処、日増ニ全快ニ相見江申候処、元来虚弱痼疾有之候故、熱病差加り急変及難渋候ニ付、猶亦薬療相加江候へとも養生不相叶、今暁六ツ時相果候段申越候、幷差新左衛門義者追々全快仕候、前書之趣町　御奉行様御届奉申上候ニ付、此段御届奉申上候、以上

文化十一戌年十月六日　住友吉次郎
代官兵衛

銅座
御役所

白粉地・丹地の製法は一子相伝

覚

一白粉地・丹地仕成方之義、御尋被為成候処、右者何れも製家一子相伝ニ而、委細之義者難相分候、伝聞之趣、左ニ申上候

一白粉ニ相成候鉛之義者、秋田吹返し鉛幷紅毛鉛等上品を相用ひ申候、右鉛能々滓気吹抜、巾

昆布流し

五六寸四方之十能之如きもの〻上江流し、厚紙之如相成候を昆布流しと唱申候、是を弐三枚宛巻、釜ニ酢を入、蒸籠之上江右昆布鉛を段々積、上下より炊候得者自然と昆布鉛滅消、黄白色成粉吹出し、是をはらひ取候、右之通粕返仕候得者不残粉ニ相成申候、是ゟ桶ニ水を入、幾度も漆（ママ）し、凡壱年くらひ為淹漬候由、或ハ弐年三年斗も置候を上品之五粉と申候由、色白ク仕候者伝授ニ而相分不申候

秘伝のため詳細は分からず

丹地鉛之義、秋田鉛・津軽鉛・生野鉛等再吹仕、能々滓気吹抜候棹鉛を鍋江入、硫黄焰硝抔ニ薬を入、片板ニ而上ゟ段々搔取候得者黄色成粉ニ相成候由、是ゟ赤仕候者伝授ニ而相分り不申候、御役所ゟ御売出しニ相成候者上丹地・中丹地と御座候得共、丹屋方ニ而者上・中・下三段ニ御座候由、是者右鉛を相用ひ候得共、焼上ケ工合ニより下品之方出来申事と被存候

丹値段

一丹直段

菊丹　五匁八分
光明　六匁三分
上光明　六匁八分

右立直段ニ御座候得共、多斤数買入候歟、又ハ差銀或ハ節季懸等之延売ニ而壱割引・八歩引引寄と段々御座候、長吉丹斗者いつニ而も立直段ニ而取引仕候由

右之通ニ御座候得共、委細之義難相訳申候、以上

文化拾一戌年
十月六日
住友吉次郎
代官兵衛

銅座
御役所

乍憚口上

松前廻り荒銅・荒鉛紀吹につき御尋あり、回答

一昨十四日被仰渡候者、此度松前ゟ相廻り候荒銅五貫三百四拾目弁荒鉛拾貫六百八拾目、右両方共御紀吹可被仰付品ニ而御紀吹出来不申候哉否之義、御尋被為成奉畏候、則左ニ奉申上候

一諸山荒銅御紀吹之義、荒銅拾六貫目弁焊鉛等夫ゟ性合ニ応し荒鉛弐貫八百目ゟ三貫目余差交、合床壱吹ニ仕候義御座候得共、右松前荒銅五貫三百四拾目ニ而も随分出来吹減滴銀等相分り、乍併御定法ニ者難相立候、若御定法ニ御立被遊候仕義ニ御座候ハ、追而弐三百斤ツ、御差廻し之上、御再紀被仰付被下候様仕度奉存候

再紀吹仰付を願う

一荒鉛拾貫六百八拾目之内、弐貫目歟三貫目位被遊候而可然奉存候、荒鉛之儘ニ而者ドブ気鈹気多有之候ニ付、灰吹ニ難相成候間、一旦鍋床等ニ而鋅気能々吹抜、鍰出鉛同様之品合ニ仕立、御紀吹被仰付候ハ、含銀有無百斤当何程等申義相分り可申儀ニ御座候

右之通ニ御座候、以上

文化拾一戌年十月十五日　住友吉次郎
代官兵衛

銅座
御役所

銅座より差紙

鉛方勘定帳持参の指示

住友吉次郎

申渡儀在之間、明二日五ツ半時本人印形持参可罷在候、尤鉛方ニ付急々入用ニ在之間、十月中鉛方勘定帳官兵衛召連持参可致候、右ニ付用事も在之、申達候義も在之候間、無相違可罷出候、且銅鉛方釷鈃勘定帳其外惣吹屋共入用ニ得共、(候脱カ)相揃不申候とも鉛方帳面斗ニ而も明早朝持参可致候

事

文化拾一戌年
十一月朔日　　　　　　銅座
　　　　　　　　　　　御役所
乍憚口上

荒鉛蔵納の日限につき御尋ねあり
節季のため二十日頃を指定されたい

一荒鉛御蔵納ニ付日限之義御尋被為成奉畏候、此節者吹子節季ニ而吹方働人諸払幷前銀等貸付ニ付手支罷在候、尤吹方働人季時ニ御座候ニ付、一先在所江罷帰り候者も御座候て、人夫不寄ニ御座候間、来ル廿日頃ゟ御蔵納ニ相成候様被為仰被下候ハヽ、都合能相成、難有仕合奉存候、何卒前書之通御聞済被成下度、此段以書付奉願上候、已上

文化拾一戌年十一月二日　　　　住友吉次郎

銅座
　御役所

御蔵納鉛諸雑用書き上げ

乍憚口上

御蔵納雑用鉛百斤ニ付、左ニ奉申上候

一四分弐リ五毛　　諸雑用
　　此訳
四厘　　　浜出し
壱分弐リ　舟賃
壱分　　　縄代
五厘　　　箇賃

六厘弐毛　手伝十五人一日六万斤納、壱人前弐匁五分ツヽ

壱厘三毛　手伝三人起番、六匁五分割

壱厘　夜通し高張蠟燭代、六匁割

三厘　日雇廿三人飯代、壱匁ツヽ

無之　莚

〆如高

一四分三厘　御蔵所ニ於て鉛百斤ニ付懸り物

此訳

此分御断申上候ニ付不用　壱分三リ　水揚賃

壱分　縄代

壱分五リ　荷造賃

五厘　差札

〆如高

右之通ニ相成申候、御蔵所ニおゐて懸り物雑用之儀者、私方手人無御座候ニ付、外雇人人夫ニ而仕候義ニ付、格別高直ニ相当り申候、其上千木場廻り納方荷造両方御請負申上候時者多人数ニ相成、差図行届兼、万一納方差支候而ハ恐入奉存候、尤御蔵所江弐拾人余之人夫差廻、跡ニ而翌日納方之拵幷宵積等ニ而甚々混雑仕候間、御蔵所ニおゐて水揚荷造等御請負者御免被成下度、此段以書付を奉願上候、已上

外雇の人夫につき格別高値となる

水揚・荷造等請負は御免を願う

文化拾一戌年
十一月五日　　住友吉次郎
　　　　　　　代官兵衛

銅座
御役所

吹銅売出値段の変遷

覚

銅座最初明和時代百斤ニ付直段
一　銀弐百拾匁

安永三午年御直上
一　銀弐百拾七匁

一　銀弐百廿三匁

此分年号とんと相知不申、天明・寛政之年間と相見へ不申候、相調子跡ゟ可申上候

文化五辰三月
一　銀弐百五拾目

文化八未二月
一　銀三百目

右之通御座候、已上

文化拾一戌年
十一月十一日

西町奉行所より銅注文を受ける

乍憚口上

凡弐寸四方

（さし渡弐寸）　五枚

永泉組

右之通、角丁丸銅西　御役所様ゟ御注文ニ御座候ニ付、私別家共永泉組買請銅を以、御用弁為仕

市中吹銅と形を替え吹方

候義ニ御座候得共、是迄市中渡方吹銅と者少々形替り吹方相成候ニ付、御届奉申上候、以来御注文御座候節も前書振合を以御用相勤申度奉存候間、兼而御聞置被為成置被成下度、此段書付を以奉申上候、以上

文化拾一戌年十二月十五日　住友吉次郎
代官兵衛

銅座
御役所

文化十二年
荒鉛廻着の報知
山訳の書付提出を
指示

去ル戌年中荒鉛廻着有之、未懸改相済不申分、山々ニ而何箇何斤幾日廻着と申事、山訳いたし、明八日無間違相認、可致持参事

亥正月七日　銅座
御役所

去年分荒鉛のうち
掛改の済んでいな
い箇数

去戌年中荒鉛廻着御座候得共、未懸改相済不申候分、御尋被為成奉畏候、則左ニ奉申上候

一諸山鉛七百拾七箇

此山訳

越前大野鉛六拾九箇
紀州楊枝鉛百拾五箇
但州阿瀬鉛三拾八箇
越中鉛　六箇
新庄鉛　八箇
越後鉛弐百九拾四箇

会津鉛　百八拾七箇
〆如高
右之通御座候、以上

吹初につき本大工など仰せ付ける

一正月五日吹初ニ付、南蛮大工次郎兵衛へ本大工、幷藤七養子捨五郎へ弟子吹大工、善七悴善之助へ弟子吹大工、右之通被仰出候事

諸国荒鉛の銅座買請を中止（『大阪市史』触四三三六）

諸国荒鉛近来払底ニ而直段高下在之趣相聞候ニ付、向後国々之鉛外売不致、大坂銅座へ可相廻旨、去々申年相触候処、（脱アルカ）追方相進ミ下直ニ相成候ニ付、以来銅座へ買請者相止メ、如以前勝手次第手広ニ可令売買者也
右之趣江戸表ゟ被仰下候条、此旨三郷町中可触知者也
亥正月十日

別子銅山運上銀につき御尋、回答

予州別子御銅山御運上之義、被為成御尋奉畏候、此儀毎年銅山運上銀七拾貫目内外幷金百両ツヽ、ニ御座候処、右之内ニ而買請御米直段弐割前御差留、右代りとして被下置候銀六拾九貫目引去、残銀御預所松平隠岐守様　御役所へ相納候義ニ御座候、此段御尋ニ付奉申上候、以上
亥二月七日　住友吉次郎
代官兵衛
銅座
御役所

別子立川銅山鉑石劣り難儀につき助成銀を願う

奉差上御請書之事
其方相稼候別子立川銅山之義、近年別而山模様不宜、鉑石歩付相劣、元付直段高直ニ相成難引合難儀ニ付、御用銅御定高売上之外、廻銅之分拾万斤以上売上不申而者百斤ニ付拾匁宛之助成銀者

不相渡定ニ候処、廻銅高ニ不相拘被下度品々歎願差出し候ニ付取調処、予州銅山之義者追々結構
御手当も在之上者難取用筋ニ候へ共、未地売廻銅捗々敷無之間、格別之義ヲ以願之通廻銅高ニ不
拘、拾匁宛助成銀として被下候間、以来之義者別而出情いたし、拾万斤以上之廻銅在之候様、稼
かた相励可申事

右之通被仰渡、難有承知奉畏候、仍之御請印形奉差上候処、仍如件

亥二月九日　　　住友吉次郎

銅座
御役所

（百日目付吹所入来の届書）

乍憚口上

今廿一日百日　御目附本田久之丞様私吹所へ被為入候ニ付、此段書付ヲ以御届ケ奉申上候、以上

亥二月廿一日　　　住友吉次郎
代官兵衛

銅座
御役所

（佐渡金山へ入用焊鉛を差し下す、荷造賃・諸雑用銀書き上げ）

乍憚口上

一佐州御金山へ御入用焊鉛六千斤御差下シ被遊候ニ付、百斤当荷造幷ニ諸雑用何程相懸候哉被為
成御尋、奉畏候、則左ニ奉申上候

一百斤ニ付銀四匁五分宛　　但、絵符板、浜出し幷荷造雑用共

右之通御座候、以上

亥二月廿四日　　　住友吉次郎
代官兵衛

銅座
御役所

越後三条鉛請取の届書

覚

一越後三條鉛弐万五千斤

右者問屋泉屋武兵衛方ゟ慥請取候ニ付、何時ニ而も御差図次第差出可申候、此段書付を以御届奉申上候、以上

亥二月廿四日

住友吉次郎
代官兵衛

銅座
御役所

紅毛鉛諸雑用銀の届書

乍憚口上

近々紅毛鉛御蔵納ニ付、鉛百斤当諸雑用左ニ奉申上候

一銀七分　但、百斤当船賃幷浜出し手伝起番、其外諸雑用

〆

右之通御座候、以上

亥二月廿八日

住友吉次郎

銅座
御役所

鉛相場下値となる

乍憚口上

一此度鉛御買上相止、以前之通市中勝手売買被仰付、此節鉛相庭下直相成候処、秋田吹返鉛と外鉛今以直段五匁程ツヽ喰違ひニ相成申候、私奉預候鉛之内、吹返シ鉛凡弐万九千斤程御座候分、

鉛座取建中は住友で一手吹

鉛相場下落し所持鉛の分が莫大の損失となる

吹返鉛の一手売払仰付を願う

此節御売払被為成、右代り外鉛御買入ニ相成候ハヽ、銀五匁宛御益ニ相成申候、御用鉛之義ハ多分焊鉛其外棹鉛等ニも可相成義ニ付、吹返鉛ニ不限、外鉛ニ而も御用相弁可申様奉存候、然ル処鉛座御取建中、私方へ一手吹方被仰付候ニ付而者大造之御用蒙仰候ニ付、所持鉛無御座候而者御見分之節見分悪敷御座候ニ付、多斤数右持融通仕罷在候処、此度相止、鉛相庭格別下落、所持鉛之分莫太之損毛相立申候、乍併世上一躰之義御歎奉申上候筋ニ而も無御座候へ共、右之外ニも臨時益脚相懸、甚難渋仕候間、何卒吹返鉛之分私方一手売払被仰付候ハヽ、右直違銀五匁ハ上納仕、売候銀余情を以損銀之融通仕度奉存候、尤莫太之損銀ニ付、中々売口銀ヲ以損銀ニ者引合不申候得共、少し者内損無数ニ相成候而難有仕合奉存候間、何卒御聞済被為成下度、此段以書付奉願上候、以上

亥二月廿五日　　住友吉次郎
　　　　　　　　代　官兵衛

銅座
　御役所

乍憚口上

紅毛鉛積拼場所の坪数につき御尋あり、回答

御蔵納ニ相成候紅毛鉛積拼場所取、何程ニ坪数入可申哉被為成御尋、奉畏候、此義御蔵土間ニ御座候ハヽ、何程ニ而も高拼ニ相成候ニ付、御場所塞不申候得共、床板張詰在之候御蔵ニ御座候ハヽ、余高拼ニも難相成候様奉存候、棹鉛者長サ弐尺五寸ゟ幅六寸ゟ長サ三尺三寸斗御座候、丁鉛者長サ壱尺横幅六寸、巻鉛ハ長サ三尺三寸丸之さし渡し六寸ゟ壱尺迄、何れも大ニ不同御座候へ共、目方抱不申候ニ付、荷嵩者格別者義ニ御座候間、高サ三尺三寸ニ積立候へハ、凡七坪半斗場取仕候様奉存候、右御尋ニ付、以書付奉申上候、以上

亥二月卅（ママ）九日　　住友吉次郎

銅座
　御役所　　銅吹屋五人

地売銅直売出情につき三奉行より褒美銀

一　銀四百四拾七匁

右者兼々吹方出情いたし、殊ニ去ル巳年以来地売銅直売出被仰出候所、売渡方差支無之様吹方出情骨折ニ付、為褒美被下候間、御勘定奉行・長崎奉行・大坂町奉行衆被申聞候

右之趣可申渡候、以上

亥二（ママ）月四日

　　銅座
　　　御役所

大番吹所一覧の届書

乍憚口上

一今五日大御番内田近江（正肥）守様私吹所ヘ被為遊御一覧候ニ付、此段書付ヲ以御届奉申上候、以上

亥三月五日　　住友吉次郎

銅座
　御役所

生野鉛蔵下の届書

乍憚口上

今十一日但州生野鉛六千弐百五拾斤、三拾四番御蔵所ゟ御下ケ相済候ニ付、此段以書付御届奉申上候、以上

亥三月十一日　　住友吉次郎

難波御蔵
　御役所

（貼　紙）
（貼紙）「生野鉛六千弐百五拾斤」

御蔵下ケ雑用左ニ
一　銀弐拾八匁七分五リ
　　此訳
八匁壱分弐リ五毛　舟賃百斤ニ付壱分三リツ、
拾七匁五分　手伝五人幷弁当料とも
三匁壱分弐リ五毛　水揚賃壱箇ニ付五リツ、
〆如高
」

伊勢治田銅山は休山し出銅なし

治田銅山出銅当年凡積何程ニ候哉被為成御尋、奉畏候、右銅山模様相応ニ宜御座候得共、銀之仕入方難出来候ニ付、休山仕罷在候間、当年者出銅無御座候、此段以書付御断奉申上候、以上
世話人
　泉屋官兵衛
亥三月十二日
銅座
　御役所

大番吹所一覧の届書

乍憚口上
一　今五日　大御番森川下総守《(俊世)》様私吹所へ為御一覧被為入候ニ付、此段御届奉申上候、以上
住友吉次郎
　代　官兵衛
亥四月五日
銅座
　御役所

銅会所より報知

銅御瓦幷鋲針地銅・地丁銅等振替ニ而積り
一　御瓦鋲針　地吹銅四千九百五拾貫目程

秋田山鋑銅懸入用銅

一　地丁銅三千貫目

〆七千九百五拾貫目

　此斤四万九千六百八拾七斤五部

　此元秋田山鋑銅懸入目銅共

　此所へ

　五万千五百斤程　当分地売山鋑銅
　　　　　　　　　預り之内ゟ吹立取替候

　家別左ニ

　壱万三百斤宛　吹屋五軒

右之通為御知可申上候、早々以上

亥四月十四日　銅会所

米谷官兵衛様

小泉銅鉛山稼方につき名代派遣、添翰願（『別子銅山公用帳十番・十一番』九〇頁、『年々諸用留十一番』三八九頁参照）

　乍恐以書付奉願上候

　　　　　　　　銅山御用達
　　　　　　　　　住友吉次郎
　　　　　　　　　　代　官兵衛

一松平越後守（斉孝、津山藩主）様御預り所備中川上郡小泉銅鉛山稼方仕度候ニ付、私為名代藤四郎と申者同所御役所へ差遣し相願申度奉存候間、奉恐入候御義ニ御座候へ共、右藤四郎へ　御添翰被為下置候ハヽ、難有仕合奉存候、此段御聞済被為成下候様、重畳奉願上候、以上

亥四月廿日　官兵衛

御奉行様

銅座にも願書提出

乍恐以書付奉願上候

一松平越後守様御預所備中川上郡小泉銅鉛山稼方仕度候ニ付、私為名代藤四郎と申者同所御役所へ差遣し相願申度奉存候間、奉恐入候御義ニ御座候得共、右藤四郎へ　御添翰被為下置候ハ、難有仕合奉存候、此段御聞済被為成下候様、重畳奉願上候、以上

右之趣奉願上候ニ付、此段以書付御届奉申上候、以上

亥四月廿日　住友吉次郎
代官兵衛

銅座
御役所

西町奉行所より急差紙

只今西役所銅座懸り役所へ早々可罷出候事

亥四月廿九日　西御役所

住友吉次郎

吉次郎不快につき名代出頭

乍恐口上

一唯今被為成　御召候所、不快ニ付、名代官兵衛差出申候間、此段以書付御断奉申上候、以上

亥四月廿九日　官兵衛

御奉行様

諸家方へ添翰の前例なし

名代官兵衛罷出候所、銅座懸り大森十次兵衛様被仰渡候者、備中小泉銅山稼方之義、此度御添翰願出候ニ付、御調子在之候所、諸家方へ御添翰之義例無之間、御添翰不遣、乍併銅

津山藩留守居役を呼出、掛役人を国元へ遣す

出増之義者当　御役所幷銅座共相好候事ニ在之候ニ付、津山御留守居河井十寸茂御呼出之上、右願之趣被仰達候、尚亦国表懸り役人へ右之趣可申遣候様いたし度と之義ニ在之間、代願人藤四郎勝手ニ罷下り候様被仰渡、右ニ付五月二日同人出立之事

乍恐口上

官兵衛備中行、留守中は孝兵衛が代行する

一備中小泉銅鉛山稼方之義ニ付、用向御座候間、近々之内官兵衛出立為致申度奉存候、同人留守中　御役所御用向万端孝兵衛へ被仰付被成下度、此段書付ヲ以奉願上候、以上

亥六月十六日　住友吉次郎

銅座
　御役所

銅座へ提出の控書

御蔵出し斤数幷破箱銅座へ書上控

棹銅蔵出の斤数

一棹銅弐拾壱万七千三百六拾弐斤五歩

内訳

秋田棹銅六万九千斤

別子棹銅拾四万八千三百六拾弐斤五歩

〆如高

箱数

此箱数弐千百七拾四箱

内訳

千弐百七拾六箱　新箱之替

七百三拾壱箱　通り釘縄仕替

百六拾七箱　　蓋針縄仕替

〆如高

右之通相成申候、尤銅会所ゟ西辺一統と銅座へ書上候事

亥七月朔日

乍憚口上

浜炭蔵石垣崩れる

町奉行所見分あり

一昨廿八日私居宅東北浜炭蔵高水ニ而石垣崩候ニ付、早速御月番西御役所へ御届申上候処、町御奉行様為御見分被為入候ニ付、此段以書付御届奉申上候、以上

亥六月廿九日　　住友吉次郎
代　源右衛門

銅座
御役所

町奉行臨時巡見

本宅年々帳(『年々諸用留十一番』三九二頁参照)

右者六月廿八日明六ツ時前、東北浜蔵東手石垣高水ニ付四間程押崩候ニ付、早速人足相懸り手当被致、西御役所へ御届申上候所、七ツ時頃御奉行様臨時為御順見被為入候、尤委義者本宅年々帳ニ誌ス

炭仲仕

出入炭屋へ挨拶

右高水ニ付、蔵所ニ在之炭弐千俵出入炭やゟ炭仲仕都合拾六人差越、無滞相納候ニ付、挨拶として左ニ

一人足六人　　木津屋九兵衛
酒五升
金弐百疋　肴料

一人足八人　　炭屋甚助
金弐百疋　肴料

一人足弐人　大和屋源兵衛
南鐐壱斤　肴料
一人足弐人　中村屋忠右衛門
関板五枚
銀壱匁　一
〆
但、右人足差越候得共、最早蔵入相済候処ニ付、銀壱両差遣ス

当亥年紅毛鉛幷唐鉛難波御蔵三拾三番之御蔵所へ当方共相納候ニ付、斤数日割左ニ誌ス

紅毛鉛納高

一紅毛鉛弐万六千七百八拾九貫百目（ママ）
此斤拾六万七千四百三拾壱斤八歩七五
此訳
七月廿日納
五千五百六拾六貫五百目
同廿二日納
五千六百拾壱貫九百目
同廿三日納
六千四百七貫六百目
同廿四日納
五千八百八拾弐貫五百目
又六百八拾三貫四百目
同廿五日納
弐千六百三拾七貫四百目
〆如高

唐鉛納高

一唐鉛弐千四百七貫六百目
　内
　弐千四百貫目　七月廿五日納
　差引
　残七貫六百目　此方預り
右之通相納申候、以上

納方絵符板

　納方絵符板認左ニ誌ス

紅毛鉛正味　但、目方者乱目也 番

唐鉛正味　同断 番

長崎奉行松山直義大津出迎の届書

　乍憚口上
一長崎　御奉行松山伊予(直義)守様近々御通行ニ付、為御出迎大津駅迄私代半蔵明三日夜船ニ而差遣候
間、此段以書付御届奉申上候、以上
　亥八月二日　住友吉次郎
　　　　　　　代官兵衛
　銅座
　　御役所

唐紅毛鉛蔵納大義料

一銀五枚　住友吉次郎
其方儀、御蔵納ニ相成候唐紅毛鉛蔵所へ入置納之節、度々手代共も差出取斗、骨折候ニ付、為太
義料為取之候、以上

長崎奉行より褒詞

亥八月十一日

右者長崎　御奉行松山伊予守様御褒詞被為下置候ニ付、右為御礼手札左之通差出し申候

御礼手札

唐紅毛鉛私蔵所へ入置、御納之節、手代共付添罷出候ニ付、為太儀料御銀被為下置、難有仕合奉存候、乍恐右御礼奉申上候

住友吉次郎

（裏表紙）
「泉屋」

解　題

第三次銅座（明和銅座）は、従前の長崎御用銅会所を改編して明和三年（一七六六）に設置され、維新期まで銅流通の統制機関として位置づけられた。本書が収載する「年々記」「年々帳」は、住友銅吹所内で書き留められた手控えである。決して公的な日誌ではないが、当時の銅市場をめぐる実態と銅座の施策、銅吹屋仲間の動静を詳細に知り得る、たいへん貴重な史料である。現在、当館では次の八冊を所蔵している。

「年々記」（寛政二年十月〜享和元年十月）　「年々記」（享和二年正月〜文化四年十一月）
「年々帳」（文化五年二月〜文化十二年八月）　「年々帳」（文化十三年正月〜文政三年九月）
「年々記」（文政三年九月〜文政八年十二月）　「年々記」（文政九年正月〜天保二年十二月）
「年々記」（天保三年正月〜嘉永元年三月）　「年々記」（嘉永元年四月〜文久二年二月）

本書では、早い時期から三冊分を収録した。銅座の設置後、寛政二年（一七九〇）にいたる約二五年分は、当該の史料が現存しない。同様の記録が作成されたか不詳だが、本書冒頭の様態から察するに、その可能性は十分に想定できる。

文化・文政期の史料はボリュームがあり、記事も比較的、詳細に書き留められている。また、天保期以降の二冊を眺めると、別帳から書き写された様子もみえる。本史料作成の経緯については、なお慎重な検討を重ねたい。

さて、本書収載の期間中には、家政関係で重要な動きがあった。寛政四年正月に七代友輔が引退、わずか五歳の友端が八代として家督を継ぐ。代判人は手代の仁右衛門がつとめた。享和二年（一八〇二）友端は一五歳となるも病気を理由に代判が継続される（一六〇頁）。翌年九月に半元服（一八九頁）、文化元年（一八〇四）十一月の友輔死去を経て、翌二年初からようやく直判の扱いとなった（二二四頁）。しかし、病身で御用を果たせず、同四年に二〇歳で早世する。この事実は当面ふせられ、京都の岡村家から養子盛之丞を迎え、吉次郎への改名など家督継承の手続きを済ませた後、翌五年六月に死去届が提出された（三〇一頁）。以上の経過は「年々諸用留　十番」「同　十一番」（『住友史料叢書』第二五・二八回配本）に詳しい。

また、文化八年二月に銅山御用達の名目と「住友」苗字の使用が公許される。このため、本書三二七頁以下の記事では「住友吉次郎」の名義となっている（口絵参照）。

古銅流通の統制

明和銅座は御用銅の集荷業務に加え、市中に流通する荒銅・吹銅などのすべてを取り扱った。銅が不足する状況で吹銅の転売を目論む者も現れたことから、御定値段より高値の取引を厳しく取り締まり、銅座の直売が徹底された（七四頁）。

当時、細工向きとして需要の高かった古銅は、流通経路が複雑で統制が非常に困難だった。寛政六年（一七九四）四月、町奉行所は銅吹屋仲間に向け、銅座による古銅の差配を指示している（三二頁）。船金具・瓦板・風呂釜・銅壺・樋の五品など、精錬の工程を経ずそのまま転用できる「生ケ物」の取り扱いは確実に銅座へ届け、改めを受けるように定められた。

以降、古銅の売り上げを望む者は直接、銅座へ赴いて取引し、代りの吹銅を買い請けることを原則とした。仲買は「古銅売上取次人」の名目となり、銅座による古銅集荷・吹銅専売の原則が、幕府法令で確認される（六七〜八頁)。なお、京都の古銅は、取次人の依頼によって泉屋が代判をつとめた(一〇四頁)。

切屑銅も銅吹屋が取り次ぎ、銅座へ売り上げるべき対象だった。本書冒頭の京屋源七一件(二七〜三一頁)では泉屋へ持ち込まれた六貫八〇〇匁のうち、一貫二〇〇匁の「中古銅ニ相准候」性合悪い銅が交じっていた。京屋は事情を説明し自身の不行き届きを詫びたが、かくも古銅流通の実態は掌握することが難しい。

古銅・切屑銅・はけ銅・やすり粉の売買に不正なきよう、吹屋・仲買の代表として泉屋・大坂屋久左衛門・金屋六兵衛・銭屋五郎兵衛が見改役を命ぜられ、銅座へ掛け渡しのさいに立会をつとめた(三九、四七頁)。具体的には、天満屋所持の風呂釜の件(七三頁)、町家掘り出しの銅一件(九八頁)、荒銅・棹銅の不正売買取締(一三六〜八頁)、所持古銅調査(三二四〜五頁)など、しばしば見改役としての用務を課せられたことがわかる。

大坂・京へ仰せ出された一連の仕法は、寛政六年閏十一月以降、伏見・堺にも適用される(五〇頁)。見改役の四人は「市中紛敷品売買又ハ吹方等」の監督や生ケ物見分に携わり雑費が嵩むため、相応の骨折料を下し置かれた。だが、銅座の仕法替えにも関わらず、古銅の集荷量は一向に増えなかった。翌七年八月、銅座は銅仲買年行司を呼び、その理由を明らかにすべく古銅流通の現状把握を試みている(五五〜六頁)。まず、古銅の代りとして間吹銅を売り渡すさいにかなりの日数を要し、それが円滑な流通の支障となっている。そのため古銅は、真鍮吹屋が多い京や他の「真鍮仏具方有之土地」へ回る。加えて寛政八年八月、江戸古銅吹所を取り建てたことも大坂廻着が減少する要因と想定された。さらには、西国筋でも鋳物を扱う土地で古銅の売買がおこなわれているとの風説があった(七二〜三頁)。

その後、文化四年(一八〇七)にも古銅見改人への聴取(二七一・二七七・二八四頁)が実施されている。彼らの提案を踏まえて売渡の仕法を改訂(二八八頁)、同年十月には銅吹屋仲間の「一札」が作成された(二八九頁)。切屑銅・

古銅の値増は、翌年の三月に実現した（二九九頁）。

古銅集荷の不振は、泉屋・大坂屋の経営にも大きな影響を及ぼした。両家は、質の劣る中下古銅に限って吹方を仰せ付けられ、上古銅や切屑銅は他の銅吹屋仲間が請け負うとの原則であったが、古銅の集荷は年々減少し、仕法替え以前の一〇分の一以下に落ち込んだからである（五七、六五頁）。その結果、吹方は隙となり休職を余儀なくされたので、銅吹屋仲間は連名で古銅の平均吹方を繰り返し願っている（二二〇頁）。

寛政九年五月、大坂町奉行に銅座掛が設置されてからは、銅座は三奉行（勘定奉行・長崎奉行）の支配下に置かれた。銅方の御用は銅吹屋の会所で担うが、その端緒は正徳二年（一七一二）に第一次銅座（元禄銅座）を廃し、銅吹屋仲間で長崎廻銅を請け負ったことである。このことについて、以降の経緯が銅座へあらためて細かく報告された点はたいへん興味深い（二四九頁）。

なお、銅座の建物は文化五年十一月の大火で焼失したが、翌年秋に再建されている（三一二・四頁）。

鉛相場の高下

明和銅座の発足当初、鉛相場は一〇ケ年平均で一〇〇斤につき一五〇匁と見積もられた。寛政期には鉛値段が高騰し、吹方の経営に支障をきたした。銅座は銅吹屋仲間に鉛の確保を厳命し、これに泉屋が独自の見解を示している（八〇頁）。すなわち、全国に鉛山は限られ、しかも銅山と比べ稼方が厳しく、市中値段を三五〇匁程度としても採算はとれないため休山が目立つのだという。だが、この説明は、後述するように文化末年ごろの状況とまるで異なっている。

文化四年（一八〇七）七月には、幕府勘定所より鉛六万斤の調達について内々の要請があった。市中では諸方からの注文が多く、鉛は払底の状態にあり、とうてい確保できる斤高ではないが、幸い秋田鉛四万斤の入札に成功した。落札の価格は一〇〇斤あたり三四〇〜五〇匁と記される。泉屋ではこれを棹吹して江戸へ廻送、経費のみで口銀をとらず、計七二貫九五〇匁の代銀を計上した（二七三〜六頁）。

鉛は銅と合吹し、銀を取り出すために用いられる。国産のもので一定量を調達し得るが、銀を含む鉸物荒銅の廻着が一時的に増すケースも予想して、銅吹屋仲間は和鉛より性合のよい紅毛船持渡鉛の下げ渡しを願い出た。秋田鉛の相場が二八〇匁替のところ一〇〇匁を加え三八〇匁替で買い請けるという。これを使い、ほとんど銀を含まない間吹物荒銅を鉸吹し、さらに鉸物の焊鉛に再利用する。近年は鉸物荒銅の廻着が少なく、このようにすることで鉸吹大工の仕事も増えて稼ぎになるからである（二八三頁）。

寛政九年（一七九七）九月、越前大野藩の面谷銅山を下請負し、出銅を大坂へ廻着する旨、銅座に届書が提出された。大野藩の携わった銅山経営については、小葉田淳氏による一連の研究が詳しい（「越前、面谷銅山」『日本銅鉱業史の研究』思文閣出版、一九九三年。初出は一九八四〜八年）。翌年春には泉屋から稼人を派遣し、問屋として別家弁右衛門も現地へ赴いている（口絵参照）。実際の稼行は、大野の綿屋伊右衛門が担った。弁右衛門の報告によると、鉑性の良い場所はすでに掘り荒らされており、有望な坑道が意外に少ない。ゆえに銅の性合は従前と異なるので、紅吹が不可欠となる（八五頁）。実際、廻着した白目に屑銅が交じるなど（一二四頁）、稼行は決して順調でなかった。

その後、大野銅に関する記述は文化七年七月の記事（三一六〜二〇頁）にまとまってみられる。大野側の荷主に加わった岩井屋儀兵衛は、銅・白目に加え、大野中嶋村の鉛の売捌にも携わった。ただし、同村の鉛山は何らかの「故障之筋」を理由に領主から稼行を差し留められたというが、おそらく採算の問題であろう。

文化九年ごろまでは、鉛が払底し値段の高下も続いた。同年十一月、大坂銅座で鉛を一手に買い入れる旨、幕府法令が出される（三四三、三五四頁）。同七年八月十一日付の記事によれば、銅座の扱う鉛は住友が残らず吹方を担い、鉛荷主の仕切銀を取り替えるなど、一連の仕法が事前に議論されている（三二三頁）。また、江戸での鉛取締に関しては、文化十年八月の書付があり、保管場所の件を含め具体的な計画がうかがえる（三六三頁）。

同じく文化九年十二月、鉛と同様に真鍮・釷鈃（亜鉛）の売買方も銅座の差配となった。三四二〜三頁収載の規定には文化八年と書き留められているが、前後の年記や「別子銅山公用帳　十番」（『住友史料叢書』第二六回配本）を踏まえれば、文化九年の誤記と考えて差し支えないだろう。真鍮の需要拡大は、前述した古銅集荷にも直結する課題といえる。翌十年五月記事に真鍮売買の具体的な仕法が示される（三五五頁）。『大阪市史』にみえる文化九年触には、江戸古銅吹方役所が大坂銅座の役割を果たすとあるが、本書収載の史料で江戸の真鍮取締に関する言及はない。前述のように、鉛取締の場合と同じく、実際の援用には時間を要したのではないか。なお、文政二年にこの仕法は廃止された（『大阪市史』触四四八三）。

文化十一年正月付の荒鉛仕立に関する記事は、同時の鉛生産の実態を示すものとして注目される（三六九〜七〇頁）。鉛山と銅山を比較、前者の優位性を強調している。すなわち、鉛は銅鉑石より歩付が格別よく、鉑性が柔和で鉑吹に手間がかからない。北国奥筋の鉛山は、ドジ鉑などを取り除くユリ物の作業も不要で、雑用銀を要しない。また、生野も出鉛が多い。概して鉛鉑は稼方に便利なので、そちらに偏り銅山方が不振に陥るほどだ、というのである。

一転して鉛は供給過多、銅座の持鉛が嵩む状況となり、荒鉛の銅座買請は、文化十二年正月に中止された（四〇三頁）。市中で十分に鉛が供給され、下値になったことから、売買勝手次第となる。鉛の一手吹を仰せ付けられ、多くの所持鉛を抱えていた住友は、これによって莫大な損失を被った（四〇五頁）。

いずれにせよ、鉛生産と流通の歴史的経過は、関連規則を眺めるだけでは詳細を把握することが難しい。今後、鉛山の経営史料などあらたな素材を発掘する作業が不可欠であろう。

別子立川銅山と銅吹屋仲間の経営

十八世紀半ばの別子立川銅山は、頻発する風水害に加え、天明五年（一七八五）以降の大規模な涌水で産銅高の減少が避けられず、厳しい経営状況に陥っていた（『住友の歴史　上巻』思文閣出版、二〇一三年。『住友別子鉱山史　上巻』住友金属鉱山株式会社、一九九一年）。寛政二年（一七九〇）に涌水処理の支援として手当銀一〇〇貫目の貸付が決まり、本書冒頭の時点では一〇年賦の返済が始まったばかりである（六頁）。抜本的な涌水対策を講じるべく寛政四年、小足谷水抜の開削に着手し（文化元年に中止、二二六頁）、同八年から拝借銀が認められる（七六頁）。

もとより別子銅山の産銅状況は大坂の銅吹屋仲間、なかんずく銅細工人の経営に深く関わることから、本史料にも別子関連の記事は多く収載されており、「別子銅山公用帳」との重複も目立つ。本書頭註を参照されたい。

寛政十一年二月、別子銅の捨鍰・下鉑を荒銅に吹き立て、地売銅としての買い上げを願い出た（九一頁）。産銅高の比較的、安定していた別子も銅鉑の品位は低下傾向ゆえ、地売銅を売り上げて利益確保を狙ったのである。交渉の仔細は本史料からうかがいしれないが（「別子銅山公用帳　九番」『住友史料叢書』第二三回配本）を参照）、御用銅御定高七二万斤に加え五ケ年に限り四万斤を別段に売り上げ、さらなる超過分を地売銅とすることが認められる。たとえば、翌十二年分の地売銅は九万斤余あったものの、性合の悪い鉑石を吹き立てたため雑費が嵩み、当初の見込み通りにはいかなかったようだ（一四〇頁）。

文化元年（一八〇四）には別段売上の年限を迎え、制度の延長が検討された（二二三・二二七頁、口絵参照）。山元では前年に流行した麻疹や米穀高値の影響によって稼人が減少し、御用銅の確保も難しい状況であった（三一八頁）。このとき手当として唐紅毛船持ち渡り錫・鉛・釷鉧の一手買請を願うが、実現にはいたらない（三一五頁）。

同年七月・八月に発生した大規模な風水害の被害はとりわけ甚大で、事態打開のために金一万両の臨時拝借を願い出た（三三一頁）。もとよりすぐには裁許されず、文化三年八月になってようやく八〇〇〇両分（銀四八〇貫匁相当）の拝借が認められる（三五六頁など）。また、文化六年に仕法を再延長するさい、一〇万斤以上の売上について一万斤につき助成銀一貫匁が支給されることに決まった（三一三頁）。

文化十年三月、銅座宛ての口上書では、別子銅山の稼行を巡る複数の問題が指摘されている（三五三頁）。すなわち、炭・坑木用の材木を伐り尽くし他領から確保せねばならないこと、鉑性の劣化や、人員確保のために増賃銀を遣わさねばならず費用が嵩むことなどである。このような銅山経営の苦境に接して、同十一年六月には諸事倹約の旨が主人吉次郎（友聞）の名で定められた（三八六頁）。家内一統はもとより諸店・末家を対象として公私諸事倹素を守り、無用の失費を減らすよう心掛けよ、との主旨である（『泉屋叢考』第二三輯参照）。

別子と比べて、南部・秋田の御用銅山はより厳しい産銅状況が続き、唐紅毛渡棹銅については、三ケ山出銅の多寡に配慮して割当が決められた（一七七〜八頁）。諸国からの廻銅不振により銅吹屋の経営は困窮の度合いを増す。とりわけ細工人の生計維持が問題となり、助成のため吹銅の下げ渡しを願うなど、多様な方法が模索されている（二九一頁）。

享和四年（文化元年）正月、銅吹屋仲間に対する三〇〇貫匁の借銀が実現した（一九八頁）。泉屋で差配したうえ、借銀の一部を貸付に回し、利銀を返済分に充当する計画であった（二〇四頁）。その後、文化五年六月には吹賃銀の増額が実現し、鍰銅・間吹銅・古銅について、平均一〇〇斤あたり三匁増を仰せ付けられる（三〇二頁）。

長崎廻銅関係では、寛政十二年に発生した久宝丸一件が注目される（一二八頁）。同船が別子棹銅五五〇箱を積み下し、長崎で水揚げしたところ箱損が多く「軽目」であり、二六五斤余の欠銅を補塡する事態となった。当初は銅吹屋の掛方に原因があると指摘され、また途中で銅盗取の疑惑もあったことから、翌年春より御用銅掛渡の仕法が厳格化される（一三五・一四四頁）。その後、大坂方で検証した結果、箱詰のやりかたに問題はなく、欠銅の理由も判然とはしないが、以後は入念の掛方を心掛ける、として決着した（一九三頁）。さらに銅座役人から細かな規則の提案（棹銅本数を蓋の横手に記すなど）も出されたが、人手がかかるとして銅吹屋側は提案をさしあたり拒否（二一二頁）、掛渡時の本数改めは実施されたものの、これも文化二年の時点で廃止されている（二三七頁）。

ところで長崎側では欠銅の補塡用に棹銅の過銅を設定し、文化三年の時点で七三〇〇斤余が備えられていた。しかし、これには銅不足の折りに性合の悪い疵銅を吹き直したものも含まれるので、うち六〇〇〇斤分を地売銅融通のため回収し、欠銅はその都度、所持銅から償う形に改めたい、と銅吹屋仲間が提案している（二六九頁）。

これらの動向を踏まえても、御用銅の安定的な確保と仲間経営の維持の両立は、この時期に及んで相当な難題となりつつあったことが推察されよう。

（海原　亮）

住友史料叢書　第三〇回配本
年々記《ねんねんき》　一
平成二十七年十二月十五日　発行
定価：本体九、五〇〇円（税別）
編　者　住友史料館
発行者　田中　大
印刷所　株式会社図書印刷同朋舎
製本所　新日本製本株式会社
発行所　株式会社　思文閣出版
〒605-0089　京都市東山区元町三五五
電話（〇七五）七五一―一七八一

ISBN978-4-7842-1827-1 C3321

人　名　索　引

（註）　次と二・治、嘉と加など音通文字は便宜一方にまとめた。

あ

い

う

え

お

か

き

く

け

た

ち

つ

て

と

な

に

ぬ

の

は

ひ

ふ

へ

ほ

ま

み

事 項 索 引

あ

い

お

か

き

く

こ